rowohlt
BERLIN

Ron Leshem

Feuer

Israel und der 7. Oktober

Aus dem Hebräischen
von Ulrike Harnisch und
Markus Lemke

Rowohlt · Berlin

Dieses Buch enthält Darstellungen von Gewaltakten,
wie sie sich am 7. Oktober 2023 ereignet haben.

Das Kapitel «Chronik eines Tages» wurde von
Ralf Dittrich ins Deutsche übertragen.

Originalausgabe
Veröffentlicht im Rowohlt · Berlin Verlag, Mai 2024

Satz aus der Questa
bei Pinkuin Satz und Datentechnik, Berlin
Druck und Bindung CPI books GmbH, Leck
ISBN 978-3-7371-0206-3

FSC
www.fsc.org
MIX
Papier | Fördert
gute Waldnutzung
FSC® C083411

Inhalt

Vorbemerkung

In den Tagen und Monaten nach dem 7. Oktober 2023 war ich unfähig, an Drehbüchern oder Filmen zu arbeiten. Seit ich den Journalismus hinter mir gelassen hatte, war die Fiktion mein sicherer Zufluchtsort. Normalerweise bietet eine erfundene Geschichte großen Trost. Jedes Unglück geschieht aus einem bestimmten Grund. Alles Böse dient einem Zweck. Die Schmerzen sind erträglich, alles folgt einem eigenen Gesetz, und im richtigen Moment wird das Publikum dafür belohnt, dass es durchgehalten hat. Alles geht nach Plan und führt zu einem Abschluss; letztlich ist das erfundene Leben einfacher als die Existenz draußen in der Welt. Aber in diesem Krieg konnte ich mich zum ersten Mal in meinem Leben nicht in den Schutz der Fiktion flüchten.

Während wir in unserer Familie trauerten und um die Befreiung meines entführten Cousins kämpften, während meine palästinensischen Freunde in einer unerträglichen Tragödie versanken, ergriff mich die beunruhigende Erkenntnis, die weiter reicht als das Desaster im Nahen Osten: Die Welt ist bereits tief in eine Epoche eingetreten, in der die Wahrheit stirbt, eine Welt, in der jeder meint, sich selbst aussuchen zu können, an welche Fakten er glaubt und welche Wahrheit er leugnet. In einer Welt, in der jedes Video und jedes Bild gefälscht sein kann und sich keineswegs jeder, der sich in den sozialen Medien meldet, an ethische Grundsätze gebunden fühlt, verändert sich der Begriff Wahrheit grundlegend. Der Journalismus – der für mich immer heilig war – kämpft um seine Existenz. Die Welt tat sich nie schwerer damit, komplexe Geschichten zu bewältigen, für die es keine eindeutige Antwort, keine glatte Lösung gibt.

In den folgenden Monaten vertiefte ich mich in die Recherche. Mich beschäftigte, wie in Israel in den letzten Jahren die Demokratie erodierte und es deshalb seine Zukunft aufs Spiel setzt. Ich fühle mich wie vertrieben aus einem Land, das es nicht mehr gibt, und mein Schmerz um diese Heimat ist unermesslich.

Der Überraschungsangriff am 7. Oktober 2023 ist anders als andere Ereignisse, anders als frühere Terroranschläge oder Kriege. Und doch hat sich in den Monaten seither gezeigt, dass er uns viel über die Zukunft lehren kann, überall auf der Welt, und sogar über die Krise, die die freien Demokratien herausfordert. Ich hatte das tiefe Bedürfnis, diesen Tag zu dokumentieren. Da es so viele gab, die sogar unumstößliche Fakten leugneten, wusste ich bald, dass ich keine andere Wahl hatte, als auch die schier unerträglichen Bilder, die schrecklichen Ereignisse festzuhalten. Sie sind immer noch verstörend, aber ein Schlüssel zum Verständnis, auch wenn man die mentale Zerrüttung der ganzen Region begreifen will, die bekannten gegenseitigen Vorwürfe, die Traumata. Es ist nicht möglich, den Teufelskreis des Blutvergießens zu stoppen und zu einer Lösung des Konflikts zu gelangen, ohne die Geschichte in ihrer ganzen Komplexität zu kennen.

Ron Leshem, Anfang März 2024

1. Die Vernichtung der Besonnenheit

An diesem Mittwoch war meine Tante Orit Sabirski eine unter Tausenden jüdischer und muslimischer Frauen, die sich ganz in Weiß gekleidet am Strand von Neve Midbar am Toten Meer versammelt hatten. Die israelische Bewegung «Women Wage Peace» und ihre palästinensische Schwesterorganisation «Women of the Sun» hatten unzählige Friedensteppiche nebeneinander ausgebreitet – von Frauen aus fünf Kontinenten genähte Stoffquadrate. Im Zentrum der Fläche war ein Verhandlungstisch aufgebaut. Wir werden nicht weiter die Leichen unserer Kinder zählen, riefen sie dort in den Sonnenuntergang, die Berge von Edom im Königreich Jordanien und die Wüste Judäa im Blick, am niedrigsten Punkt der Erde. Und sie stimmten einen «Mothers' call» an, eine Selbstverpflichtung, die Architektinnen eines neuen Versöhnungsentwurfs zu sein.

In der jüngeren Geschichte unseres Staates war es einer politischen Bewegung von Frauen schon einmal gelungen, einen Krieg zu beenden und eine Armee dazu zu bewegen, sich zurückzuziehen. Orit war auch dort, sie war überall, wo für Frieden und Menschenrechte gekämpft wurde, mal vergeblich, mal erfolgreich. Sie hatte lange Jahre als stellvertretende Personalleiterin eines renommierten Unternehmens gearbeitet und machte sich gleichzeitig einen Namen als Kunstkuratorin und Galeriegründerin. Später verlegte sie sich auf die spirituelle Begleitung von Palliativpatienten, und sie wurde Großmutter. Als ich Vater wurde, in der Spätphase der Coronapandemie, bat mich Orit, ich solle ihr versprechen, meinen mir angeborenen Pessimismus zu überwinden. Für die Kleine, beschwor sie mich: Hoffnung sei eine willentliche Handlung, sei wie ein Muskel – entscheide dich für den Optimismus. Ich erzählte ihr im Gegenzug, mein ganzes Leben schon gehe mir ein Satz des legendären Filmregisseurs Billy Wilder nach, der Deutschland gleich mit der Machtübernahme der Nazis verlassen hatte: Die Optimisten sterben gerade in den Gaskammern in Auschwitz, und die Pessimisten planschen in ihren Pools in Beverly Hills.

Wächst du als israelisches Kind auf, lehrt man dich, die Schlussfolgerung aus der Schoah sei, dass «wir keinen anderen Ort zum Leben haben. Es gibt keine andere Wahl, Juden werden nur hier sicher sein, in unserem eigenen Staat.» Ich jedoch hatte aus der Ermordung der sechs Millionen in Europa eine andere Schlussfolgerung für mich abgeleitet: Jeder Mensch muss sich immer fragen – hätte ich Deutschland und Europa rechtzeitig verlassen? Oder wäre ich geblieben, arglos und die Realität verdrängend? Ziehst du deine Kinder an einem unsicheren Ort groß, oder ist es an der Zeit, aufzubrechen, Ozeane zu überqueren und nach einem weniger gefährlichen Nest zu suchen, wo du deine Kleinen behütest? Als ich mich zusammen mit meinem Lebensgefährten entschied, Israel zu verlassen, zehn Jahre und drei Monate vor jenem Schabbat im letzten Oktober, und wir uns unser neues Zuhause in Boston errichteten, da wusste ich, wie sehr ich meine Großmutter enttäuschte und mit ihr die gesamte Gemeinschaft in Be'eri.

Orit wohnte, wie die ganze weitläufige Familie meiner Mutter, im Kibbuz Be'eri, dem Ort auf der Welt, dem ich meine magischsten Kindheitserinnerungen verdanke. In meiner Jugend war Be'eri ein Symbol für alles, was ich träumte zu sein – meine Altersgenossen dort waren Naturkinder, ihr Lächeln tiefer und befreiter als das von uns Städtern. Ihre Verbindung untereinander, als Freunde und Cousins, erschien mir intim, tief und sinnlich. Sie hatten ein Feuer der Erfüllung in sich, es loderte im Bestellen des Landes und in der gelebten sozialen Gerechtigkeit. Es handelte sich um eine politisch linksgerichtete Gemeinschaft, liberal, man war gegen die Besatzungspolitik und liebte zugleich Israel zutiefst. Benjamin Netanjahu, der Führer der Rechten, erhielt bei den letzten Wahlen im vergangenen Jahr nur drei Prozent aller Stimmen dort. Und auch das war noch zu viel für den Kibbuz. Be'eri war keine Siedlung, war nicht auf besetztem Land errichtet, obgleich in den Tagen danach viele auf der Welt den Kibbuz so bezeichnen würden, darauf beharrten, jeder Jude in Israel sei ein Kolonialist.

Am Freitagmittag war Orit wieder zu Hause. Feiertage standen an, und ihr Sohn Itai war aus Tel Aviv gekommen, um mit ihr, seinem Vater und seiner Großmutter das Wochenende zu verbringen, so wie es Dutzende von in der Stadt lebenden Kindern und Enkeln an jenem Freitag taten. In den Vierteln ringsum lebten viele meiner Verwandten und Freunde verstreut, und in dem kleinen Haus, von wo aus man auf den Friedhof des Kibbuz sowie auf ein Anemonen- und Mohnblumenfeld schaute, wohnte schon seit vierundsiebzig Jahren das Oberhaupt der Gemeinschaft, die siebenundneunzigjährige Aviva, zusammen mit ihrer liebevollen thailändischen Pflegerin Gracy, die längst zu einem Teil der Familie geworden war.

Am Samstagmorgen um halb sieben heulten die Sirenen, und Israels Ortschaften und Städte wurden von einem orchestrierten Überraschungsangriff getroffen, aus der Luft, vom Meer und an Land. Innerhalb von Sekunden war der

Himmel bedeckt von Garben aus Tausenden Raketen und Geschossen, die von Gaza auf alle Landesteile Israels abgefeuert wurden. Drohnen warfen Sprengsätze und Handgranaten auf die Kameras des Grenzzauns ab und zerstörten sie. Dutzende von Paraglidern schwebten nach Israel ein, landeten auf Feldern und zwischen den Häusern. Palästinensische Kommandoboote stoben vom Meer heran. Schweres mechanisches Gerät riss an dreißig Punkten den Grenzzaun nieder, über eine Länge von sechzig Kilometern, und Hunderte von Fahrzeugen des Nukhba-Kommandos, der Hamas-Brigaden und des Islamischen Dschihad preschten auf die Ortschaften zu, die schwer bewaffneten Kämpfer auf den Ladeflächen ganz in Schwarz gekleidet, um den Kopf grüne Spruchbänder gebunden und «Allahu Akbar» brüllend. An Straßenkreuzungen legten kleine Einheiten Hinterhalte, um das Eintreffen von Rettungskräften oder die Flucht von Einwohnern zu verhindern.

Die Bewohner von Be'eri erwachten in einem irrealen Szenario: Kolonnen von Motorrädern kamen in Staubwolken angerast und umstellten den Kibbuz, gefolgt von Toyota-Pick-ups, beladen mit schweren Maschinengewehren, Antipanzerraketen und Granatwerfern, mit Hunderten von Sprengsätzen, Aerosolbomben und Funkausrüstungen. Mehr als einhundert Bewaffnete drangen aus drei verschiedenen Richtungen in den Kibbuz ein, sie verfügten über Landkarten und Luftaufnahmen, waren offenbar bestens vertraut mit den einzelnen Wohnvierteln, die sie voneinander trennten, um dann riesige Mengen von Munitionskisten, Sprengsätzen und Kamikazedrohnen abzuladen. Zuletzt verteilten sie sich auf die Hausdächer und warteten dort, ihre Maschinenpistolen und Gewehre im Anschlag. Andere hatten innerhalb von Minuten die Wachposten ermordet, sie wussten genau, wo der Sicherheitsoffizier des Kibbuz wohnte und wo die Waffen unter Verschluss gehalten wurden. Fünf Jahre lang hatten die Angreifer für diesen Moment trainiert, und obwohl die israelischen Nachrichtendienste von den Operationsplänen der Hamas bis ins kleinste Detail wussten, hatte niemand meine Familie gewarnt, hielt es niemand für nötig, die Ortsvorsteher zu informieren oder die Absicherung der Ortschaften zu verstärken. Denn Israels Regierung beharrte darauf, dass die Hamas es nicht wagen würde. Die Warnungen seien aus der Luft gegriffen.

Im Wohnviertel HaZaytim – das heißt «die Oliven» – verschanzten sich die Menschen in ihren Häusern, versperrten und verbarrikadierten Türen, die niemand in diesen landwirtschaftlichen Siedlungen sonst je abschloss. Orit und ihr Sohn Itai lagen eng beieinander unter einer Decke im Dunkeln und hielten uns in den nächsten Stunden, die eine Ewigkeit währten, über das Telefon mit Sprachnachrichten auf dem Laufenden. Sie riefen die Polizei an, um Hilfe zu erflehen, doch vergebens. Die Polizei antwortete nicht. An jenem Schabbat gab es keinen Staat – der Staat war wie ein Turm aus Sand in einer Staubwolke eingestürzt. Es gab keine Polizei, keine Armee, keine Generäle und keine politische Führung mehr. Nur Menschen, allein auf sich gestellt, einen ganzen Tag lang. Nicht eine der öffentlichen Institutionen funktionierte. Siebenundzwanzig landwirtschaftliche Siedlungen wurden preisgegeben, zwei ganze Städte und mehrere Tausend Feiernde auf zwei Musikfestivals. Ein Staat ließ seine Bürger im Stich und verriet sie. Israel trat in diesen Krieg in einer Phase, in der es zutiefst zerrissen von innerem Hass war, erschöpft von einem schwelenden Bürgerkrieg, der monatelang gewalttätig zu werden gedroht hatte, einem Bürgerkrieg zwischen rückwärtsgewandten, messianischen Populisten und ihren Gegnern, zwischen Religiösen und Säkularen, Endzeitideologen und Demokraten.

Von unserem Haus in Boston aus versuchten wir tief in der Nacht, Kontakt zu den Mitgliedern meiner Familie zu halten, von denen einer nach dem anderen nicht mehr zu erreichen war. Wir beteten, dass es nur an leeren Akkus lag, an einem zusammengebrochenen Stromnetz oder zerstörten Mobilfunkmasten. Gracy schickte uns ein Selfie von sich und der greisen Aviva, eng umschlungen im Bett mit einem warmherzigen Lächeln. Bald darauf schrieb sie: «Hilfe!» – «Viele Leute kommen ins Haus.» – «Was soll ich machen?» Avivas Enkel aus den umliegenden Straßen wären gewiss gekommen, um sie zu retten, hätten sie eine Chance gehabt oder wären sie bewaffnet gewesen. Doch Avivas kleines Haus, das nur aus einem Schlafraum und einem winzigen Wohnzimmer bestand, wurde von einem der Kommandeure der Hamas-Einheiten als Befehlszentrale in Beschlag genommen. Auf dem Rasen davor türmten sich schon bald Munitionskisten, während die siebenundneunzigjährige Greisin in ihrem Schaukelstuhl saß, vor sich einen Teller mit Obststücken, die Gracy geschnitten hatte. Gracy packte ihr auch eine Tasche mit Medikamenten, denn die Bewaffneten verkündeten, sie würden die beiden Frauen mit nach Gaza nehmen.

Dann wurde eine junge, schwer verwundete Mutter auf die Veranda des Hauses geschafft. Ihre zehn Monate alte Tochter war Augenblicke zuvor durch einen Kopfschuss ermordet worden, genau wie ihr Mann, und jetzt hielt sie ihre beiden verbliebenen Kinder im Arm. Später würde sie uns berichten, Aviva habe nicht aufgehört, vor sich hin zu plappern. Die Terroristen hätten mehrfach verlangt, sie solle ruhig sein, doch die demente Greisin habe das im nächsten

Augenblick schon wieder vergessen. «Dieses endlose Plappern war es, das mich davor bewahrt hat, das Bewusstsein zu verlieren», sagte die Mutter. Ihr Sohn habe sich wegen des dichten Rauchs, den er in ihrem brennenden Haus eingeatmet hatte, übergeben müssen, und Aviva habe ihn beruhigt: «Nu, das macht doch nichts.» Dann seien immer mehr Nachbarn gefesselt auf dem Rasen vor dem Haus zusammengetrieben worden. Irgendwann hätten die Bewaffneten Gracy mitgenommen, ohne Erklärung, warum. Und sie wenig später ermordet. Aviva war ab da allein.

Vom anderen Ende des Kibbuz schrieb uns Orit: «Betet für uns», und bat, ehe sie schilderte, was sich dort abspielte, sicherzugehen, dass die Enkel nicht mithörten. «Draußen wird geschossen. Ich höre nur Arabisch. Entweder sind alle bei uns in der Straße tot, oder sie haben sie verschleppt.»

Wie bei der Nuklearkatastrophe von Tschernobyl war auch hier ein ganzes Land in den darauffolgenden Stunden, Tagen und Wochen gelähmt von den Schreckensbildern. Und alle Israelis – Juden wie Muslime und Christen – nahmen den radioaktiven Niederschlag in Form von geschätzt sechzigtausend Videosequenzen in sich auf. Es ist der bis dato am besten dokumentierte Massenmord der Geschichte. Gefilmt von den GoPro-Kameras der Hamas, von Verkehrskameras auf Straßen und Überwachungskameras an Häusern, von Dashboard-Kameras in Fahrzeugen, Minikameras in Kindergärten und den Smartphones von Bürgern, die ihre letzten Augenblicke festhalten wollen, weil sie wissen, sie werden sterben. Mütter erhalten auf ihre Handys Bilder von der Hinrichtung ihrer Kinder, versehen mit «Goodbye»-Untertiteln, Väter entdecken im Internet Videoaufnahmen ihrer entführten Töchter, nur mit Slips bekleidet und blutbesudelt im Schritt, mit Männern, die sie schlagen und bespucken. Jugendliche flehen um ihr Leben und werden erschossen. Live auf Facebook, auf den Profilen der Opfer selbst dokumentieren die Henker die Misshandlungen. Köpfe werden abgeschlagen, unter Gesängen, frenetischem Jubel. Babys ihren Eltern aus den Händen gerissen. Eine Kindergärtnerin versucht, sich hinter einer Schlafmatte zu verstecken, doch dann ist zu sehen, wie Bewaffnete nach ihr suchen, sie erschießen und ihre Leiche fortschaffen. Busfahrer werden einfach so exekutiert, Panzerabwehrraketen auf Rettungswagen abgefeuert, Drohnen lassen Handgranaten fallen.

Während mehr und mehr Stimmen auf der ganzen Welt Zweifel an der Echtheit des Massakers anmelden oder sich jeglicher Empathie enthalten, ertrinken Israelis in Beweisen, klammern sich an ihr Wissen: das Bild der nackten Leiche einer jungen Frau, der man einen spitzen Gegenstand in den Unterleib gerammt hat. Drei Kinderköpfe, vom Rumpf getrennt. Ein Vater und eine Mutter neben ihren Kindern, allen sind die Hände gefesselt, dem Vater haben sie die Augen ausgestochen und der Mutter die Brust abgeschnitten, vor den Augen ihrer Kinder, ehe sich die Schlächter hinsetzten, um das Schabbatessen zu verspeisen, das auf die Familie gewartet hatte. Ein Vater, der nackt und gefesselt vor seine Familie gesetzt wird, bevor sie ihm sein Geschlechtsorgan abschneiden.

Durch den amerikanischen Geheimdienst verifizierte Beweise werden später belegen, dass Entmannungen und vorsätzliche Misshandlungen an Geschlechtsorganen keine spontanen Affekthandlungen waren, sondern von vorneherein geplant, um einen größtmöglichen Effekt der Erschütterung und Erniedrigung auf die israelische Gesellschaft zu erzielen. Kastration als ein Symbol für Eroberung und

Unterwerfung. Andere dagegen wurden durch gezielte Schüsse in die Augen hingerichtet. Die Mörder machten Selfies mit den Leichen, dokumentierten, wie sie mit ihren Kampfstiefeln den Schädel eines ermordeten Jugendlichen zerstampften. Später sollten sie aussagen, auf Grundlage des Korans «juristisch» instruiert worden zu sein, sie sollten Schädel zertrümmern und innere Organe herausreißen. Ein Mädchen, dem die Hand abgetrennt worden war, und ein anderes, dem sie ein Bein abgeschlagen hatten. Kleine Leichname in Disney-Pyjamas. Eine vierundneunzigjährige Großmutter, die mit erstickter Stimme von den Misshandlungen bis zum Tod berichtete, die ihre Enkelin erlitten hatte, vor ihren Augen.

Über Kilometer dokumentierten Aufnahmen von Verkehrskameras die systematische Ermordung von Autofahrern. Ländliche Straßen, endlos Fahrzeuge mit Leichen. Eltern mit ihren Kindern, der Sohn fünf und die Tochter acht Jahre alt, die in ihrem Wagen auf dem Nachhauseweg von einem Campingausflug waren, werden hingerichtet. Ein anderes Elternpaar wird zwar lebend mit seinen dreijährigen Zwillingstöchtern entführt, in Gaza angekommen, entreißt man ihnen jedoch eines der Mädchen und übergibt es an eine Familie dort, allein, ohne Eltern. Vor laufender Handykamera verschleppen sieben Bewaffnete eine vierzigjährige Frau, die versucht hatte, sich in einem Kleiderschrank zu verstecken, prügeln auf sie ein und schleifen ihr mit letzter Kraft sich wehrendes Opfer an den Haaren über die Felder hinter sich her. Ein achtjähriges autistisches Mädchen wird zusammen mit seiner Großmutter ermordet. Genau wie eine hirngelähmte Sechzehnjährige, deren Vater sie mit unendlicher Hingabe versorgt, sie stets in seinen Armen gehalten und mit ihr getanzt, sie mit zu Konzerten genommen hatte. Und dort, auf dem Musikfestival, wird sie angeschossen, wird verletzt vom Ort des Massakers weggebracht, doch dann wird aus kürzester Distanz eine Panzerabwehrrakete auf den Rettungswagen abgefeuert.

Live auf Facebook filmen sich Kommandokämpfer der Hamas dabei, wie sie unter Waffenandrohung von einem Sechzehnjährigen und einer Zehnjährigen verlangen, die Nachbarn aus den Schutzräumen ihrer Häuser zu locken. Drohen, die Eltern der Kinder zu ermorden, wenn ihnen dies nicht gelingt. Oder als israelische Soldaten verkleidete Terroristen versuchen, sich als Retter auszugeben, etwas auf Hebräisch rufend. Eine Neunzigjährige wird aus dem Wohnzimmer ihres Hauses geschleift und aus nächster Nähe erschossen. Eltern sitzen mit zweien ihrer Kinder neben der Leiche ihrer achtzehnjährigen Tochter und warten bei laufender Kamera stundenlang darauf, dass die Terroristen über ihr Schicksal entscheiden.

Die Leichen der Ermordeten verminen sie mit Sprengstoff, um Helfer bei ihrem Eintreffen in die Luft zu sprengen. Auf unzähligen Handyvideos von dem Musikfestival, in einem Eukalyptushain südlich von Be'eri, sind scharenweise junge Leute zu sehen, die in mobilen, gegen Raketenangriffe gedachten Betonbunkern Schutz suchen. Hamas-Kämpfer kommen ins Bild, werfen Handgranaten ins Innere der Bunker, mähen Menschengruppen mit Maschinengewehrsalven nieder, werfen abermals Handgranaten. Zerren Überlebende auf Pick-ups, und einer der Kommandeure wählt immer wieder junge Frauen aus, greift sie sich aus der Gruppe von Geiseln und verfrachtet sie in sein Fahrzeug. «Sabaya», verkündet er – jener Begriff, den die Terroristen des Islamischen Staats für die von ihnen gehaltenen Sexsklavinnen verwendeten, mit denen sie auch Handel trieben. Die Leichen junger Frauen, deren Gefangennahme zuvor gefilmt worden war, werden später dokumentiert, nur noch mit Slip bekleidet, mit blutigem Schoß, gebrochenen Beinen und Becken, ihre Gesichter entstellt vor Schmerz, die Finger ihrer Hände im Tod verkrallt. Sechs Stunden lang kommt es auf dem Festivalgelände zu Gruppenvergewaltigungen. Mindestens eine junge Frau wird von Zivilisten, die überhaupt nicht zur Hamas gehören, auf einem Motorrad nach Gaza verschleppt.

Und doch finden sich schnell Influencerinnen, die ihren Millionen von Followern schreiben, die Hamas habe doch lediglich Verwundete von dem Festival zur medizinischen Versorgung in Krankenhäuser nach Gaza gebracht. Die dort Getöteten seien bei Feuergefechten mit der israelischen Armee ums Leben gekommen, ja, es sei gerade Israel, das unterdessen Palästinensern Organe heraustrenne. «It's confirmed!», behaupten sie.

Die Israelis aber werden sich machtlos an jede Videoaufnahme klammern, an jedes Bild, werden sich verfolgt und unverstanden fühlen. Denn die Bewaffneten auf dem Festival machen Jagd auf ihre Opfer, die sich in Getränkekühlschränken versteckt haben, in Mülltonnen und Chemietoiletten, unter der Bühne und hinter den sich endlos stauenden Autos an der Ausfahrt oder auf der Flucht zu Fuß. Auf einem der Clips ist ein Kommandeur zu hören, wie er den Befehl erteilt, jeden nur mit einer Kugel zu töten, um keine Munition zu verschwenden. Auch die von den Opfern verschickten Sprachnachrichten hallen nach. Hamas-Männer hätten eine nackte junge Frau gepackt, sie im Stehen vergewaltigt, sie an den Haaren gezerrt und ihr dabei mit dem Messer die eine Brust abgetrennt, damit herumgespielt und sie schließlich auf die Straße geworfen.

347 Zivilisten wurden auf dem Festival ermordet und zwanzig Polizisten. Insgesamt etwa eintausend Leichen fanden sich innerhalb von Stunden über den gesamten Landstrich verteilt und dazu weitere annähernd zweihundert, die kaum mehr zu identifizieren waren. 139 Morde auf jede nur erdenkliche Art finden sich durch das Videomaterial dokumentiert, das später Journalisten vorgeführt wurde, doch dazu kommen noch Tausende weiterer Sequenzen, die auf Bitte der betroffenen Familien bei den Ermittlungsstellen unter Verschluss gehalten werden. Wenn ich den Vater eines kleinen Mädchens sehe, der panisch seine Tochter aus dem Wagen zieht, sie schützend an sich drückt und mit ihr losrennt, um ein Versteck zu finden, und die Bewaffneten ihm nachsetzen und wieder und wieder auf ihn schießen, bis er fällt, und seine Tochter aufsteht und alleine weiterflieht, kann ich nicht an mich halten und fange an zu recherchieren, wer das Mädchen ist und ob es überlebt hat. Um dann erneut mit der Freude der Schlächter konfrontiert zu sein.

Israel ertrank in Stimmen und Geräuschen, in Sprachnachrichten zum Abschied, im Flehen von Opfern, die verlangten, endlich umgebracht zu werden. Und andererseits in Lebenszeichen, im Weinen zehn Monate alter Zwillinge, die von ihren Eltern im Kleiderschrank versteckt worden waren und dort dreizehn Stunden überlebten, nachdem man ihre Eltern umgebracht hatte. Oder die Stimme eines kleinen Mädchens, das angeschnallt in seinem Kindersitz stundenlang hinten im Wagen blieb, während die Leichen seiner ermordeten Eltern auf den Vordersitzen lagen. Bald waren die sozialen Netzwerke voll von Menschen, deren Liebsten verschwunden waren.

Ziel des Terrors ist immer, unseren Glauben an die

menschliche Natur zu vernichten. Millionen Israelis blickten in diesen brennenden Kernreaktor, wurden kontaminiert von der Radioaktivität einer Grausamkeit und Bestialität, die vermag, jede menschliche Seele zu verstrahlen, und nicht ohne Auswirkungen auf die Psyche und die Identität einer Gesellschaft bleiben kann. Ein toxischer Gefühlscocktail wurde gemixt – aus Angst, Ohnmacht, Frustration, Trauer, Hass und Zorn. Und Verzweiflung. Das Grauen vermag es, das Monströse aus einer Gesellschaft herauszuholen. Und dies ist kein Korken, der sich schon bald mit einem Knall lösen wird, das ist eine Lava, die wir über Jahre fließen sehen werden. In den darauffolgenden Wochen sollte ein ganzes Land wie bei einer grausamen, erschütternden Realityshow an den Bildschirmen hängen und das Schicksal von zweihundertvierzig Geiseln verfolgen. Eine ganze Nation sehnte die Rückkehr eines zehn Monate alten rothaarigen Säuglings herbei, der zusammen mit seinem vierjährigen Bruder entführt worden war, erlebte mit, wie sie auf dem Arm ihrer Mutter fortgeschafft wurden, und wartete jede Nacht, als es endlich ein Abkommen zur Freilassung der Kinder gab, auf ihre Rückkehr. Doch nach zwei Monaten sollte das Land eine Aufnahme aus der Gefangenschaft zu sehen bekommen, auf der der Vater der Kinder unter Tränen zusammenbricht, als die Entführer ihm mitteilen, seine Frau und seine Söhne seien nicht mehr am Leben. Wiederum zwei Monate später tauchte ein Video unbekannten Datums auf, in dem man die Mutter und die Kinder in Chan Yunis, Gaza, sieht, geführt von zwölf Männern. Eine Achterbahnfahrt, und niemand kennt die Wahrheit.

Heimat

Wie viel Leid, Schmerz und Gefühlsstürme Heimat bei einem Menschen wecken kann, darüber haben wir jahrelang gesprochen, mein Lebensgefährte und ich, zu Hause in Boston, doch nie hätten wir uns die Qualen ausmalen können, die nun gekommen sind. Eine zutiefst radikalisierte, polarisierte Gesellschaft versank in den Strudel von fünf Wahlen in weniger als vier Jahren, erlebte nicht nur einen Kampf zwischen liberal-demokratischer und religiös-messianischer Identität, sondern auch, je mehr Zeit verging und wie es in vielen anderen Staaten unserer Tage geschieht, zwischen einem hetzenden, chaotischen und marktschreierischen Populismus und einem immer stärker in die Defensive geratenden Realismus. Was verheerend für die nationale Psyche und jede Hoffnung war, nicht weniger desaströs aber für das Funktionieren öffentlicher Strukturen, die stark in Mitleidenschaft gezogen wurden.

In den neun Monaten vor dem Überraschungsangriff vom 7. Oktober sahen wir unsere Heimat sich verändern, mit atemberaubender Geschwindigkeit, wie sie niemand hätte voraussehen können. Verfehlungen und Irrtümer hatte es in Israel all die Jahre gegeben, das Land hatte in aller Regel jedoch immer nach einer humaneren und gerechteren Zukunft gestrebt, auch wenn es von Ängsten verfolgt und in einer Art posttraumatischer Störung gefangen war. Doch jetzt war die Heimat wie auf Steroiden, schien Amok zu laufen.

Tel Aviv, eine der liberalsten Städte der Welt, kämpfte gegen eine Koalition, die versuchte, nicht weniger als 225 Gesetze durchzupeitschen – mit dem Ziel, Menschenrechte einzuschränken, die Meinungsfreiheit und Unabhängigkeit der Justiz zu beeinträchtigen und eine missionarische Kontrolle über das Bildungswesen zu erlangen. Ich sah meine Mutter mit ihren neunundsiebzig Jahren fast jeden Tag demonstrieren und Straßen blockieren, im Glauben an die Kraft des zivilen Protests, um die Demokratie zu retten und nach Frieden zu streben, doch insgeheim war ich schon da der Auffassung, dass der Kampf verloren war. Israel rang mit um sich greifender Korruption, mit Ministern, die jede Scham verloren und eine Riesenorgie absurder, rein politisch motivierter Ernennungen gestartet hatten. Die Resultate der Fäulnis in allen Bereichen waren schnell zu spüren. Ein Staat ist sehr viel fragiler, als es von außen aussieht.

Auch das Verliebtsein in Boston, in unser neues Zuhause, löste sich mit der Zeit in Alltagsroutine auf, und ich fand mich irgendwann mit der Erkenntnis ab, dass ich auch hier für immer ein Emigrant sein und nirgendwo mehr ein Gefühl von Zugehörigkeit empfinden würde. Doch die Wurzellosigkeit fordert das Ihre, und so entwickelten wir für die Heimat jene Sehnsucht, wie sie Hinterbliebene kennen. Redeten uns ein, der Mensch sei seinem Wesen nach ein Sammler von Erlebnissen, er sei ein Glückspilz, wenn das Leben ihm beschert, die Meere zu überqueren. Auch wenn er sich am Ende entscheidet, in jenem Geviert von Straßen alt zu werden, in dem er als Kleinkind seine ersten Schritte gemacht hat, ist es gut für sein Bewusstsein, wenn er sich in der Welt umgetan und bewusst gewählt hat. Ich hatte mich bemüht, mich von der Heimat zu trennen, um zum Horizont zu blicken. Ihrer Vergehen war ich mir immer bewusst gewesen.

Radikalisierung

In den optimistischen Neunzigerjahren, als eine ganze Reihe von Friedensabkommen zwischen den Palästinensern und Israel unterzeichnet wurde, wurde ich mit Anfang zwanzig Geheimdienstoffizier, und meine Aufgabe lag darin, Informationen zusammenzutragen, die helfen sollten, die Verhandlungen nicht scheitern zu lassen; Dinge, die die roten Linien verstehen ließen, auf die sich die andere Seite, auch wenn sie derweil noch Nein sagte, zugunsten eines Kompromisses würde einlassen können, und umgekehrt, was die Gespräche zu platzen drohen ließe. Das bedeutete vor allem, Mythen freizulegen und falsche Vorstellungen zu zertrümmern, die jede Seite über die andere pflegte und die Vertrauen verhinderten.

Auf den Straßen dagegen setzten Extremisten beider Seiten alles daran, jeden Frieden zu sabotieren, der für sie Verzicht bedeutet hätte – die Hamas startete eine Welle von Selbstmordattentaten gegen Zivilisten und die israelische Rechte eine Hetzkampagne, die letztendlich zur Ermordung von Jitzchak Rabin führte, Israels Premierminister, der an der Spitze der Friedensbemühungen stand. Die Verhandlungen aber dauerten noch weitere fünf Jahre an, Israel zog sich aus allen Städten des Westjordanlandes zurück, und die neue palästinensische Selbstverwaltung errichtete dort Sicherheits-, Polizei- und Nachrichtendienstapparate. Auf dem Verhandlungstisch verblieben waren die Frage der Zukunft der palästinensischen Flüchtlinge, der Status Jerusalems und die Proklamation eines palästinensischen Staates. Als die Verhandlungen ein letztes Mal endgültig scheiterten, im Januar 2001, war ich ebenfalls dabei, diesmal als Journalist.

In jenen Jahren, in denen Fotorohmaterial von Anschlagsorten und Kriegsschauplätzen meinen Schreibtisch bedeckte und mir die Leichen von Kindern auf jedem Bild begegneten, lag meine Aufgabe als Nachrichtenredakteur darin, meine Leser eben davor zu schützen. Was mich letztendlich flüchten ließ. Flüchten in das Verfassen von Romanen, das Schreiben von Fiktion, wo alles Böse sich nicht in solch willkürlicher Banalität ereignet wie die Grausamkeiten im wirklichen Leben. Die Charaktere entwickeln sich, lernen dazu. Wut, Liebe, Verlust, Mitleid, Begehren – sie alle folgen einer Struktur von Recht und Ordnung, gehorchen dem Aufbau des Dramas und entschädigen uns im Moment der Wahrheit für unsere Beharrlichkeit, bringen den Helden zu einem Abschluss, einer emotionalen Transformation. Die Existenz ist in der Fiktion sehr viel leichter als im wirklichen Leben, und hier war es mir möglich, zu korrigieren und zu verbessern. Aus der Vogelperspektive, mit dem Blick eines Engels darauf, wer wir zu sein anstreben und was wir hätten sein können.

Anfangs jedoch war ich noch unterwegs, um nach wahren Geschichten zu suchen. Ich schlief nachts auf Bodenmatten, auf beiden Seiten des Krieges, mal bei einer palästinensischen Familie und mal bei einer jüdischen. Versuchte unterwegs mit Soldaten im Schützenpanzer verzweifelt, meine todmüden Augen offen zu halten, marschierte zwischen Olivenbäumen und dem grünen Neonlicht der Moscheen, zum Ruf des Muezzins morgens um vier. Es ist eine bekannte, irrige Suchterscheinung: zu glauben, dass, wenn man nicht jede Opfergeschichte irgendwo da draußen kennt und sie berücksichtigt, ja, wenn man nur für eine Sekunde den Griff um Wirklichkeit und Geschichte lockert, die Welt einstürzt.

Abends in meinem Schlafsack tauchte ich damals in die Lektüre des wundervollen palästinensischen Autors Elias Khoury ein, der in Beirut lebt, und je mehr ich – durch seine Stimme – vom Schmerz dieses Landes erfuhr, wusste ich: Es kann nicht sein, dass es keine Lösung für den Konflikt gibt, denn wir sind einander so ähnlich, das israelische Schicksal und das palästinensische sind derart ineinander verschlungen, dass man schon von ein und derselben, freilich zutiefst gespaltenen Persönlichkeit sprechen kann. Khourys Bücher waren mir ein Beweis, dass Literatur beiden Seiten Trost spenden kann. Sie ist auch der einzige Ort, an dem wir einen Dialog mit den Toten führen.

Die zweite Intifada jedoch, gewissermaßen der palästinensische Unabhängigkeitskrieg nach dem Scheitern der Verhandlungen, lieferte gleich zu Beginn Bilder einer aufgepeitschten Menge, die zwei israelische Soldaten, die sich in ihrem Privatwagen verfahren haben, gefangen nimmt, ihnen die Augen aussticht, ihnen die Organe aus dem Leib reißt und sie vor laufenden Kameras zum frenetischen Jubel des Mobs durch die Luft schwenkt. In Hebron erschoss ein Scharfschütze ein zehn Monate altes jüdisches Baby, das schlafend im Kinderwagen lag, nur weil seine Eltern Siedler waren. «Ihr habt Kampfflugzeuge und Panzer, wir nicht», bekam ich in Ramallah gesagt. «Das Morden zielt gar nicht auf die Toten, der Zweck ist, die Lebenden in Angst zu versetzen. Daher sind wir gezwungen, den Tod zu verherrlichen.»

Das Leben in Israels Städten, inmitten von Autobussen und Cafés, die bei Selbstmordattentaten in die Luft flogen, ließ nicht nur die militärischen Reaktionen immer härter ausfallen, sondern auch die Chance schwinden, die Israelis noch von einem Frieden zu überzeugen. Auf der anderen

Seite wuchs eine neue Generation palästinensischer Kinder heran, die Israel nur noch kennenlernte als Armee, die mitten in der Nacht in Häuser eindrang, die immer neue Durchsuchungs- und Verhaftungswellen startete, die ihre Großmütter und Mütter erniedrigenden Leibesvisitationen an den Checkpoints unterzog, die einen zwang, dort stundenlang in endlosen Schlangen zu warten, die Ausgangssperren verhängte und Angst erzeugte.

Ich fuhr damals immer in einem gepanzerten, kugelsicheren Wagen nach Ramallah zu meinem Freund, einem palästinensischen Meinungsforscher. Dort saßen wir in seinem gemütlichen Wohnzimmer, nur einen Steinwurf entfernt vom Amtssitz des palästinensischen Rais, Jassir Arafat. «Es besteht Hoffnung», sagte mir mein Meinungsforscherfreund. «Die Mehrheit des Volkes wird einem Kompromiss zustimmen, auch jetzt noch.» Um dann mit einem Anflug von Resignation einzuschränken: «Wegen der jungen Leute sollten wir uns aber wirklich Sorgen machen.»

Der Journalismus ermöglichte es mir unter anderem, den Gazastreifen direkt kennenzulernen und palästinensische Freunde zu gewinnen. So war ich auch 2005 dort, als Israel sich bis auf den letzten Millimeter zurückzog und insgesamt einundzwanzig Siedlungen räumte. Meine Freunde vor Ort waren gemäßigte Muslime, Anhänger der palästinensischen Nationalbewegung. Kurze Zeit nach dem Abzug der israelischen Streitkräfte verloren sie bei den Wahlen gegen die Hamas, eine fundamentalistische, panislamische Bewegung. Doch der Hamas genügte der Wahlsieg nicht, sie riss die Macht auch militärisch an sich, brachte Oppositionelle um und rächte sich an den Gemäßigten.

Baha Baalusha war ein säkularer Verwaltungsfachmann. Nachdem der militärische Arm der Hamas ihn mehrfach erfolglos zu liquidieren versucht hatte, wurde entschieden, seine drei Kinder zu ermorden. Der Wagen, in dem die Drei-, Sechs- und Neunjährigen saßen, wurde von zweihundertvierzig Kugeln durchsiebt, vor den Augen ihres Vaters, der die Hinrichtung aus dem Fenster verfolgte. Das ist die Hamas.

Ihre Anführer stritten ab, die Absicht zu haben, den Gazastreifen in ein islamisches Kalifat zu verwandeln, doch innerhalb von zwei Jahren schon war die Talibanisierung tief eingesickert. Was als Verbot für Frauen begonnen hatte, Motorrad zu fahren oder in der Öffentlichkeit zu tanzen, fand seine Fortsetzung in sogenannten «Keuschheitspatrouillen», in gewalttätigen Razzien gegen Sportzentren, die nicht streng auf eine Trennung von Mädchen und Jungen achteten, in Versuchen der Justiz, die Bewegungsfreiheit von Frauen unter Berufung auf die Scharia stark einzuschränken, in brutalen Durchsuchungen von Geschäften, die sich im Besitz von Christen befanden, einschließlich der Verbrennung Tausender christlicher Bücher und eines strikten Verbots, Weihnachten zu feiern.

UN-Berichte dokumentierten das Schicksal von Homosexuellen, die bestialische Folterungen durch die Hamas-Polizei erlitten, über Tage an einem Haken an der Decke hängend geschlagen und unter Todesandrohungen gezwungen wurden, andere Homosexuelle zu denunzieren. Viele von ihnen wurden für Jahre weggesperrt. Der Iran, der Erkenntnissen des deutschen Nachrichtendiensts zufolge in den vergangenen Jahren in größerem Umfang Homosexuelle hinrichten ließ – es heißt, seit der Islamischen Revolution seien zwischen vier- und sechstausend Homosexuelle getötet worden –, ist der Patron der Hamas. Queere Menschen auf der ganzen Welt sollten, ganz nebenbei bemerkt, nach dem 7. Oktober eine der Gruppierungen sein, welche die Hamas am deutlichsten als Freiheitsbewegung anerkannten.

Unter der Hamas wurde Gaza zu einem Gebiet mit eigener Armee und eigener Administration, mit Milliarden Dollar Aufbau- und Reparationshilfe aus Katar und der ganzen Welt und mit starker, allgegenwärtiger iranischer Präsenz. Der Gazastreifen hat zwei Landgrenzübergänge, zu Ägypten und zu Israel, doch das dort rasant angehäufte Waffenarsenal und die immer wieder proklamierte Absicht der Hamas, den jüdischen Staat zu vernichten, hatte Israel bewogen, den Gazastreifen daran zu hindern, diese eigenständig kontrollieren zu können und einen eigenen Flug- und Seehafen zu betreiben – was letztlich die Rede vom «Größten Gefängnis der Welt» und «Ghetto Gaza» gebar.

Ich habe mein ganzes Leben gegen die Besetzung gekämpft. Doch es ist nicht leicht, sich als Friedensaktivist zu engagieren, wenn einem ein fundamentalistisches Regime gegenübersteht oder ein Opponent, der sich der Scharia unterwirft. Die Fähigkeit, an solche Partner zu glauben, kollidiert regelmäßig mit deren eigenen Verlautbarungen. Zutiefst frustriert aber war ich, als mir irgendwann bewusst wurde, dass es ausgerechnet Israels Regierungschef Netanjahu und mit ihm der gesamten Rechten durchaus gelegen kam, dass sich in Gaza eine Terrororganisation an der Macht befand und eben nicht die Fatah, die «Bewegung zur nationalen Befreiung Palästinas». Denn solange dies der Fall war, drängte die Welt Israel nicht, Fortschritte bei den Verhandlungen für einen Frieden zu erzielen. Kurzum, die Hamas war für die Rechten ein Faustpfand. So sagte Netanjahu etwa 2019: «Wer die Errichtung eines palästinensischen Staates verhindern will, muss sich für eine Stärkung der Hamas einsetzen und es Katar ermöglichen, Gelder an die Hamas zu transferieren. Das ist Teil unserer Strategie, die Palästinenser in Gaza von den Palästinensern im Westjordanland zu trennen.»

Als liberaler, im Nahen Osten geborener schwuler Mann habe ich mich jahrelang mit Gesellschaften beschäftigt, die etwa Homosexuelle an Baukränen aufhängen oder sie von Hausdächern werfen und die Frauen mit aller Grausamkeit unterdrücken, aber dennoch in den Genuss kommen, auf der Bühne der Vereinten Nationen zu stehen und innerhalb der Völkerfamilie als akzeptable Partner betrachtet zu werden. Vor allem habe ich mich mit den inneren Prozessen befasst, die islamistische Gesellschaften zu solchen werden lassen, und mit der Frage nach der Chance für eine Erhebung dagegen und Gesundung von innen heraus.

Der Beginn des 21. Jahrhunderts zeichnet sich durch ein Erstarken des politischen Islams und das Auftreten radikaler islamistischer Gruppierungen in den meisten Weltgegenden aus. Die Verwirklichung der *maqasid ash-shari'a* (der Zielsetzungen des islamischen Rechts) bringt zwar in aller Regel Gesellschaften nicht dazu, der Untreue beschuldigte Frauen zu Tode steinigen zu lassen. Dies mag zwar mitunter dem Gesetz nach erlaubt sein, wird aber nicht praktiziert, oder wenn, dann in ländlichen Regionen, fernab der öffentlichen Wahrnehmung; und zuweilen ist es wohl auch nur das ultimative Streben von Predigern eines radikalen Islams nach dem fernen, zukünftigen Tag, an dem die Scharia in ihrer ganzen Heiligkeit Anwendung finden wird. Zahlreich finden sich jedoch muslimische Gesellschaften, in denen das Leben von Frauen, die Sex vor der Ehe hatten, nichts mehr zählt. Zumeist sind es ihre eigenen Angehörigen, die sie umbringen, als gesellschaftlicher Brauch sozusagen, «um der Familienehre wegen». Auch ist dem Mann dort nach dem Gesetz erlaubt, seine Frau zu schlagen, während es ihr verboten ist, außerhalb der Stadt Auto zu fahren, wenn sie nicht von einem männlichen Aufpasser begleitet wird. Hält sie sich nicht an die Kleidervorschriften, kann sie geschlagen und eingesperrt werden. Einige dieser Staaten verbieten Frauen den Schulbesuch, da ihre Aufgabe lediglich darin bestehen soll, zu gebären und im Haus zu dienen. Mädchen, die darauf beharren, weiter zur Schule zu gehen, werden ermordet.

Linke sehen in Margaret Atwoods Roman *Der Report der Magd* gern ein abschreckendes Beispiel für alles, was uns, Gott bewahre, von der Rechten droht, zeigen sich erschüttert von den dystopischen Bildern auf der Mattscheibe. Sie scheinen zu vergessen, dass jede noch so entsetzliche Einzelheit, die im Buch oder in der darauf basierenden Fernsehserie geschieht, keine finstere Zukunftsvision ist, sondern in vielen Staaten schon heute Realität. Ja, meine linken Mitstreiter betonen vor allem den historischen Anteil des Westens an gesellschaftlichen Prozessen, die zum Aufstieg der Fundamentalisten führten: Die Verfehlungen des Westens hätten zum Beispiel zum Erstarken der Taliban beigetragen, jenen Taliban, die Frauen und Mädchen alle nur möglichen Rechte absprechen. Doch muss der Westen deshalb in ihrem Schreckensregime eine legitime, souveräne Herrschaft sehen, eine kulturelle Wahl, die einer Nation freisteht?

Das Bemerkenswerte ist, dass solche religiösen Führer dazu neigen, mit Verve und in aller Offenheit ihre Absichten kundzutun, während wir Liberalen die Tendenz haben, diese abzuwiegeln und darauf zu beharren, es handle sich um bloße Rhetorik, das sei religiöse Kasuistik zur Aufstachelung der Massen und reine Theorie, die der jeweilige religiöse Würdenträger so nicht meine. Doch so, wie sie sich für die Todesstrafe für Homosexuelle aussprechen, rufen sie auch dazu auf, Frauen, die nicht Musliminnen sind, zu Sexsklavinnen zu machen oder Glaubensfeinden den Kopf abzuschlagen. Ja, die Vorschriften des religiösen Rechts erlaubten den Terror der Selbstmordattentäter.

Und doch unterscheidet sich die Hamas vom Islamischen Staat. Sie hatte ihren Ursprung in wohltätigen Vereinen, erwuchs aus gemeinnützigen Kliniken und Armenküchen, ehe sie die politische Sphäre betrat. Von daher ist sie in den Herzen der Bevölkerung verwurzelt und hat versucht, auch die Säkularen für sich zu gewinnen, anders als der IS, der noch jeden Muslim, der nicht betete, abschlachten ließ. Aber ihre erklärte Ideologie, welche nach einer islamischen Hegemonie strebt, die frei ist von Juden und Christen und sich erstreckt von Katar bis Beirut und von Gaza bis Teheran, ist eine islamofaschistische, die für eine mörderische ethnische Säuberung in Form der Vernichtung Israels eintritt.

Die Entscheidung, am 7. Oktober das Wüten des IS nachzuahmen, war folglich eine ganz bewusste. Sie stützte sich auf eine junge Generation in Gaza, die von radikalislamistischen Strömungen beeinflusst ist, sodass, sollte es die Hamas tatsächlich irgendwann nicht mehr geben, dort noch extremistischere Akteure zu erwachsen drohen, wie es in Somalia, im Jemen, im Sudan und in anderen zerfallenden Staaten schon geschieht.

Im Jahr 2013, ein Jahrzehnt vor dem 7. Oktober, wurde in Syrien die amerikanische Menschenrechtsaktivistin Kayla Mueller vom IS verschleppt und achtzehn Monate lang vom damaligen Führer des IS, Abu Bakr al-Baghdadi, als Sexsklavin gehalten, wurde von seinen Männern vergewaltigt und gefoltert. Der IS ließ seinen Kämpfern Rechtsurteile ausdrucken, die eine Vergewaltigung erbeuteter Frauen erlaubten, von Mädchen, die zum Teil nicht älter als vierzehn Jahre waren, genauso wie den Weiterverkauf Hunderter junger Nichtmusliminnen als Sklavinnen. Al-Baghdadi ist schon nicht mehr am Leben, er beging Selbstmord, als die Amerikaner seinen Wohnsitz stürmten, doch nicht, ohne mit seinem Sprengstoffgürtel seine Kinder mit in den Tod zu nehmen.

Wenn die Mehrheit der jungen Menschen in den USA, wie Umfragen zeigen, nicht glaubt, dass es Vergewaltigungen im Namen des Fundamentalismus gegeben hat, nicht glaubt, dass Köpfe abgeschlagen wurden, und darauf beharrt, dies sei eine israelische Erfindung, dann resultiert dies nicht nur aus der Unkenntnis einer gerade mal zehn Jahre zurückliegenden Geschichte, sondern vor allem aus der Selbstdarstellung der Hamas als Befreiungs- und Freiheitsorganisation, die hier offenbar verfängt.

Da wir auf der Linken uns zumeist versagen, Kritik an Minderheitsgruppen und Kulturen zu äußern, und schweigen, als könnte jeder Wert an sich heilig sein, und nicht selbstgewiss auf die Werte der Aufklärung pochen, ignorieren wir echte Probleme. Und dieses Wegschauen überlässt das Feld den Faschisten, bis es den Anschein hat, als befassten allein sie sich mit dem Problem. Die Öffentlichkeit schenkt immer demjenigen Gehör, der etwas anprangert.

Verlust

An jenem Schabbat, dem Beginn des Simchat-Thora-Festes, ging die Hamas in unserer Gemeinschaft in Be'eri von einem Haus zum nächsten. Wenn sich eine Familie weigerte, die Tür des Schutzraums zu öffnen, brachen die Terroristen draußen ein Auto auf, holten das Reserverad aus dem Kofferraum und schleppten es brennend ins Wohnzimmer, um die Eingeschlossenen auszuräuchern und sie so zum Herauskommen zu zwingen. In anderen Häusern rissen sie mit einer Traktorschaufel Außenwände ein. Oder warfen Handgranaten ins Haus, die alle Familienmitglieder töteten.

Um fünf Uhr am Nachmittag entschied die greise Aviva, die da schon ihre Pflegerin Gracy verloren hatte, zu Fuß loszugehen. Sie stand einfach aus ihrem Schaukelstuhl auf, stützte sich auf ihren Rollator und wanderte, ohne Brille, zum anderen Ende des Kibbuz. Später würde sie sagen, dass sie sich an absolute Stille erinnert, eine Blase aus Geräuschlosigkeit, was daran lag, dass sie ihr Hörgerät nicht dabeihatte. Jemand, dem es gelungen war, mit dem Auto zu entkommen, wollte sie mitnehmen, nach Tel Aviv. Doch Aviva weigerte sich zu fahren, ohne etwas über den Rest ihrer Familie zu wissen. Unsere Verwandten und Freunde, zu denen der Kontakt abgebrochen war, konnten wir bald nur noch auf den Hamas-Kanälen des Messengerdienstes Telegram suchen, unter den Entführten und Getöteten, die dort gezeigt wurden. Und du verstehst erst, wie klein ein Staat ist, wenn ein Unglück zu viele deiner Bekannten trifft, die eigentlich nichts miteinander zu tun haben. Als ich das Drehbuch für die Serie *Euphoria* schrieb, hatte mich Elkana Bohbot zur Figur des Nate inspiriert, ein siebzehnjähriger Badboy, ein ultramaskuliner, charmanter Macho, innerlich jedoch zerrissen. Ich war verstört, auf Telegram Videoaufnahmen zu entdecken, die ihn mit gefesselten Händen, unbekleidet, geschlagen und vollkommen verängstigt zeigten. Anscheinend war er auf dem Musikfestival entführt worden.

Etwas weiter nördlich, im Kibbuz Kfar Aza, gelang es meinem lieben Kollegen, dem Fotografen und Filmemacher Ro'i Idan, gegen 6:40 Uhr zu filmen, wie die Motorgleiter der Hamas beinahe beschaulich über ihn hinwegzogen. Ro'i war Naturfilmer, Starenschwärme und schäumende Flussläufe in der Wüste waren seine bevorzugten Motive, und außerdem Videokünstler, ehe er Fotograf in der Nachrichtenredaktion wurde, für die ich schrieb. Als die Motorgleiter im Sinkflug zur Landung ansetzten, schickte Ro'i noch eine Meldung an die Nachrichtenredaktion und eilte nach Hause zu seiner Familie. Sein Haus war eines der ersten, in die die Terroristen eindrangen. Sie schossen seiner Frau Smadar in den Kopf. Ro'i sagte seinem neunjährigen Sohn und seiner sechsjährigen Tochter, sie sollten sich im Schutzraum im Schrank verstecken. Die Jüngste, die dreijährige Avigail, zog er aus ihrem Bett, presste sie an sich und versuchte, sie zu schützen, als auch er erschossen wurde. Die kleine Avigail, die mit ansehen musste, wie ihre beiden Eltern ermordet wurden, rannte, beschmiert mit dem Blut ihres Vaters, in den Garten und wurde ganz allein nach Gaza verschleppt. Ihre älteren Geschwister blieben die nächsten vierzehn Stunden in dem Schrank, während die Leiche ihrer Mutter dort vor ihnen im Raum lag.

Zwischen den einzelnen Gruppen der Hamas, des Islamischen Dschihad und zwei kleinerer Organisationen, die an dem Massaker beteiligt waren, variierte das Ausmaß an Grausamkeit. In bestimmten Wohnvierteln verkündeten die Angreifer, der Koran verbiete ihnen, Kinder und Frauen willentlich zu töten. Anderswo aber erklärten sie, Kinder seien künftige Soldaten, weshalb die Scharia befehle, sie zu töten. In der Ausrüstung der Angreifer wurden auch Captagon-Pillen gefunden; das Medikament, das bereits IS-

Schergen bei Einsätzen verwendeten, die mit einem extremen Maß an Grausamkeit einhergingen, ist ein Amphetamin, das von Syriens Diktator Assad schwungvoll exportiert wird.

Meine Tante Orit und ihr Sohn Itai verfolgten in der Whatsapp-Gruppe des Kibbuz, wie die Terroristen in ihre Richtung vorrückten. Sie zählten die Häuser, die noch verblieben, bis sie bei ihnen wären. Der Chat bestand fast nur aus verzweifelten Hilferufen: «Bitte rettet uns!» – «Sie verbrennen uns!» – «Meine Kinder sind verwundet, bitte, Hilfe!» Und durch das Fenster waren Schreie von Menschen zu vernehmen, die um ihr Leben flehten, war zu hören, wie Scheiben eingeschlagen und Türen aufgebohrt wurden. Über Lautsprecher spielten die Angreifer Lieder ab, verlasen Gebete, um die Moral zu heben, während ununterbrochen Autoalarmanlagen kreischten und ekstatische «Allahu-Akbar»-Rufe ertönten. Dort, in Orits Straße, wurden die Bewohner der meisten Häuser hingerichtet. Als Erster Rafi, ihr geschiedener Mann, der gleich nebenan wohnte und noch schrieb: «Sie sind bei mir.»

Doch in einigen Häusern war die Vorgehensweise eine andere: Sie drangen ins Haus ein und erschossen nur einen oder zwei, mit dem Ziel, alle anderen zu lähmen und kooperieren zu lassen. Im Nachbarhaus neben Orit wohnte Dr. Shoshan Haran, die Schwester eines guten Freundes, der als leitender Redakteur verantwortlich für die politische Beilage von Israels auflagenstärkster Zeitung ist. Shoshan selbst ist die Initiatorin und Gründerin von Fair Planet, einer gemeinnützigen landwirtschaftlich-humanitären Organisation, die mit Freiwilligenengagement gegen den Hunger in Afrika kämpft und Bauern dort Anbausorten liefert, die höhere Erträge ermöglichen. Auf diese Weise hat ihre Organisation in Entwicklungsländern bereits Tausende von Bauern aus dem Teufelskreis der Armut befreien können. Ihre Tochter und ihr Schwiegersohn waren mit den drei und acht Jahre alten Enkeln über die Feiertage zu Besuch bei ihr in Be'eri. Shoshans Mann Avshalom wurde sofort erschossen, ebenso ihre Schwester und ihr Schwager, alle anderen, unter ihnen auch die Kinder, wurden entführt.

Rinat Even, die Sozialarbeiterin des Kibbuz, teilte noch mit, sie, ihr Mann und ihre vier Söhne seien aus dem Fenster gesprungen, als sie die Hitze und den Qualm des Feuers nicht länger aushalten konnten. Sie flüchteten sich in die Büsche. Die beiden Jüngsten lagen ganz zuunterst, über ihnen schützend die Eltern und ihre älteren Brüder. So hielten sie sich versteckt, wagten kaum zu atmen und schickten mehrere Hilferufe ab, bis einer der Hamas-Männer sie entdeckte, näher kam und aus nächster Nähe schoss.

Die Sicherheitskameras in Be'eri zeichneten zu dem Zeitpunkt bereits eine zweite Welle von Angreifern auf, die durch das Tor des Kibbuz eindrangen. Es waren keine Kämpfer in Kommandouniformen und mit Kalaschnikows mehr, sondern Zivilisten aus Gaza, die mit Messern und Mistgabeln bewaffnet anrückten. Saleh al-Arouri, stellvertretender Vorsitzender des Politbüros der Hamas, sollte später auf Al Jazeera behaupten, die Gräueltaten gegen israelische Zivilisten seien allein von Zivilisten aus Gaza verübt worden, nicht aber von offiziellen Soldaten der Hamas.

Itai schrieb uns: «Sie haben die Fenster eingeschlagen.» Orit schrieb: «Sie kommen zu uns rein.» Ihr Schutzraum verfügte über keine Stahltür, es gab nur eine einfache aus Holz, die sich auch nicht abschließen ließ. Wir schlugen vor, sie sollten die Tür mit Sesseln verbarrikadieren, doch Itai schrieb zurück, das sei nicht möglich. «Wir haben solche

Angst», schrieb Orit, «Itai und ich liegen unter der Decke.» – «Ich liebe euch sehr, über alles, es wird alles in Ordnung kommen», schrieb sie an ihre Kinder, von denen eines sich am anderen Ende des Kibbuz versteckt hielt und erst gegen Mitternacht gerettet werden konnte. Schon da war klar, dass nichts mehr in Ordnung kommen würde. Dann schickte sie noch ein Herz-Emoji.

Wir wissen nicht, ob das war, als man schon auf sie geschossen hatte und sie im Sterben lag, oder zuvor. Doch es war ein Abschied. Es sollten Wochen vergehen, bis wir erfuhren, was genau dort geschehen war: Orit wurde von mehreren Schüssen tödlich getroffen, und ihr Sohn Itai hielt sie fest, bis auch er nach Gaza verschleppt und sein Elternhaus in Brand gesteckt wurde. Dass er noch am Leben war, erfuhren wir erst Wochen später; sein Gefängnis sollte nur sieben Fahrminuten von seinem Zuhause entfernt sein. Itai, achtunddreißig, hat Psychologie studiert und Wirtschaftswissenschaften und arbeitet als Life-Coach. Ein Mensch, der immer gibt, mit einem Riesenherzen, sehr sensibel und furchtsam.

Der Abend senkte sich herab, und die Armee, noch immer unter Schock, geprügelt und strauchelnd, rückte an, um auf den schmalen Wegen und Pfaden von Be'eri zu kämpfen. Gegenüber vom Haus unserer Tante Tamar, die sich wie Anne Frank auf dem Dachboden hinter einer Gipskartonwand versteckt hielt, wurden in einer kleinen Wohnung vierzehn Menschen von etwa vierzig Terroristen als Geiseln festgehalten. Als die Terroristen sicheren Abzug nach Gaza verlangten, mit ihren Geiseln, umstellte die Armee das Haus, kesselte es ein und feuerte schließlich Panzerabwehrraketen darauf ab und zwei Granaten aus einem Panzer. Lediglich zwei Frauen überlebten. Auch am Grenzzaun zu Gaza waren später auf Videoaufnahmen Geiseln zu sehen, die in Fahrzeugen der Hamas saßen und von Kampfhubschraubern der israelischen Armee getroffen wurden.

In den Tagen nach dem Angriff wandten sich Sprecher der Hamas bevorzugt auf Englisch an die Welt. Vor Kameras der BBC zum Beispiel sagte einer von ihnen: «Es war eine ausschließlich gegen militärische Ziele gerichtete Aktion. Ich kann bestätigen und versichern, es hat keinen Befehl gegeben, Zivilisten zu töten.» Als er später jedoch auf Arabisch auf Sendung ging, klang das so: «Israel ist ein Staat, der von der Weltkarte entfernt werden muss. Die Araber und die gesamte islamische Umma müssen ihn beseitigen, und wir scheuen uns nicht, das mit allem Nachdruck zu sagen. Dieser Angriff war nur der erste, und es wird einen zweiten, dritten und vierten geben. Man nennt uns eine Nation von Heiligen, und wir sind stolz, unsere Heiligen zu opfern.» Als er gefragt wurde, ob dies die Vernichtung Israels bedeute, erwiderte er: «Ja.»

In Gesprächen mit der *New York Times* gaben Hamas-Führer das eigentliche Ziel preis: ein Angriff, der einen andauernden, permanenten Krieg einleitete, dem sich weitere Akteure der «Achse des Widerstands» anschließen würden. Israel sollte gezwungen werden, derart heftig zu reagieren, dass die muslimische Welt sich nicht länger in Zurückhaltung üben konnte, woraus ein Mehrfrontenkrieg mit dem Libanon, dem Iran, der Arabischen Liga und den Palästinensern innerhalb Israels resultieren musste. Es ist jene vom Führer der Hisbollah, Scheich Hassan Nasrallah, entwickelte Spinnennetztheorie, die Israels militärische Stärke mit der Belastbarkeit eines solchen Netzes vergleicht. Auch dieses wirke auf den ersten Blick robust und unüberwindlich, sei in Wahrheit jedoch leicht zu zerreißen und zu bezwingen, so Nasrallah. Die israelische Gesellschaft sei kriegsmüde, habe nicht die Widerstandskraft, in einem blutigen Kampf zu bestehen und eigene Verluste, Terror und nicht enden wollenden Raketenbeschuss zu ertragen. In diesem Herbst war Israel seinen Feinden offenbar schwach genug erschienen, um den Krieg in Gang zu setzen.

Israel indes, das Verrat an den eigenen Bürgern begangen und sie an jenem schwarzen Schabbat im Stich gelassen hatte, ja, jeden nur erdenklichen Vertrag zwischen einem Staat und seinen Bürgern gebrochen hatte, würde sie auch in den darauffolgenden Wochen und Monaten verraten, indem das Land seine in Gaza gefangen gehaltenen Söhne und Töchter ihrem Schicksal überließ und ihre Rettung und Rückkehr nicht zum obersten Ziel des Kriegs erhob. Solange die Entführten sich aber weiter in der Hand der Hamas befinden, wird der Terrorangriff des 7. Oktober wie eine offene Wunde schwären und die Narbe im Fleisch vertiefen. Der Staat Israel begeht auch Verrat an seinen Bürgern, indem er keinen neuen Horizont aufzeigt, einen Plan oder eine Hoffnung für die Zukunft nach dem Krieg.

Rache

Auf dem Gymnasium haben wir ein Gedicht unseres Nationaldichters Chaim Nachman Bialik auswendig gelernt, «Über das Schlachten». Verfasst hat es Bialik 1903 nach dem Pogrom von Kischinew. In jenem Jahr, nach einer judenfeindlichen Hetzkampagne in der russischen Presse, zogen die Bewohner des Städtchens zu Ostern vollkommen überraschend los, um am Ende neunundvierzig Juden erschlagen zu haben. Die *New York Times* schrieb damals: «Säuglinge wurden in Stücke gerissen, im wahrsten Sinne des Wortes.» Kleinkinder wurden aus Fenstern geworfen, die Täter schlugen ihren Opfern Nägel in die Schädel, stachen Augen aus, kastrierten Männer und vergewaltigten Frauen. Die berühmtesten Zeilen aus «Über das Schlachten» aber lauten: «Nicht kann selbst die Hölle so grausig Verbrechen / Nicht Kindsblut rächen.»

Als Jugendlicher hatte ich fälschlicherweise geglaubt, gemeint sei, dass Rache für den Tod eines Kindes die grausamste überhaupt sein müsse, dass so eine Rache die Hölle selbst sein müsse. Ich verstand nicht, dass Bialik genau das Gegenteil sagen wollte. Am Tag nach dem schwarzen Schabbat, als ich die Aussage einer Rettungssanitäterin hörte, verstand ich plötzlich. Unter Tränen erzählte sie, wie sie ein Mädchen fand, das allein dort gelegen hatte. Sein Arm war vom Ellbogengelenk abwärts abgetrennt, doch es atmete noch. Die Rettungssanitäterin beschrieb die angstvollen Augen des Kindes, wie es gezittert habe, ganz allein und verlassen dort. Sie schilderte ihr eigenes, nicht zu ertragendes Schuldgefühl, dass niemand dort gewesen war, um ihm noch rechtzeitig zu helfen. Jetzt lag es in den letzten Atemzügen. Was Bialik versucht hat zu sagen, ist, dass es keine Rache gibt. Dass sie keinen Sinn hat. Nichts kann einen derartigen Kummer rächen. Trauer und Schmerz sind Gefühle, die stärker als Rache sind.

Der Verrat am Frieden

Noch an jenem Schabbat, in den Stunden, in denen meine Familie und meine Freunde sich noch versteckt hielten, auf ihre Hinrichtung oder ihre Rettung wartend, waren in Boston schon Stimmen aus der amerikanischen Universitätslandschaft zu vernehmen, die das Massaker als «reinen Widerstand» feierten, als Aufbegehren eines Underdogs. Der Sieg der Hamas weckte Freudentaumel, und die schwer bewaffneten Motorgleitschirme, die die Grenze überflogen, wurden umgedeutet zu Symbolen des Muts und der Freiheit, der Herausforderung einer Übermacht: «Nach sechzehn Jahren Belagerung sind Bewaffnete von Gaza nach Israel eingedrungen» – das war die Geschichte. Die Straßen hier ließen sich vom frenetischen Ruf «Resistance by all means!» anstecken, und vor unserem Haus wurden Demonstranten nicht müde, «Intifada, intifada, long live intifada!» zu brüllen. Der Aufruf zum bewaffneten, brutalen Kampf, der auch Selbstmordattentate gegen Kinder guthieß – das ist die Intifada. «Globalize intifada!», schrien sie.

Aus Schmerz über Dutzende Kinder, die sie nach Gaza verschleppt hatten, wurden am nächsten Morgen im Boston Common Park und im nahe zu unserem Haus gelegenen Public Garden Bilder der Entführungsopfer aufgehängt. Ich schob den Kinderwagen mit meiner kleinen Tochter dort über die Wege und sah bereits, wie Studenten die Bilder in Fetzen rissen. Dieses Abreißen der Bilder der Geiseln breitete sich wie eine Seuche über die gesamten Vereinigten Staaten aus, als Ausdruck des Hasses auf Israel. Die Tatsache, dass sie gerade dabei waren, das Antlitz eines kleinen Mädchens zu zerreißen, war den Protestierern wohl bewusst. «Sie ist eine Siedlerkolonialistin», sagte mir eine Studentin über das Bild einer Neunjährigen, das sie gerade abgerissen hatte. «Sie hat keine Vorfahren dort und dadurch auch keinen Anspruch auf nur einen einzigen Quadratmeter Palästina, und ich habe nicht ein Stückchen Empathie für sie.» In den Gesichtern der Demonstranten in Boston sah ich, schon während der ersten Tage, kaum verhohlene Schadenfreude über das Massaker.

In den sozialen Netzwerken erreichten in den Wochen nach dem 7. Oktober diejenigen Influencer die größte Reichweite und meisten Klicks, die bestritten, es habe überhaupt ein Massaker gegeben, die auf Grundlage eigener «Recherchen» zu der Feststellung kamen, die Hamas habe keine Zivilisten ermordet, habe nicht vergewaltigt, nicht enthauptet. Das am umfassendsten dokumentierte Massaker der Menschheitsgeschichte wurde massenhaft abgestritten, und wie die Geschichte es irgendwann erzählen wird, bleibt eine offene Frage.

Im Zeitalter des Todes der Wahrheit verfolgt jemand ein Ereignis und hat «das Recht» zu glauben, es habe nicht stattgefunden. Vor seinen Augen sind zwar echte Menschen zu sehen, keine Schauspieler, doch die Videosequenz könnte ja auch ein *Deep Fake* sein. Könnte durch AI – künstliche Intelligenz – erstellt worden sein. Er sieht ein Bild vor sich und verkündet nonchalant, es sei gefälscht. Denn der Tag ist wohl wirklich nicht mehr fern, an dem ich im Handumdrehen, von zu Hause, aus meinem Wohnzimmer, tatsächlich jeden von euch da draußen künstlich erstellen und alles Mögliche machen lassen kann, innerhalb von Minuten das Netz mit Tausenden von manipulierten Filmchen fluten kann. Noch hinkt die Technik, aber dieses «Sich entscheiden, etwas nicht zu glauben» hat sich bereits als natürliche Konditionierung festgesetzt.

Innerhalb kurzer Zeit zeigten Umfragen von Harvard Caps / Harris Poll auch, dass einundfünfzig Prozent der jungen Amerikaner der Meinung sind, die Lösung für den Konflikt sei, Israel zu beseitigen und das Land niemand anderem zu überlassen als – der Hamas. Eine Umfrage des Pew Research Center wiederum kam zu dem Ergebnis, nicht weniger als dreißig Prozent der jungen Amerikaner glaubten, der «Holocaust sei ein Mythos». Diese Welle ist zwar noch nicht bis nach Deutschland vorgedrungen, doch die Vereinigten Staaten sind jetzt unser Zuhause und die Heimat unserer kleinen Tochter, und sechzig Prozent der jungen Leute hier sagten: «Der Angriff der Hamas war gerechtfertigt.» Siebenundsechzig Prozent behaupteten, dass «Juden unterdrückerisch sind und man sie wie Unterdrücker behandeln muss», während dreiundfünfzig Prozent der Meinung waren: «Studenten haben das Recht, zu einem Genozid an Juden aufzurufen, ohne Sanktionen.» Dieses Leugnen der begangenen Grausamkeiten und die Erfahrung, dass für die eigene Katastrophe weder Trauer noch Bestürzung empfunden wird, haben die Psyche der Israelis noch mehr verletzt, haben die sich stets verfolgt wähnenden Extremisten gestärkt.

Die Bezeichnung der bei dem Massaker Ermordeten als *settler colonialists*, Siedlerkolonisten, hat dem Terror einen moralischen Freibrief verschafft. Denn folgerichtig sei es ja kein Wunder, wenn die Gegenseite mit Gewalt und Grausamkeit reagiert. Nach dieser postimperialistischen Theorie ist ganz Israel – und nicht nur die Siedlungen in den 1967 besetzten Gebieten – eine illegitime Entität, eine Erfindung des Westens, die brutal ein autochthones, nichtweißes Volk von seinem Land verdrängt. Die traditionellen Stimmen, die eine Zweistaatenlösung für zwei Völker befürworten, wurden erst immer undeutlicher und dann mit einem Mal verschluckt von einem neuen Credo in Teilen des Westens: Israel habe gar kein Existenzrecht.

Der Geschichte den Rahmen einer weißen, rigiden Vorrangstellung zu verpassen, hat einen Großteil der amerikanischen Bevölkerung verleitet, Vergleiche anzustellen und in dem Geschehen den eigenen, schmerzlichen Rassenkonflikt wiederzuerkennen. Oder aber eine willkommene Gelegenheit geliefert, die Sünden der weißen Ahnen in Kanada, Australien oder Neuseeland wiedergutzumachen. Wer nicht abstreiten wollte, dass Kindern die Köpfe abgeschlagen und junge Mädchen vergewaltigt worden waren, schob die Verantwortung dafür «allein auf die israelische Unterdrückung, da sich diese Gewalt ja nicht in einem Vakuum ereignet hat». Die Tatsache, dass sowohl die USA als auch Europa, Großbritannien, Kanada und Australien die Hamas als Terrororganisation definieren, wird in weiten Teilen der Studentenschaft und der Linken als kapitalistische Militanz abgetan, vielleicht gar auf jüdischen Druck hin. Am MIT verkündeten Studenten, die auf dem Nova-Festival Ermordeten hätten «ihren Tod über sich selbst gebracht, weil sie auf gestohlener Erde tanzten» und weil «die jüdischen Israelis die Welt einer globalen Apartheid unterwerfen wollen. Der durchschnittliche Israeli ist Nazi.» Juden allgemein waren nicht länger eine Randgruppe, sondern wurden in den Stand eines unterdrückerischen Akteurs, also Problems erhoben, und bildeten zusammen mit den Israelis «eine privilegierte weiße Vorherrschaft».

Dabei sind die meisten Israelis, nebenbei bemerkt, Nachfahren jener 850 000 Juden, die aus arabischen Staaten stammen, die man enteignet, um ihren Besitz gebracht und über Nacht zu Flüchtlingen gemacht hat, nach Hunderten, ja mitunter Tausenden von Jahren ihrer Existenz dort. Und nun schreien die Demonstranten ihnen entgegen, sie sollten «zurück nach Europa gehen».

Das Schreckliche ist, dass diese verbreitete Haltung unter Linken auch für die gemäßigten Kräfte in der muslimischen Welt einen schweren Schlag bedeutet. Sie übt Verrat an allen säkularen, nationalen Palästinensern, die für eine Versöhnung eintreten, und macht ihre Chancen zunichte, in den eigenen Reihen eine besonnene, gemäßigte Agenda voranzutreiben. Denn wenn eine derart starke internationale Rückendeckung offenbar wird für die Überzeugung, es gäbe keine Notwendigkeit für einen Zweistaatenkompromiss, weil die Vernichtung Israels als durchaus legitime Option erscheint – dann stärkt das nur die Extremisten und den radikalen Islam.

Der größte Erfolg der Hamas, neben den vielen punktuellen Triumphen ihres Überraschungsangriffs, ist wohl die Vernichtung der Besonnenheit, der Mäßigung. Ziel der Fundamentalisten ist sicherzustellen, dass sich am Ende auf beiden Seiten keine Stimmen mehr finden, die Frieden wollen oder daran glauben, es fänden sich auch auf der Gegenseite Partner dafür. Ein solcher Angriff war dafür gedacht, die Monster in uns allen zu wecken und ein ganzes Volk dazu zu bringen, Tod und Rache zu wollen. Das ist kein Begleitprodukt, das ist das Wesen, die Essenz der Sache – beide Seiten gewalttätig werden zu lassen. Und dieser Geist trifft auf das Verlangen nicht weniger westlicher Studenten nach einer euphorisierenden Vision, einem Plan zur Heilung der Gesellschaft in dieser säkularen Zeit, nach dem heroischen Ethos eines nonkonformistischen Widerstands. Die Stimmen, die von meinen Freunden auf der Linken zu vernehmen sind, bedeuten nicht nur eine Romantisierung des

Massakers, sondern geben auch Kräften Rückenwind, deren eigentliches Ziel ein Dschihad ist, der weder Sättigung noch Maß kennt. In diesem zynischen Schwindel rückt die Fähigkeit, jene tieferen Ängste, die diesem komplexen Konflikt zugrunde liegen, zu erkennen, zu dekonstruieren und nach Frieden zu suchen, in immer weitere Ferne. Denn die Wahrheit ist kompliziert.

Die Aussicht, einen seit 163 Jahren währenden Kreislauf des Blutvergießens zu durchbrechen, wird verschattet von zwei dunklen Wolken: In den Augen der Palästinenser schwebt über allem die Katastrophe von 1948, die *Nakba*. Etwa 700 000 Palästinenser wurden damals entwurzelt, mussten fliehen oder wurden vertrieben, aus nicht weniger als vierhundert Dörfern und Ortschaften. Die Vereinten Nationen hatten, mit großer Mehrheit, einen Plan verabschiedet, der eine Teilung des Landes in zwei Staaten vorsah. Doch die Araber lehnten diesen ab, und die Armeen sechs arabischer Staaten griffen an mit dem Ziel, den gerade ausgerufenen Staat Israel zu vernichten. Der Generalsekretär der Arabischen Liga versprach: «Dies wird ein Krieg der Vernichtung sein und ein enormes Massaker, von dem man noch ähnlich sprechen wird wie von den Massakern der Mongolen oder den Kreuzzügen.» Nur 156 000 Palästinenser verblieben innerhalb der Grenzen Israels.

Doch es ging anders aus: Die Araber wurden vernichtend geschlagen. Allein Israel gründete sich als Staat auf dem ursprünglich für eine Teilung bestimmten Territorium. Ägypten kontrollierte den Gazastreifen und Jordanien die Westbank und Ostjerusalem. Die Sehnsucht nach den Dörfern Galiläas, nach seinen Quellen und Weidegründen für Ziegen und Vieh, nach dem Meer und seinen Fischen, diese Sehnsucht sollte fortan die palästinensische Existenz definieren. Genauso wie die Sehnsucht nach einem eigenen Kulturleben und dem Hafen von Jaffa. Die Generation, die diese palästinensische Apokalypse erlebte, hüllte sich in Trauer und Schweigen. Ihre Enkel und Urenkel dagegen waren und sind kämpferischer. Die großen palästinensischen Schriftsteller und Dichter der Vergangenheit, wie Mahmud Darwisch und Emil Habibi, vertraten die Ansicht, die *Nakba* gehöre der Vergangenheit an und sei eine nicht ungeschehen zu machende Tatsache, weshalb die Palästinenser nach vorn blicken und ihre Zukunft in einer Zweistaatenlösung aufbauen müssten. Viele jüngere Künstler dagegen sehen in der *Nakba* noch immer eine offene Wunde, mit deren Folgen man sich nicht abfinden dürfe.

Israelis wiederum antworten ihnen, indem sie zum einen an jene 850 000 Flüchtlinge aus den arabischen Staaten erinnern; es waren alteingesessene Gemeinden mit zum Teil tausendjähriger Geschichte, die in jenen Jahren verfolgt und um ihren Besitz gebracht wurden, wie etwa während des als Farhud bezeichneten Pogroms an den jüdischen Bewohnern Bagdads 1941. Und sie erinnern zum anderen daran, dass der palästinensische Terror Hunderte von Juden bereits in den Jahrzehnten zuvor das Leben kostete, ganze Gemeinden und Siedlungen vernichtete und nicht erst aus der *Nakba* heraus geboren wurde.

Israel führte hier sofort auch den damaligen Führer der Palästinenser an, den Mufti von Jerusalem, Mohammed Amin al-Husseini, dessen enges Verhältnis zu Hitler und seine Unterstützung für die Judenvernichtung. Der Mufti wusste von der geplanten «Endlösung», setzte sich für eine Zusammenarbeit mit den Nazis ein und verbreitete die nationalsozialistische judenfeindliche Propaganda im arabischen Raum. Er wirkte aktiv daran mit, die Rettung Zehntausender Kinder aus Ungarn und Polen zu verhindern, darunter auch Waisentransporte, die nach Palästina gehen sollten, und erhielt von Hitler einen Etat, um die «Endlösung» auch in Palästina voranzutreiben, unter anderem für geplante Vernichtungslager im Dotan-Tal, mit riesigen Krematorien wie in Auschwitz, wohin die Juden Palästinas und aus den angrenzenden arabischen Staaten geschafft werden sollten.

Auch deshalb versagte es sich das israelische Erziehungssystem in den folgenden sieben Jahrzehnten, die *Nakba* anzuerkennen oder Mitgefühl für die entwurzelten und vertriebenen Palästinenser zu befördern. Stattdessen stand die Einbettung in den historischen Kontext auf dem Lehrplan: Das Ganze sei in einer Zeit geschehen, in der eine Million Griechen aus der Türkei ins Exil getrieben wurden, zwölf Millionen Deutsche aus Polen, der Tschechoslowakei und Russland vertrieben wurden und eine Million Ghanaer aus Nigeria. «Die Christen beklagen sich auch nicht darüber, dass sie in den Fünfzigerjahren noch 86 Prozent der Einwohner von Betlehem ausmachten, der Geburtsstadt Jesu, und diese heute zu 80 Prozent muslimisch ist.» Die Welt sei eben in Bewegung, hieß es. Das arabische Volk habe ein großes Stück von der Weltkugel abbekommen, verfüge über nicht weniger als zweiundzwanzig Staaten. Das jüdische Volk dagegen habe nicht einen einzigen Staat besessen, und es hätte keinen Grund gegeben, warum es keinen eigenen hätte haben sollen, und zwar auf dem Land seiner Vorväter, mit dem es seit Jahrtausenden verbunden gewesen war. Doch neben solchen Argumenten hätte eben auch das tiefe Unrecht, das den Palästinensern in ihrer Entwurzelung widerfuhr, auf den Lehrplan gehört.

Aufgrund der besonderen Stellung, die die UN den Palästinensern vorbehält, haben die 1948 Vertriebenen die Anrechte ihres Flüchtlingsstatus von Generation zu Generation weitervererbt, sodass sich ihre Zahl heute auf 5,9 Millionen beläuft. Ein Viertel von ihnen lebt noch immer, nach fünfundsiebzig Jahren, in Flüchtlingslagern, worin sich nicht zuletzt auch ihre Verpflichtung weitervererbt, irgendwann einmal in das Haus der Groß- oder Urgroßeltern zurückzukehren. Doch die Forderung nach einem «Rückkehrrecht» für diese Millionen würde Israels Ende bedeuten. Säkulare palästinensische Führer waren in dieser Frage schon bereit zum Verzicht. Für die Hamas dagegen geht es um einen 1400 Jahre alten Konflikt, der einst mit den Kämpfen des Propheten Mohammed gegen die jüdischen Stämme begann, und das Ziel war von Anfang an Vernichtung. Jetzt schließt man sich auf den Straßen von Irland, England, Spanien, Kolumbien und den USA dieser Forderung an.

Aus israelischer Sicht ist eine weitere dunkle Wolke, die einem Frieden entgegensteht, die Furcht, die Palästinenser würden, solange sie über Waffen verfügten, auch bei einer erlangten Unabhängigkeit nicht aufhören zu morden. Und dazu die Befürchtung, ein «palästinensischer Stufenplan» würde insgeheim vorsehen, die Zweistaatenlösung nur als Zwischenschritt auf dem Weg zur Vernichtung des Staates Israel zu nutzen.

Mitgefühl ist der wichtigste Muskel der menschlichen Existenz. Am Tag nach dem Massaker des 7. Oktober hoffte ich, meine Gemeinschaft, die globale, die, an deren Seite ich für Menschenrechte, soziale Gerechtigkeit, die Zukunft unseres Planeten und gegen Gewalt und Hass kämpfe, würde zumindest Empathie für die Opfer zum Ausdruck bringen. Doch die gemeinsamen Erklärungen, die Künstler und Kulturvermittler rund um den Globus abgaben, erwähnten in aller Regel nicht mit einem Wort das Massaker an meiner Familie und meinen Freunden, weder die Entführung und Ermordung von Kleinkindern und Greisen noch die Unbarmherzigkeit und Unmenschlichkeit der Täter. Kein Satz dazu. Sie verurteilten einzig und allein Israels Reaktion in Gaza, vom ersten Tag an. Denn die Massen gehen nicht aus Empathie für die Opfer auf die Straße, sondern aus Angst, Wut und Hass auf denjenigen, gegen den sie protestieren.

Katastrophen und Verbrechen gegen die Menschlichkeit im Nahen Osten und in Afrika haben noch nie die Welt auf die Straße getrieben, weder der Genozid in Darfur im Westen des Sudans noch die 350 000 Toten im Jemen, die Hunderttausenden von Opfern, die Baschar al-Assad mithilfe seiner russischen Patrone unter dem eigenen Volk abschlachten ließ, oder die sieben Millionen syrischer Flüchtlinge, die zusammen mit drei Millionen Irakern über die ganze Welt vertrieben wurden. Solange muslimische Regime Muslime umbringen, schweigt der Westen. Doch im Krieg vom 7. Oktober hat sich eine antisemitische Dynamik entwickelt, die erst die Unterscheidung zwischen Juden und Israelis verwischt und dann alle Juden auf der Welt mit einem gelben Flicken markiert hat. «Gas the Jews», habe ich mit eigenen Ohren inzwischen wieder und wieder gehört. Um uns herum in den USA zerreißt es jüdische Familien, wenn Eltern eine emotionale Verbindung zu Israel gestehen und die Notwendigkeit seiner Existenz rechtfertigen, während ihre Kinder verkünden, Israel hätte es gar nicht geben dürfen, da es auf einer «jüdischen Überlegenheit» basiere, die rassistisch und verwerflich sei.

All dies stärkt wiederum die Radikalen auch in Israel, jene, die von dem Gefühl verfolgt sind, wir würden auf ewig durch das Schwert leben. Denn auch auf jüdischer Seite gibt es manche, die von einem Religionskrieg träumen, von einem Tag des Jüngsten Gerichts, an dem Gott uns das Wunder beschert, Millionen von Feinden kapitulieren oder vertrieben zu sehen. Ebenjene Kräfte, die mit missionarischem Vorsatz das Erziehungswesen unterwandern, öffentliche Einrichtungen und den politischen Diskurs unter ihre Kontrolle bringen, gewaltige Finanzmittel in den Ausbau der Siedlungen im Westjordanland fließen lassen und in den Monaten vor dem Krieg auch verstärkt versuchten, die Palästinenser dort zu provozieren und für gewalttätige Zusammenstöße zu sorgen. Gleichzeitig wurden Initiativen wie die der «Women Wage Peace», zu der meine Tante Orit gehörte, in zunehmendem Maße als «verräterisch» und «staatsfeindlich» angeprangert.

Das Massaker vom 7. Oktober, so steht zu befürchten, hat Israel noch tiefer in einen Zustand der Verzweiflung und des Traumas gestürzt und der Linken im Land den endgültigen, ultimativen Schlag versetzt. Der Überfall der Hamas wird Israel für viele Jahre noch weiter rechts und in einer noch militanteren Geisteshaltung verharren lassen. Und in Gaza wird er eine weitere Generation von Kindern hervorbringen, die Israel nur durch Tod und grausames Leid kennenlernen. In Israel wiederum sind derzeit, wie noch in jedem Krieg, Tendenzen von McCarthyismus und Faschismus zu beobachten, die Sprechverbote, Rassismus, Hetze und Rachgier nach sich ziehen. Die erlittenen Gräuel dienen als Rechtfertigung für eine antidemokratische Agenda.

Zu dem komplizierten Puzzle gehört zudem, dass der israelischen Gesellschaft mehr als zwanzig Prozent palästinensische, rechtlich vollkommen gleichgestellte Bürger angehören, von denen achtzig Prozent Muslime, der Rest

Christen beziehungsweise Drusen sind. Auch ihre Kinder sind am 7. Oktober umgebracht und entführt worden. Wie etwa eine muslimische Frau, die von der Hamas ermordet wurde – sie war mit Wehen auf dem Weg in den Kreißsaal.

Die arabische Gemeinschaft in Israel, die seit Jahren und Jahrzehnten mit ihrer hybriden Identität und der sozioökonomischen Benachteiligung kämpft, hat den von den eigenen Landsleuten aus Gaza verübten Überfall mit Erschütterung und Abscheu verurteilt. Hunderte ihrer religiösen Würdenträger haben die Hamas auf das Schärfste verdammt und sich für Versöhnung eingesetzt. Viele von ihnen verbinden ihr Schicksal unmissverständlich mit dem der Juden in Israel, doch die Frage ihrer Loyalität gegenüber dem Staat hängt wie eine permanente elektrische Spannung in der Luft, da die islamistische Bewegung auch unter ihnen zunehmend erstarkt. Dennoch hat Mansur Abbas, der Vorsitzende der Vereinigten Arabischen Liste, der größten konservativ arabisch-muslimischen Partei in der Knesset, als erster arabischer Politiker in der Geschichte des Landes die Hamas und alle anderen bewaffneten Gruppen aufgerufen, die Waffen niederzulegen zugunsten eines politischen und gewaltlosen Kampfes. Denn die Hamas versucht, auch die Besonnenheit und Mäßigung der arabischen Minderheit im Lande abzutöten, um sie in einen Bürgerkrieg auf den Straßen Israels zu zerren, zwischen muslimischen und christlichen Arabern auf der einen und Juden auf der anderen Seite. Die Radikalität bedroht auch sie.

Manipulation

Bevor wir in die tiefen Windungen der Geschichte eintauchen, gilt es noch, einen großen Lärm zu neutralisieren: Laut der CIA war der 7. Oktober auch das bislang größte Experiment hoch entwickelter Instrumente zur Bewusstseinsformung, raffinierter und perfekter als bei jedem anderen historischen Ereignis zuvor, wie etwa den amerikanischen Präsidentschaftswahlen, dem Brexit oder dem russischen Überfall auf die Ukraine. Der CIA zufolge waren Entwickler von Algorithmen, Desinformationskampagnen und Cyberangriffen aus Russland, China und dem Iran daran beteiligt, und sie waren vor allem darauf aus, für innere Unruhe und einen Tsunami des Separatismus in den USA zu sorgen, was ihnen am Ende größere Handlungsfreiheit ließ. Und sie haben aus den Fehlern der ersten Runde gelernt, aus dem russisch-ukrainischen Krieg. (Das Ausmaß des Bewusstseinsengineerings von iranischer Seite wurde unter anderem durch Cyberexperten von Microsoft aufgedeckt, die jeden Tag 65 Billionen Signale analysieren. Sie ließen keinen Zweifel an der iranischen Herkunft der englischsprachigen Operationen, und zum ersten Mal stellten sie die Verwendung von Künstlicher Intelligenz fest.)

Was in einigen hundert Jahren an den Universitäten gelehrt werden wird – in welcher Form auch immer es sie dann noch geben mag –, wird nicht der Krieg der israelischen Armee gegen die Hamas sein, sondern wie Diktaturen den demokratischen Westen aufs Kreuz legten, indem sie seinen größten Vorteil, die Meinungsfreiheit, zu einem Schwachpunkt machten, einem Virus der Selbstzerstörung. Was Jahre zuvor als ein russisches Projekt zur Steigerung von Verwirrung und Hetze begonnen hatte, um die Europäische Union und die Vereinigten Staaten zu schwächen, wozu man sich gefälschter Internetseiten, fiktiver Nutzerprofile und gezielter Fake News bediente, hat sich jetzt zu einer Realität ausgewachsen, in der eine Diktatur per Knopfdruck in der Lage ist, eine ganze Bevölkerungsschicht auf der anderen Seite des Ozeans dazu zu bringen, an etwas zu glauben, etwas zu unterstützen oder zu bekämpfen, zu hassen. Diktaturen, die für Chaos in Demokratien sorgen wollen, investieren Milliarden von Dollar in die Manipulation von Algorithmen und in zersetzerische Stimmen. Unter anderem ist über jede Vorstellung hinaus das Experiment geglückt, die Abscheu junger Amerikaner gegen ihre eigene Regierung zu entfachen. Heute sehen unter den amerikanischen Rechten viele in Putin, was man auf der Linken einst in Che Guevara sah. Es tobt ein Weltkrieg im Internet, dem die besten Seiten des westlichen gesellschaftlichen Gefüges zum Opfer fallen, und mit ihm zerfällt die Welt in eine neue Polarität, in der unter anderem Liberale und Progressive auf beiden Seiten zu Opponenten werden.

Auch ohne fremde, ausländische Einmischung sind Zehntausende der besten Programmierer und IT-Spezialisten der Welt bei digitalen Plattformen unentwegt damit befasst, diese gewaltige, höchst effektive Verbreitungsmaschine, die Gift, Hetze und Fake-Inhalte streut, weiter zu verbessern. Doch sind sie eigentlich gar nicht daran interessiert, etwa das gesellschaftliche Klima zu vergiften. Das ist nur ein «Kollateralschaden» auf dem Weg zum eigentlichen Ziel: einer Maximierung der Verweildauer im Netz – und damit der Gewinne. Denn Fake verbreitet sich, Untersuchungen zufolge, im Internet sechsmal schneller als echte Nachrichten. Die einflussreichsten Medienakteure werden vor allem nach Quote und Klickzahlen bezahlt, und diese gehen in die Höhe, je mehr sie die Sensationslust bedienen und mit Instinkten und menschlichen Schwächen spielen.

Dabei machen sie sich zumeist nicht einmal böser Absicht schuldig, lassen sich aber auf eine simplifizierende Zweiteilung ein – immer sind es die Söhne der Finsternis gegen die des Lichts, es gibt nur Unterdrückte und Unterdrücker; hier zeigt sich kognitive Faulheit, gepaart mit Narzissmus und viel Lärm, auf der Rechten wie auf der Linken. Nur Slogans und Ästhetik setzen sich durch. Als Begründung für die neue menschliche Ordnung klammern sie sich an die Behauptung, Presse und Medien würden beherrscht von Körperschaften und Agenden, während die Klugheit der Masse die Wahrheit auszubalancieren verstehe, denn sie sei die Freiheit und das Licht. Und so ist der nicht abschwellende Lärm, der permanente Erregungszustand des Internets und der sozialen Netzwerke zu einer existenziellen Gefahr für die gesamte Werteskala geworden, an die die freie Welt noch glaubt. Begriffe wie «Fakten» und «Beweise» verlieren zunehmend ihre Bedeutung, und mit ihnen stirbt auch die Fähigkeit, sich mit jeder irgendwie komplexer gearteten Idee auseinanderzusetzen. Für jede Katastrophe müssen Lösungen einfach und gewaltsam aussehen.

All diese Akteure sind mitverantwortlich für die Tatsache, dass heute einundfünfzig Prozent der jungen Amerikaner eine Vernichtung Israels befürworten – und sich damit um hundertachtzig Grad von der Meinung ihrer Eltern abgewandt haben.

Für einen Algorithmus ist Antisemitismus ein besonders effektiver Treibstoff. Die alten Gräuelgeschichten, die von Zeit zu Zeit noch immer durch die arabische Presse geistern, zum Beispiel, dass Juden auf Geheiß der Thora den Teig für ihre Mazzen zu Pessach und Hamantaschen zu Purim im Blut christlicher und muslimischer Kinder wälzen sollen, bevorzugt in dem von zuvor vergewaltigten Knaben – und natürlich die fortgesetzte Leugnung des Holocausts –, erhalten in den sozialen Netzwerken neues Leben und erschaffen ein Bild des Juden als geheimen Weltherrschers und Untermenschen in einem. Demgegenüber steht, dass Juden wohl die einzige Minderheit sind, die von den Progressiven nicht in den heiligen Schutzkreis der Unterdrückten aufgenommen wird. Als Teil der amerikanischen Radikalisierung und Polarisierung ist es nun vielmehr an jedem Juden, zu beweisen, dass er nicht den jüdischen Staat unterstützt.

Man kann sicherlich über den Widerstand gegen die Besatzungspolitik sprechen, analysieren, ob Israel sich einer Form von Apartheid bedient, oder darüber nachdenken, ob der jüdische Staat womöglich eine *settler colonialist entity* darstellt – eine Erfindung, die die westliche Welt auf dem Gebiet einer autochthonen Bevölkerung durchgesetzt hat, unter deren gleichzeitiger Verdrängung. Und natürlich muss man sich fragen, wie der Krieg zu beenden ist. Aber wenn Wahrheit und Empathie sterben und mit ihnen jede Chance, die Situation in ihrer ganzen Komplexität zu sehen, dann wird die furchtbare Gewalt, die aus dieser Geschichte hervorgeht, nur noch wachsen.

Krieg

Der Krieg brach aus. Die Katastrophe kam über Gaza. Etwa eine Million Palästinenser wurden über Flugblätter aus der Luft und Meldungen auf ihren Mobiltelefonen aufgefordert, ihre Häuser zu verlassen, ehe mit den Luftangriffen der ersten Kriegswochen Bombardements von der Größenordnung auf sie niedergingen, wie es in den schlimmsten Jahren in Afghanistan der Fall war.

Kinder werden unter den Trümmern der Häuser begraben. Hände ragen aus dem Schutt, die Menschen noch am Leben. Hunderttausende verlassen ihre Häuser, um in Zeltlagern Zuflucht zu suchen, schlafen in Schulen, auf Fußwegen und landwirtschaftlichen Anbauflächen. Die überall herrschende furchtbare Enge und das nur begrenzt zur Verfügung stehende Trinkwasser führen zu schweren Infektionen der Atemwege, zur Ausbreitung von Darmerkrankungen und Hautausschlägen, zu Leberentzündungen. Im Regierungsviertel klaffen riesige Krater, wo mehrgeschossige Wohnhäuser in sich zusammengestürzt sind, und dunkle Staubwolken umhüllen Kleinkinder und Greise, Versehrte und Kranke. Wasser- und Stromversorgung, Straßen und natürlich Krankenhäuser sind in vielen Vierteln außer Betrieb. Ich sehe die Kinder und unschuldigen Menschen, und es bricht mir das Herz wie bei jedem einzelnen Israeli, von dessen Schicksal ich erfuhr. Doch viele Progressive, und mit ihnen viele Staaten auf der Welt, beschuldigen Israel des vorsätzlichen Mords an Zivilisten, schreien, dies sei ein Genozid.

Bilder des Schmerzes und Grauens aus Gaza werden den Israelis jedoch so gut wie nicht ausgestrahlt. Diese sind wie gelähmt vor Bedrückung, Ohnmacht und existenzieller Angst, sitzen in Schutzräumen und Bunkern angesichts der weiter zu Tausenden aus Gaza abgefeuerten Raketen und Granaten und tun sich schwer, Empathie für den einfachen Menschen auf der anderen Seite zu empfinden. Bei den weiterhin ununterbrochen strömenden Schreckensberichten vom Tag des Massakers dürstet es viele von ihnen nach Rache. Und populistische Rechtsaußenpolitiker verlangen lautstark, «Gaza auszuradieren, dem Erdboden gleichzumachen». Die Armee ist es, die solche wahnsinnigen Vorstellungen ausbremst.

Während die Hamas auf den Seiten der *New York Times* unmissverständlich kundtut, ihr Ziel sei ein fortdauernder, permanenter Krieg, und bei jeder sich bietenden Gelegenheit in den Medien verspricht: «Wir werden das Massaker wiederholen, wieder und wieder und wieder (...), das war nur die Generalprobe», stehen Scharen von Menschen vor dem Gebäude der Zeitung an der Park Row in Manhattan und verlangen, Israel zu einer Feuerpause zu zwingen. Die Frage ist: Wie lässt sich der Krieg aus diesem Dilemma heraus beenden, und was kann die Welt tun? Die internationale Gemeinschaft legt Vorschläge zu einem Waffenstillstand bei einer sofortigen Freilassung der Geiseln auf den Tisch, doch die Hamas lehnt ab.

Denn unter der Erde erstrecken sich noch immer, nach eigenen Angaben der Hamas, fünfhundert Kilometer der sogenannten «Metro», eines weit verästelten, stadtähnlichen, mehrstöckigen Tunnelsystems, das weitgehend vor Bomben aus der Luft geschützt ist. Auf die Frage, warum sie den Bewohnern des Gazastreifens nicht ermöglichen, dort Schutz zu suchen, lautete die Antwort der Hamas-Führung, die Tunnel seien ausschließlich für ihre Kämpfer bestimmt, die Verantwortung für das Leben der Zivilbevölkerung hingegen liege bei der UN, den USA und Israel. Die Hamas allerdings ist, wenn man so will, die Regierung von Gaza: eine Regierung, die von ihren Einwohnern verlangt, sich für die langfristige Vernichtung Israels zu opfern, die sie als menschliche Schutzschilde missbraucht und Raketen aus Krankenhäusern und Schulen abfeuert. *Sumud*, sagt die Hamas, unbeirrbare, eiserne Ausdauer, sei das Geheimnis ihrer Stärke, Aufopferung für ein höchstes Ziel. Die Milliarden von Dollar, die über die Jahre nach Gaza geflossen sind, in der Hoffnung, dort ein nahöstliches Singapur zu errichten, hat die Hamas verwendet, um eine Kriegsinfrastruktur aufzubauen.

Und die Menschen in Gaza werden nicht nur durch die Bombardements der israelischen Luftwaffe getroffen. Auch unter den Tausenden von Raketen, die die Hamas und der Islamische Dschihad nach Israel abfeuern, sind nach Auswertung von Satellitenaufnahmen rund zwanzig Prozent, die vom Kurs abweichen, kurz nach dem Start explodieren und noch auf palästinensischem Gebiet einschlagen. Einer dieser Blindgänger hat das palästinensische Al-Ahli-Krankenhaus getroffen. Durch die Explosion wurden laut Hamas fünfhundert Menschen getötet, internationalen Presseberichten und Satellitenbildern nach etwa fünfzig. Doch die Promptheit, mit der internationale Medien Israel die Schuld an dem Angriff zuwiesen, und die anfangs verbreiteten Opferzahlen lassen sich auch im Nachhinein nicht mehr korrigieren; sie bleiben im Bewusstsein unzähliger Menschen weltweit haften.

Unterdessen feuern iranische Proxy-Milizen ihre Raketen aus dem Jemen nach Israel ab, aus einer Entfernung von 2200 Kilometern. Der Iran versucht, Waffen und Raketen aus dem Irak nach Jordanien und von dort weiter ins Westjordanland zu schmuggeln. Und die USA schicken Atom-U-Boote, um jeden abzuschrecken, der sich mit dem Gedanken eines vollkommen schrankenlosen Kriegs trägt. An der Grenze zum Libanon schwelt der Konflikt auf niedriger Flamme, doch es gibt bereits israelische Ortschaften, deren Gebäude zu achtzig Prozent zerstört sind, und andere, die vollständig evakuiert wurden.

Warum ich schreibe

Es werden noch unzählige Bücher über den Krieg in Gaza veröffentlicht werden, der noch zu frisch ist, als dass ich mir anmaßen würde, ihn vollständig analysieren zu können. Auch habe ich natürlich noch nicht wieder den Boden Gazas betreten, meine palästinensischen Freunde besucht, um die Dinge mit ihren Augen zu sehen. Dieses Buch handelt auch nicht nur von diesem Krieg, sondern ebenso von der zerrissenen, kranken Verfassung, in der Israel sich am Vorabend des 7. Oktober befand, und der Art und Weise, in der das Massaker das Land von Grund auf verändert hat und weiter verändern wird.

Der Überfall am 7. Oktober war zweifellos ein Pogrom, das größte seit dem Zweiten Weltkrieg. Mit Blick in die Zukunft hat es Israel einer realen existenziellen Bedrohung ausgesetzt, zum ersten Mal seit seiner Gründung 1948. Es hat den jüdischen Staat zurück ins Jahr 1948 versetzt, da in allen Teilen des Landes Bürger in Städten, Ortschaften und landwirtschaftlichen Siedlungen Wacheinheiten aufstellen und jede Ortschaft an der Grenze liegt, an der Grenze zum nächsten Pogrom. Das Blutbad gefährdet die Seele Israels zutiefst und droht in den nächsten Jahrzehnten eine vollkommene Veränderung der israelischen DNA nach sich zu ziehen, ein Szenario zu erschaffen, in dem Israel zu einem Dritte-Welt-Staat absinken könnte, verarmt und dysfunktional, dahinsiechend in andauernden Bürgerkriegen.

Ebenso wird der Sieg, den die Hamas bei ihrem Überfall davongetragen hat, in den nächsten Jahrzehnten anderen Terrororganisationen, auch auf anderen Kontinenten, als Inspiration dienen. Das ultimative Grauen, das sich verbreiten lässt, indem man Menschen in ihrem privaten Zuhause angreift, das Grauen von Eltern, die ihre Kinder nicht schützen können, wird Terrororganisationen und Einzeltäter auf den Plan rufen. Der islamistische Fundamentalismus hat zwar Attentate und Anschläge bereits in jedem Winkel der Welt verübt, hat Mädchen terrorisiert und verfolgt, nur weil sie die Schule besuchten, hat die Twin Towers zum Einsturz gebracht, hat Kirchen in die Luft gejagt und Menschen bei lebendigem Leibe verbrannt – doch den Überraschungsangriff vom 7. Oktober 2023 kann er womöglich als wirkungsreichsten Terroranschlag seiner Geschichte verbuchen.

Menschen flüchten sich scharenweise in radikale Ideologien, wenn sie ohne Hoffnung sind und moderates Denken ihnen keine Alternative mehr aufzuzeigen vermag. Die menschliche Spezies indes hat keine andere Chance, als sich für den Humanismus zu entscheiden, aber einen Humanismus, der die Grenzen neu skizzieren muss. Eine neue Hoffnung wird kommen und eine Alternative zum Extrem der Post-Wahrheit und Dehumanisierung bieten, die Demokratien werden aus ihrem Zustand der Defensive und Verschlafenheit erwachen und sich der Architektur eines globalen Bewusstseins zuwenden. Andernfalls wären wir in einer weiteren Phase der Sinuskurve der Menschheit, die uns einhundert Jahre zurückwerfen würde, in ein Zeitalter zunehmender Finsternis, als in der ersten Hälfte des 20. Jahrhunderts nicht viel Zeit an Umerziehung, Dehumanisierung und Indoktrinierung vonnöten war, um die schlimmsten Katastrophen hervorzubringen.

In den Medien und den sozialen Netzwerken hingegen sind wir, wie erwähnt, schon jetzt mitten in einem Weltkrieg. Unsere Tochter ist eine Bostonerin, eine jüdische Amerikanerin. Ich weiß nicht, welche Weltauffassung sie einmal für sich wählen wird. Aber ich spüre ein tiefes Bedürfnis, meine Wahrheit zu dokumentieren, die Reise und den Schmerz, aus dem sie geboren wurde, damit sie diese kennt, wenn es an ihr ist, zu wählen. In den Stunden, da ich diese Worte schreibe, kämpfe ich noch immer darum, meinen feinfühligen, verletzlichen Cousin aus monatelanger Gefangenschaft in Gaza zurückzuholen, wo er ohne die Medikamente, die er braucht, und ohne einen einzigen Besuch durch das Rote Kreuz irgendwie überleben muss. Das Schreiben ist der Trost.

2. Überraschungsangriff

Von der Blindheit

Es war eine erfahrene Analystin beim israelischen Nachrichtendienst, befasst mit der Strategie des militärischen Arms der Hamas und seiner religiösen Doktrin, die warnte, nachdem sie über ein Jahr lang deren Kommandeure beharrlich observiert hatte, die Hamas stünde unmittelbar vor einem Angriff. Die Frau, die keinen Offiziersrang bekleidet, berichtete, dass vierundzwanzig Kompanien des Nukhba-Kommandos, jede einzelne zwischen neunzig und hundertdreißig Mann stark, durch Dutzende von Breschen im Grenzzaun eindringen und mehr als fünfzehn Ziele angreifen würden, unterstützt von vierundfünfzig Pioniereinheiten, deren Aufgabe es sein sollte, die Observierungs- und Frühwarnsysteme auszuschalten.

Im August 2022 lag das von ihr gesammelte Material auf dem Tisch des Chefs des Militärnachrichtendienstes Aman. Im Juli 2023 warnte sie erneut, der religiöse Kontext, der mit den sich häufenden militärischen Übungen der Hamas einhergehe, habe sich verändert. Der Inhalt der Unterweisungen und Predigten in den Moscheen im Gazastreifen, so erläuterte sie, bereite die Kämpfer der Organisation darauf vor, sich an den Bewohnern der grenznahen Kibbuzim zu vergehen, «um maximales Leid zu verursachen, Grauen zu verbreiten und die Moral der Juden zu brechen». Als sie feststellte, dass die Führer der Hamas höchstpersönlich auftauchten, um die militärischen Manöver zu verfolgen, schlussfolgerte sie, die Vorbereitungen für einen Angriff stünden unmittelbar vor dem Abschluss. Der geheime Angriffsplan der Hamas kursierte folglich schon seit geraumer Zeit in allen Details auf den Tischen der israelischen Nachrichtenorgane, gespeist aus Hunderten von Informationsquellen. Wie also ist es möglich, dass wir uns an diesen schwarzen Schabbat als einen «Überraschungsangriff» erinnern, vielleicht sogar als den überraschendsten Schockmoment in der gesamten modernen Geschichte des Nahen Ostens? Die israelischen Verteidigungssysteme brachen innerhalb von Minuten einfach zusammen, die Kommandostellen im Verteidigungsministerium in Tel Aviv wurden vollkommen blind angesichts der Ereignisse, bei denen beiden Völkern der Boden unter den Füßen weggezogen wurde. «Das hat niemand vorhergesehen, das hätte sich niemand ausmalen können» – diese Worte hallen noch immer nach.

Die Aufklärerinnen

Die Unit 8200, auch Acht-Zweihundert genannt, in der die Unteroffizierin diente, ist eine Einheit zur Fernmelde- und elektronischen Aufklärung und Cyberkriegsführung, die größte der israelischen Streitkräfte, eine mit gewaltigen finanziellen Ressourcen ausgestattete Prestigeeinheit. Sie fängt Telefongespräche, Texte und Satellitenübertragungen ab, hackt Smartphones und Provider, scannt innerhalb von Sekunden Millionen von E-Mails, vollautomatisch und ohne menschliches Zutun, und gewinnt daraus Informationen. Vormalige Angehörige der Einheit haben einige der effektivsten und bekanntesten Virenschutzprogramme entwickelt und einige der wichtigsten Hightech-Unternehmen der Welt gegründet, während andere in die Schlagzeilen gerieten, weil sie Spyware programmierten, die finsteren Regimen und Machthabern rund um den Globus dazu dienen, Oppositionelle und Journalisten auszuspionieren und zu verfolgen. Ähnlich wie der Mossad brüstet sich auch die Unit 8200 Hunderter waghalsiger Aktionen im Herzen des Iran, 1700 Kilometer von Tel Aviv entfernt. Die Glorifizierung, die diese Einheit und ihre Möglichkeiten in Israel erfahren, und die Annahme, es werde ihr stets gelingen, rechtzeitig und exakt vor einem drohenden Krieg oder Terrorakt zu warnen, haben die israelische Armee mehr als einmal schon schläfrig sein lassen, wenn es darauf ankam.

Dreimal insgesamt schickte die Unteroffizierin Warnungen an ihre Vorgesetzten, ehe sie im August 2023 schrieb: «Vom jetzigen Zeitpunkt an werden wir keine Vorwarnzeit mehr haben, der Angriff kann jeden Augenblick stattfinden.» Ihre Vorgesetzten jedoch winkten ab: «Die Informationen sind an sich absolut glaubhaft, aber das Ganze ist vollkommen irreal.» Die Öffentlichkeit indes wurde nicht gewarnt, und die Bewohner der grenznahen Ortschaften und Kibbuzim, deren Leben in akuter Gefahr schwebte, wussten nicht einmal von einem derartigen Schreckensszenario. Auf einer der Abhöraufnahmen ist ein Hamas-Kämpfer zu vernehmen, der nach einer Großübung meldet: «Wir haben alle Bewohner des Kibbuz getötet.» Die Zahl der von der Hamas Rekrutierten war inzwischen auf 35 000 geklettert, doch die Einsatzpläne der Armee gingen weiterhin von der Möglichkeit eines kleineren Terrorangriffs aus, einem Überfall auf eine einzelne Siedlung, maximal vielleicht auf zwei gleichzeitig, wogegen innerhalb von Minuten Spezialeinheiten hätten mobilgemacht werden können. Das menschliche Gehirn neigt ja zu der Schlussfolgerung, was gewesen ist, wird auch künftig gelten, und hat Mühe, sich eine Realität vorzustellen, die es noch nicht auf einer Kinoleinwand erlebt hat.

An vorderster Front waren neunzehnjährige israelische Soldatinnen, die als Aufklärerinnen operierten, mit einem ganzen Arsenal von Überwachungskameras und Abhöranlagen. Anderthalb Jahre lang hatten sie die Bauern im Gazastreifen auf ihren Feldern beobachtet und unter ihnen immer wieder Gesichter erkannt, die sie als Kommandeure der Qassam-Brigaden der Hamas identifizierten. Verkleidet als Bauern tummelten sich diese dort, fotografierten Stellungen der israelischen Armee, hoben Sperrwälle und Verteidigungslinien aus. Gleichzeitig errichtete die Hamas nahe dem Grenzzaun Beobachtungstürme, von denen aus sie den Kibbuzniks in die Gärten und Häuser schauen und nach Schwachpunkten suchen konnte.

In einem zweiten Schritt tauchten nun einmal in der Woche Einheiten des Nukhba-Kommandos auf und trainierten offenbar das Überwinden des Grenzzauns, die Entführung von Soldaten und das Schleppen von Geiseln zu den Öffnungen unterirdischer Tunnel; sie stoppten etwa die Zeiten für den Sprint vom Grenzzaun zum nächsten Einstiegspunkt. Auch übten sie den Einsatz von Drohnen über den Überwachungskameras am Zaun und bauten rund einen Kilometer von der Grenze entfernt einen Kibbuz und mehrere Armeeposten nach, trainierten deren Einnahme und den Kampf in bebautem Gelände. Auch das Modell eines Panzers fertigten sie an, übten seine Erstürmung und feuerten Panzerabwehrraketen darauf ab. Und Israel sah zu. So verlief, ganz systematisch, das Vorbereitungstraining, so wurden die militärischen Übungen zur Routine.

Dann trat eine neue, bisher unbekannte Gruppierung auf den Plan, «Die junge aufständische Generation», und begann, Massendemonstrationen am Grenzzaun zu organisieren. Die Aufklärerinnen der israelischen Armee jedoch beobachteten, dass im Schutz des allgemeinen Durcheinanders Männer in Zivilkleidung Sprengladungen am Zaun anbrachten, die dort für den Tag des Angriffs bleiben sollten. Die Soldatinnen sprachen die Menge über Lautsprecher an, warnten, mussten dem Treiben jedoch machtlos zuschauen. Dann fuhren Demonstranten mit schweren Bulldozern und Schaufelbaggern am Zaun vor, vorgeblich ein symbolischer Akt des Protests. Doch als sich die Menge wieder verlief, blieb das schwere Gerät dort im Gelände zurück.

Vierundzwanzig Aufklärerinnen, ausschließlich junge Frauen, leisteten in Nachal Oz Dienst. Sie trugen keine Waffen. Während der vier Stunden dauernden Wachschichten war ihnen untersagt, die Augen auch nur für eine Sekunde von den Überwachungsbildschirmen zu nehmen, zu reden, etwas zu essen oder die Aufmerksamkeit auf andere Weise von dem Areal abzulenken, das sie zu observieren hatten. Nach dem Dienst hatten sie acht Stunden Bereitschaft, in denen sie weder duschen noch schlafen durften, dann folgten weitere vier Stunden vor den Monitoren. Am Ende der Schicht warteten acht Stunden Schlaf. Die jungen Soldatinnen kannten jeden Stein, jeden Baum, jedes Feld und jeden Bauern dort. Ihre Aufgabe war, ein Eindringen zu verhindern. Und Tausende von Informationsbruchstückchen hatten sie zu der Überzeugung kommen lassen, ein massiver Angriff rücke näher. Doch ihre Vorgesetzten taten das ab, erwiderten, sie seien ja «nur die Augen» und es fehle ihnen an Bewusstsein für das strategische Gesamtbild. Vom Abschirmdienst des Befehlsabschnitts Süd bekamen sie erklärt, die Hamas ziehe nur eine Show ab, tue nur groß. Einer der Befehlshaber drohte den Aufklärerinnen, die ihn immer wieder mit Warnungen belästigten, mit disziplinarischen Maßnahmen. «Ich bin seit zwölf Jahren hier, kenne den Abschnitt wie meine Handfläche, und ich sage euch, es ist alles wie immer», beharrte er.

Die Kamerazeppeline der Armee, die ständig über dem Grenzstreifen schwebten, fielen in den Wochen vor dem Angriff einer nach dem anderen aus. In Israel aber kam niemandem der Verdacht, es könnte sich um vorsätzliche Sabotage handeln. Stattdessen hielt man sich mit der Reparatur auf. An einem Morgen beobachteten die Aufklärerinnen Dutzende von weißen, glänzenden Toyota-Pick-ups, die als Kolonne Richtung Grenzzaun stoben, und dann eine Gruppe von führenden Befehlshabern des Nukhba-Kommandos, die sich dort offenbar zur Lagebesprechung versammelten. Das Ganze dauerte mehr als eine halbe Stunde, und die ganze Zeit über hatten sie ihre Ferngläser auf die israelische Seite gerichtet. Eine der Soldatinnen richtete die Kamera auf einen der Kommandeure, den sie identifiziert hatte. Er sah durch sein Fernglas zurück und drohte ihr mit dem Finger.

Bei der israelischen Küstenwache verfolgte man zeitgleich, wie das Marinekommando der Hamas ganz offen in nur zwei Kilometern Entfernung zur Seegrenze trainierte, und auch diese Wache warnte, das Eindringen von Tauchern sei ein Schwachpunkt, der für erhebliche Komplikationen sorgen könne. Die Hamas beschäftigte die israelische Marine unterdessen mit Verfolgungsjagden entlang der ägyptisch-israelischen Grenze.

Doch die israelischen Nachrichtendienste hatten alle Hände voll zu tun mit dem Iran und der Hisbollah. Einer Recherche der *New York Times* zufolge hatte die Unit 8200 schon gut ein Jahr zuvor das Abhören der taktischen Funkgeräte der Hamas eingestellt, worunter nicht nur die Alarmbereitschaft für den Tag X litt, sondern auch das Vermögen, Echtzeitinformationen über den Stand der Kämpfe zu erhalten, als am 7. Oktober bereits Tausende von Hamas-Kämpfern nach Israel eingedrungen waren. Ja, mehr noch: Auch das Abhören der Führungsspitze der Hamas war unzureichend. Ein Versuch der dem Militärgeheimdienst Aman unterstellten Eliteeinheit *Sajeret Matkal*, bemannt in die Serverräume des mit iranischer Hilfe aufgebauten neuen, geheimen und hoch verschlüsselten Kommunikationssystems der Hamas einzudringen, misslang 2018. Die israelische Einheit flog auf und ließ im Feuergefecht geheime, hochsensible technologische Ausrüstung zurück. Iranische Spezialisten knackten diese und konnten so weitere Abhör- und Überwachungsmittel im Erdreich des Gazastreifens aufspüren. Alle Versuche der israelischen Nachrichtendiensttechniker, die Kommunikation nahe dem Hamas-Führer Yahya Sinwar zu hacken, scheiterten dagegen. Der Mossad beschattete jedoch Kompanien von Hamas-Kämpfern aus Gaza, die für militärische Übungen in Teheran gelandet waren oder in den Lagern der iranischen Revolutionsgarden im Libanon.

Die eigenen Pläne offenbarte Sinwar unverhohlen bei öffentlichen Reden. «Wir werden über euch kommen, mit Allahs Hilfe, als brüllende Sintflut. Werden über euch kommen mit unendlichen Mengen von Raketen, werden über euch kommen mit einer grenzenlosen Sturzflut von Soldaten, werden mit Millionen Söhnen unseres Volkes über euch kommen, in einer Form, die sich unendlich wiederholen wird.» Auch Saleh al-Arouri, stellvertretender Vorsitzender des Politbüros der Hamas und verantwortlich für die Koordinierung von Terroranschlägen im Westjordanland, versprach im Interview «einen totalen Krieg, der Israel überraschen und die ganze Region verändern wird». In Videoclips von militärischen Übungen, die die Hamas über die Medien verbreiten ließ, baute sie anfangs Manöver ein, die besonders amateurhaft wirkten und an Pfadfinderaktivitäten erinnerten – der Versuch, Israel in seinem Vertrauen auf die eigene Überlegenheit einzuschläfern.

Doch dann im Frühjahr 2023, zu Ehren des Ramadans, wartete die Hamas mit einem aufwendig gemachten mehrteiligen Actiondrama auf, in dessen Zentrum ein Überraschungsangriff auf Israel stand. Das Ganze war das exakte Szenario des 7. Oktober – die Toyota-Pick-ups mit den darauf montierten schweren Maschinengewehren, das Ausschalten der Überwachungskameras und Sensoren am Grenzzaun mithilfe von Drohnen, die Einnahme von Angriffszielen, die Entführungen. Bei der feierlichen Vergabe von Fernsehpreisen pries Sinwar die Produktion und versicherte: «Diese Serie ist untrennbarer Bestandteil dessen, was wir vorbereiten.»

Israel, das daran gewöhnt ist, dass Irans Führer und Terrororganisationen wie der Islamische Dschihad lauthals Versprechungen von sich geben, der jüdische Staat werde vom Antlitz der Erde getilgt und alle Juden würden ins Meer getrieben, oder dass radikale islamistische Prediger verkünden, Spanien sei muslimische Erde und es sei heilige Pflicht, diese von Neuem zu erobern, legte Sinwars Konkretheit als die übliche Rhetorik zur Aufwiegelung der Massen aus. Die Abteilung der Unit 8200, die seit über zweiundsiebzig Jahren Fernsehen, Radio und Printmedien der arabischen Welt verfolgt hatte, war erst unlängst geschlossen worden, wodurch die Fähigkeit, den Schwingungen und Schwankungen in den Verlautbarungen der Hamas-Führung an die eigene Öffentlichkeit nachzuspüren und diese zu untersuchen, zusätzlich geschwächt war.

Ihre strategischen Geheimnisse indes verbarg die Hamas erfolgreich vor den Augen der israelischen Nachrichtendienste. Über Jahre etwa baute die Terrororganisation am größten Angriffstunnel seiner Art, mit eigenen Fahrbahnen für Militärfahrzeuge, Gleisen, unterirdischen Hallen, die einen monatelangen Aufenthalt ermöglichen, und einem Rohrsystem, um Grundwasser abzupumpen – ein Tunnel, der unbemerkt bis auf wenige Hundert Meter an die israelischen Kibbuzim heranreichte. Israel wusste ebenso wenig, dass ein Tunnelkomplex, der Platz für die unterirdische Kommandozentrale, die Fluchtwohnungen und Büros der gesamten Hamas-Spitze bot, unter dem feudalen Palästina-Platz im Herzen von Gaza-Stadt gelegen war. Die Hamas richtete zudem einen komplexen Apparat ein, um Informationen über Israel zu sammeln, aber Israel, gewohnt, in der Hamas eine Organisation barfüßiger Fellachen zu sehen, die dilettantische Raketen in ihren Kellern zusammenschweißen, nahm das alles nicht ernst.

Unterstützung bei alldem erfuhr die Hamas durch den Iran, der nicht nur Internettechnologie und Satelliten lieferte, sondern auch junge Frauen als Köder einsetzte, Hebräisch sprechende Iranerinnen, die echte Bilder von sich auf Profilen in den sozialen Netzwerken verwendeten und sich eine israelische beziehungsweise jüdische Identität gaben. Im Internet gingen sie auf Jagd nach israelischen Soldaten, schickten ihnen freizügige Fotos und lockten sie in Sex- und Romantikchats, mitunter sogar über Video. Ihr Ziel war, der Terrororganisation Informationen über den Standort der jeweiligen Armeeeinheiten und ihren Bereitschaftsgrad zu liefern.

Die Nacht

In der Nacht von Freitag auf Schabbat, am Vorabend des Thorafreudenfestes, das das Laubhüttenfest beschließt, am Ende des Monats der Hohen Feiertage, der das jüdische Jahr eröffnet, befand sich die israelische Armee im Urlaubsmodus. Und da plötzlich fingen die Lauschbasen der Unit 8200 Signale auf, die belegten, dass sich etwas Sonderbares tat in diesen frühen Morgenstunden in Gaza. Auch wurden während der Nacht Hunderte von neuen Mobiltelefonen mit neuen israelischen SIM-Karten gleichzeitig in Gaza aktiviert.

Auch der Schabak, der israelische Inlandsgeheimdienst, der unter anderem mit Terrorbekämpfung befasst ist, erhielt Berichte seiner Agenten, denen zufolge Kommandeure des Nukhba-Kommandos sich frühmorgens zu Sammelpunkten begeben hatten. Hunderte von Kämpfern hatten offenbar Order erhalten, sich um vier Uhr morgens zum Gebet in den Moscheen einzufinden, von zu Hause militärische Ausrüstung mitzubringen oder personalisierte Kampftaschen in Empfang zu nehmen. Die Stimmen von jenseits der Grenze klangen dramatisch, aufgeregt. Der Inlandsgeheimdienstchef begab sich besorgt in sein Büro und ließ sogar Kämpfer seiner Eliteeinheit «Tequila» in den Süden des Landes verlegen. Um ein Uhr wurde der Generalstabschef von seinem Büroleiter geweckt und gebrieft, dann ein zweites Mal gegen halb vier morgens. Um vier Uhr kam die Armeeführung zu einer telefonischen Beratung zusammen und war sich darüber einig, dass es keine plausible Erklärung für das Geschehen gebe. War dies der Auftakt einer ungewöhnlich großen Militärübung der Hamas oder die Vorstufe eines strategischen Schlags gegen Israel, der innerhalb der nächsten Stunden erfolgen konnte?

Das Rätsel, was genau die Hamas vorhatte, hing an einem einzigen Mann, dem Strategen, dem Regierungschef Gazas, Yahya Sinwar. Doch derjenige, der von Amts wegen mit einer Analyse von Sinwars Absichten betraut war, war der Chef des israelischen Nachrichtendiensts Aman. Und dieser weilte auf Kurzurlaub in einem Resort am Roten Meer, nahm nicht an den telefonischen Beratungen teil und rief seinen Stab nicht zu einer Lageeinschätzung zusammen, da er sicher war, es sei nur ein Manöver. Niemand aus der Führungsspitze von Armee und Nachrichtendiensten wusste zudem, dass bereits am Freitagmorgen eine für die Überwachung der Grenzanlagen zuständige Aufklärerin ihren Vorgesetzten berichtet hatte: «Etwas ist im Gange, es laufen Leute mit Karten herum und untersuchen den Zaun, deuten herum.» Erneut hatten ihre Befehlshaber die Meldung nicht weitergegeben.

Auf der Waagschale gegen diese Flut von Anzeichen, die auf einen drohenden Angriff hinwiesen, lag nur ein einziger Satz, an den sich die Nachrichtendienste in Tel Aviv klammerten wie an ein Mantra: Sinwar will keinen Krieg. Israel hatte ihn dies wiederholt selbst sagen hören, in geschlossenen Räumen, bei Unterredungen, die allerdings womöglich eigens für Lauscher bestimmt gewesen waren. Man hatte dies von Vermittlern gehört, von Spionen, bis das Puzzle seiner überzeugenden Begründungen so vollständig sichtbar schien, dass Israels Generäle und Analysten alle zu deklamieren wussten: «Sinwar ist auf Beruhigung aus, auf eine Regelung.» – «Er will keinen weiteren Krieg, der Verwüstung über Gaza bringen würde. Ihm ist es um einen Aufbau zu tun, um wirtschaftliche Prosperität.»

Sinwar, geboren 1962, spricht nach zweiundzwanzig Jahren, die er in israelischen Gefängnissen verbracht hat, fließend Hebräisch und kennt die israelische Gesellschaft genauestens. Er hat noch keinen Juden ermordet, rühmt sich jedoch, wenigstens vierzehn Palästinenser umgebracht zu haben, die der Kollaboration mit Israel oder Sittenvergehen verdächtigt wurden. Amnesty International hat die Grausamkeit seiner Taten belegt und dokumentiert. Als Scharfrichter der Hamas prahlte er damit, seine Opfer mit der Heugabel zerfleischt und, animiert von Filmen, die er liebt, Menschen lebendig begraben, sie meist jedoch mit bloßen Händen erwürgt zu haben. Im Gefängnis wurde ihm die Bezeichnung «Schlächter von Chan Yunis» verliehen, ein makabrer Ehrentitel, der seine Führerschaft begründete. Durch demokratische Abstimmung wurde er zum Chef des militärischen Arms der Hamas in sämtlichen Gefängnissen gewählt.

Die Nachrichtendienstoffizierin des Gefängnisses, in dem er einsaß, lernte ich als Journalist kennen, als sie ein Jugendgefängnis leitete. Seither haben wir freundschaftlichen Kontakt gehalten. Anfangs lehnte es Sinwar ab, ihre Zuständigkeit anzuerkennen und mit ihr zu sprechen. Doch dann erkrankte er an Krebs und war auf eine komplizierte Hirnoperation angewiesen, die ihm das Leben retten sollte. Und sie stand ihm dabei zur Seite, was beide einander näherbrachte. Sie sah, wie er einen Großteil seiner Zeit darauf verwandte, sich zu bilden und die israelische Gesellschaft besser zu begreifen. So ernannte er in seinem Gefängnistrakt «Soldaten», die den Auftrag bekamen, Radio- und Fernsehprogramme auf Hebräisch zu verfolgen und ihm eine Zusammenfassung politischer Analysen und Kommentare zu liefern. Sie wurde Zeuge, wie er einem Ermittler des Schabak gegenübersaß und zu ihm sagte: «Sie wissen, dass Sie eines Tages der zu Verhörende sein werden. Und ich werde hier als die Macht stehen, als der Ermittler. Ich werde Sie vernehmen.» Mit geröteten Augen habe er den Mitarbeiter des Inlandsgeheimdienstes angesehen und gesagt: «Das ist ein Versprechen.»

Als Sinwar in Israel ins Gefängnis kam, steckte die Hamas noch in ihren Anfängen, als Schwesterbewegung der ägyptischen Muslimbrüder, die sich in ihren erklärten Zielen, ihrer Gründungscharta, zu einer vollständigen Vernichtung Israels verpflichtet hatte. In den Neunzigerjahren galt eine solche Aussage in den Augen der Welt noch als indiskutabel und erschütternd. Heute klingt sie für einen Teil der jungen Menschen im Westen, als wäre sie logisch und zwangsläufig.

In der Zwischenzeit wuchs die Hamas und wurde stärker, führte blutige Jahre lang Selbstmordattentate in Bussen und Cafés durch und übernahm dann 2006 die Macht in Gaza. Bald darauf sollte Sinwars jüngerer Bruder mit anderen Gruppierungen die Entführung eines israelischen Panzergrenadiers organisieren – eine Entführung, die Israel nach mehr als fünf Jahren dann zwang, insgesamt 1027 palästinensische Gefangene freizulassen, unter ihnen auch der ältere Sinwar-Bruder.

Das Gefängnis hatte den starken Führer hervorgebracht, der nun nach Gaza zurückkehrte. 2011 wurde er beauftragt, von Neuem Jagd auf Kollaborateure, Verräter und «Sittenverbrecher» zu machen, worauf Sinwar eine «Erdrosselungskampagne» anordnete, wie die Liquidierungen bei der Hamas genannt wurden. In den darauffolgenden zwölf Jahren wurde er aber nicht müde, ein Versprechen stets zu wiederholen: Er würde Israelis entführen, um seine Mithäftlinge freizupressen, die noch in Israels Gefängnissen einsaßen.

Sintflut

Netanjahu behandelte Sinwar als Partner, mit dem sich Geschäfte machen ließen – jener knallharte Mann wohlgemerkt, der sich brüstete, Menschen mit der Heugabel massakriert oder lebendig begraben zu haben. Die zynische Auffassung, die Netanjahu über anderthalb Jahrzehnte pflegte, besagte, eine Herrschaft der Hamas sei besser für Israel als eine der säkularen palästinensischen Autonomiebehörde, die Teile der Westbank unter ihrer Kontrolle hat und internationale Anerkennung genießt. Denn Netanjahu spekulierte, und das lange erfolgreich, eine Terrorregierung in Gaza würde Israel von internationalem Druck befreien, in Verhandlungen mit der Autonomiebehörde über die Gründung eines souveränen palästinensischen Staates zu treten.

In einer zweiten Phase dann, so sein Kalkül, würde wirtschaftlicher Aufschwung in Gaza und auf den Konten der Hamas deren Motivation zu einem Krieg verringern. So ermöglichte Netanjahu Katar über neun Jahre lang, Hunderte Millionen Dollar in Koffern an die Hamas zu übergeben. Israel trug Sorge, so wollte es Netanjahu, dass die Hamas stark genug war, in Gaza an der Macht zu bleiben, jedoch schwach genug, um vor einem Angriff auf die israelische Armee zurückzuschrecken. Besonders gefiel ihm, wenn seine Nachrichtendienstchefs ihm berichteten, Sinwar sei «abgeschreckt», und den Nachrichtendienstgrößen gefiel, dass Netanjahu dies gefiel.

Doch das Ganze war ein ausgeklügeltes Täuschungsmanöver, das die gesamte israelische Führungsebene und die Befehlshaber von Armee und Nachrichtendiensten in die Irre führte. Sinwar sorgte dafür, Israel Geheimdienstinformationen unterzuschieben, denen zufolge er dem militärischen Arm der Hamas Order erteilt hatte, eine Konfrontation zu vermeiden, während er gleichzeitig gesittet mit Israel darüber verhandelte, die Zahl derjenigen, die zum Arbeiten aus Gaza nach Israel einreisten, schrittweise zu erhöhen. Der *Washington Post* zufolge ließ er Israel sogar vertrauliche Informationen zum Nachteil seines eigenen Verbündeten zukommen, des Islamischen Dschihad, um in Jerusalem den Eindruck zu stärken, er sei an einer wirklichen Kooperation interessiert.

Der Einzige, der außer seinem Bruder Mohammed an Sinwars Plänen und Schachzügen teilhatte, war Mohammed Deif, seit dreißig Jahren militärischer Befehlshaber der Qassam-Brigaden, der 1992, am Anfang seines Weges, einem entführten israelischen Soldaten die Kehle durchgeschnitten, sich dann durch die Planung Dutzender Selbstmordattentate hervorgetan und am Ende eine reguläre, mehrere zehntausend Mann starke Armee im Gazastreifen aufgestellt hatte.

Sieben Versuche seitens Israels, ihn zu töten, scheiterten. Informanten erzählten, er habe nur noch ein Auge, habe Arme und Beine verloren und säße im Rollstuhl, doch nach dem 7. Oktober sollte sich bald herausstellen, dass er bei guter Gesundheit ist und recht unversehrt wirkt. Deif ist die direkte Verbindung zu den iranischen Revolutionsgarden. In den Medien tritt er nur äußerst selten und als Silhouette auf, er ist jedoch zur Ikone des Slogans «From the River to the Sea, Palestine will be free» geworden. Deif und Sinwar blieben in Gaza, während alle anderen aus der Führungsspitze der Hamas ein Luxusleben in Katar führten und persönliche Vermögen von Milliarden Dollar anhäuften, so eine Recherche der *Bild*-Zeitung und von Investigativjournalisten in der arabischen und westlichen Welt.

Und nein, das ist keine Übertreibung. Gaza leidet unter einer Arbeitslosenquote von über sechzig Prozent, das Bruttoinlandsprodukt dort beträgt nur etwa ein Viertel von dem der Palästinenser im Westjordanland, doch die Hamas-Spitze bereicherte sich durch eine Besteuerung von zwanzig Prozent auf alle durch die Hunderte von Tunneln aus Ägypten in den Gazastreifen geschmuggelten Waren. Die Politik der Hamas brachte nicht weniger als gut sechshundert Millionäre in Gaza hervor, ließ jedoch die Bevölkerung in tiefster Armut. Einer Recherche der *New York Times* zufolge war es einer Sondereinheit des Mossad namens «Harpune» gelungen, Vermögenswerte der Hamas zu lokalisieren, die die Terrororganisation verborgen hielt, darunter Immobilien in den Arabischen Emiraten, in Algerien, in der Türkei und im Sudan. In jenem Zeitraum strömten mehrere zehn Millionen Dollar aus solchen Investments in Waffenkäufe. Der Mossad riet, die Informationen zu nutzen, um der Hamas wirtschaftlich die Luft zum Atmen zu nehmen. Aber Netanjahu lehnte ab. Die Einheit «Harpune», die aus Agenten, Analysten und Ökonomen bestand, wurde aufgelöst.

Doch Netanjahus Blindheit ging weit über eine Fehleinschätzung der Absichten der Hamas hinaus. Israels Regierungschef glaubte offenbar, wenn er so tat, als existiere das Problem nicht, würde es eines Tages verschwinden. Generationen von Kindern sahen und erlebten jedoch Dinge, die sie zu von «berechtigtem Hass» durchdrungenen Erwachsenen werden ließen, auf beiden Seiten. Die Generation, die in die Intifada zu Beginn der 2000er-Jahre geboren wurde mit ihren Tausenden von Opfern, wuchs auf mit einem schwärenden Trauma, einem Rachetrieb – und das ist ebendie Generation, die heute kämpft. Doch Netanjahu verbrachte seine Tage lieber damit, sich der Bedrohung durch das iranische Atomprogramm zu widmen, und ignorierte den eigenen Hinterhof, weil er glaubte, dafür gebe es einfach keine Lösung.

Das gemeinsame, alle einende Bewusstsein, das wohl jeder Jude hat, der in Israel aufgewachsen ist, egal ob politisch rechts oder links orientiert, besagt: Es gibt auf der Welt neunundvierzig muslimische Staaten, darunter zweiundzwanzig arabische, doch nur einen einzigen jüdischen, und die Frage ist, wie man seine Vernichtung verhindert. Das Existenzrecht dieses Staates speist sich nicht nur aus der jahrtausendealten Beziehung zum Land der Vorväter, sondern auch aus internationalem Recht und der modernen Geschichte. Doch es darf nicht im Umkehrschluss eine Negierung des palästinensischen Existenzrechts bedeuten.

Die Linke schlägt eine Zweistaatenlösung vor – ein beträchtliches, kaum zu kalkulierendes Risiko, da viele der palästinensischen Führer versprechen, dies würde nur eine Zwischenstation auf dem Weg zur vollständigen Vernichtung Israels sein. Den «entmilitarisierten» Status eines souveränen Staates kontrollieren und dauerhaft garantieren zu können – eines Staates wohlgemerkt, von dessen Anhöhen aus Tel Aviv in Geschützreichweite zu sehen ist –, erscheint nicht realistisch.

Rechts von Netanjahu dagegen glaubt man an einen einzigen Staat vom Jordan bis zum Mittelmeer, nach eigener Definition und Gesetzgebung jüdisch, de facto jedoch binational, da etwa die Hälfte seiner Bewohner Palästinenser wären, mit stark eingeschränkten Bürgerrechten. Was folgerichtig nicht nur den Tod der Demokratie, sondern auch das Ende des jüdischen Staates bedeuten würde. Ein derartiges Gebilde würde niemals überleben. Andere Rechte verweisen darauf, Jordanien sei gewissermaßen bereits Palästina, führen als Beleg an, 43 Prozent bis 64 Prozent der Einwohner des haschemitischen Königreichs (abhängig davon, wer gerade zählt) seien ja Palästinenser, sogar die jordanische Königin Rania habe palästinensische Wurzeln.

In Netanjahus Augen indes stellen alle diese Lösungsvorschläge eine existenzielle Bedrohung dar, und jeder einzelne davon erscheint angesichts der politischen Konstellation als nicht umsetzbar und würde weder von der öffentlichen Meinung in Israel noch auf palästinensischer Seite akzeptiert. Stattdessen hielt sich Netanjahu als Lösung an das Motto «Es gibt keine Lösung»: eine Strategie des «In-Grenzen-Haltens» des Konflikts, einer militärischen Abschreckung, die die palästinensische Seite überzeugen sollte, eine Vernichtung Israels sei unmöglich. Und dazu ab und an begrenzte Gewalt, zum einen, um sicherzustellen, dass der Krieg nicht außer Kontrolle geriet, und zum anderen, um sich vor einem politischen Kompromiss zu drücken. Diese antagonistische Interessensgleichheit zwischen der Regierung Netanjahu und der Hamas stützte sich auf einen gemeinsamen Nenner: die Vereitelung jeder Möglichkeit, eine Regelung zu finden. Das Nichtvorantreiben eines staatlichen Ausgleichs spielte sowohl der Hamas wie auch den Radikalen in den eigenen Reihen um Netanjahu in die Hände.

Doch auch Sinwar und Deif hatten eigene Überlegungen. Sinwar war überzeugt, ein historischer Eröffnungsschlag würde sowohl die Palästinenser im Westjordanland als auch die arabischen Bürger Israels mitreißen und Israel von innen in Brand stecken, ja die Gewalt würde sich bald zu einem Krieg der ganzen Region auswachsen. Zudem ging

Sinwar davon aus, Israel würde es nicht wagen, mit Bodentruppen tief nach Gaza einzudringen, wo über zwei Millionen Palästinenser leben. Dennoch ließ er das unterirdische Tunnellabyrinth für alle Fälle mit Material und Lebensmitteln bestücken, die seinen Kämpfern ermöglichen sollten, dort monatelang zu überleben.

Gut besuchte Cafés entlang der Strände von Gaza, Plätze mit farbenprächtigen Blumenrabatten und weitläufigen Rasenflächen, Prachtbauten und Luxusgeschäfte, ein reiches Nachtleben, eine Lebenserwartung höher als in Alabama, West Virginia oder Mississippi, und überall Neubauten – Sinwar und Deif wussten, das war alles nur auf Zeit. Sinwar bat Netanjahu, die Zahl derjenigen aufzustocken, die den Gazastreifen verlassen durften, um in Israel zu arbeiten, doch hinter den Hunderttausenden von Aus- und Einreisegenehmigungen verbargen sich – von der Hamas handverlesen – auch Spitzel, die Informationen für die Angriffe auf die Kibbuzim sammeln sollten.

Die Operation «Al-Aqsa-Flut» sollte eigentlich am Vorabend des Pessachfests anlaufen, am 5. April 2023. Doch im letzten Moment registrierte die israelische Armee verdächtige Anzeichen und setzte die Alarmbereitschaft der Truppen herauf, woraufhin Sinwar den Angriff abblies und sogar entschied, die Abschottung seiner Befehlshaber noch einmal zu verschärfen, aus Angst vor undichten Stellen. Bei der israelischen Armee jedoch wurde das Ganze als Fehlalarm abgehakt, als einer von vielen, die den Militärgeheimdienst schläfrig machen sollten. Dort wusste man nicht, dass es die erhöhte Alarmbereitschaft gewesen war, die ein Eindringen Tausender Bewaffneter über Land, aus der Luft und übers Meer abgewendet hatte.

«Ist die Hamas in der Lage, einen Mehrfrontenangriff

auszuführen?», wurde im Kabinett gefragt, und die Nachrichtendienstoffiziere antworteten: «Es gibt eine Kluft zwischen den Aspirationen der Hamas und ihren tatsächlichen Möglichkeiten. Ob ein solcher Angriff theoretisch möglich wäre? Es bedürfte schon eines groß angelegten strategischen Täuschungsmanövers und eines vollkommenen Überraschungsmoments.» Doch die Unteroffizierin der Unit 8200 gab keine Ruhe: «Auf Grundlage ernst zu nehmender, fundierter und glaubwürdiger Informationen erkenne ich nuancierte Veränderungen der Übungen. Diese sehen derzeit sehr nach Vollzugsabsicht aus.»

Im Sommer dann beobachtete Sinwar erstaunt, wie Israel auf bestem Wege schien, in einen Bruderkrieg zu geraten. Das Land wirkte angeschlagen und zerstritten. Er verfolgte, wie Hunderte hochrangiger Reserveoffiziere, unter ihnen Kampfpiloten, verkündeten, sie würden angesichts der von Netanjahu forcierten antidemokratischen Gesetzgebungsvorhaben nicht länger zum Reservedienst antreten. Netanjahu hetzte derweil die Israelis gegeneinander auf und setzte, als Mittel seines politischen Überlebenskampfs, die israelische Gesellschaft in Brand. Ja, er war bereit, das Justizwesen zu schwächen und zu beschädigen, um seiner Verurteilung in mehreren gegen ihn anhängigen Korruptions- und Amtsmissbrauchsverfahren zu entgehen. Die Faschisten vom rechten Rand des politischen Spektrums, die er mit an den Regierungstisch geholt hatte, schlugen, wie es ihrer Natur entspricht, kindische Lösungen für jede komplexe Situation vor, ließen staatliche Organe und Institutionen verkommen, beschuldigten die Opposition, behaupteten dann, man habe sie in der Ausübung ihres politischen Mandats eingeschränkt, und verlangten weitere Befugnisse.

Die Leiter der Sicherheitsorgane wurden ein ums andere

Mal bei der Regierung vorstellig und warnten, diese gewaltige, historisch nie dagewesene Schwäche trage dazu bei, die Armee und Gesellschaft zu zersetzen und die Gefahr eines umfassenden Krieges zu erhöhen, da Israels Feinde darin eine Gelegenheit witterten. Doch Netanjahu drückte sich um ein Treffen mit den Mahnern.

Sein Verteidigungsminister sah sich bewogen, auf einer dramatischen Pressekonferenz festzustellen: «Der Riss, der sich in der Gesellschaft immer mehr auftut, hat auch die Armee und die Sicherheitsorgane erreicht. Dies bedeutet eine klare, akute und konkrete Gefahr für die Sicherheit des Staates.» Worauf Netanjahu ihn aus seinem Amt entließ, dann jedoch einen Rückzieher machte, als Hunderttausende gegen die Entscheidung auf die Straße gingen. Die Kassandren sollten recht behalten. Nur ein fataler Irrtum unterlief ihnen. Sie warnten, der Krieg würde im Norden ausbrechen, vom Libanon oder Syrien ausgehen, oder im Osten, von der Westbank oder dem Iran. Ausgerechnet in Gaza vertrauten sie auf den Partner, den großen Mäßiger. «Ich erwarte fünf Jahre Ruhe aus Gaza», prophezeite der Chef des militärischen Nachrichtendienstes Aman, der qua Gesetz und per Definition «der nationale Stratege» ist.

Der wahre «nationale Stratege» jedoch ist der Regierungschef, der einzige, dem sowohl der Mossad als auch der Inlandsgeheimdienst Schabak unterstellt sind. Jeden Tag, und das schon seit fünfundsiebzig Jahren, ist im Terminkalender von Israels Regierungschef ein Zeitfenster reserviert für die Lektüre von Nachrichtendienstmaterial. Und an jedem Schabbat wird ihm per Bote ein prallvoller Ordner in seinen Amtssitz überstellt, darin Recherchen, Untersuchungsberichte und Lageeinschätzungen, Zusammenfassungen von Abhörmaßnahmen und Agentenberichten. Zu Wochenbeginn übergibt der Regierungschef diesen Ordner dann wieder seinem persönlichen Sekretär, jede einzelne Seite darin von ihm persönlich gegengezeichnet. Und auch Netanjahu unterschätzte mitnichten die Fähigkeiten der Hamas, denn schließlich war die Terrororganisation die einzige, der es in fünfzig Jahren gelungen war, den Luftraum Israels und seinen internationalen Flughafen durch Raketenbeschuss lahmzulegen.

Doch nach dem 7. Oktober würde Netanjahu behaupten, ihm seien durch Armee und Schabak entscheidende Informationen vorenthalten worden. Ein flüchtiger Blick indes in eines der Geheimarchive befördert ein erstaunliches Detail zutage: Sechs Jahre vor dem Angriff der Hamas am Thorafreudenfest sagte Netanjahu dem Staatskontrolleur gegenüber aus: «Der operative Plan, den die Hamas erstellt hat, sieht einen kombinierten, vielarmigen Angriff vor ... mit Tausenden von Raketen ... und parallel dazu einen Angriff von See aus zur Anlandung von Kommandoeinheiten. Und aus der Luft, auch unter Verwendung von Paraglidern, und auf dem Landweg ... Ein Eindringen ... durch extra ausgebildete Spezialkräfte ..., um zu entführen, zu töten, in Siedlungen wie an Militärposten, auch um Geiseln zurück auf ihr Gebiet zu verschleppen.» An einem solchen Angriff, so der Premierminister, würden tausend Terroristen oder noch mehr beteiligt sein, weshalb er eine strategische Bedrohung darstelle. «Ein Überraschungsangriff, wie ihn die Hamas geplant hat, bei dem sie in landwirtschaftliche Siedlungen eindringen, diese unter ihre Kontrolle bringen und erstmals seit 1948 erobern würde.» Netanjahu bestätigte auch, eine derartige Katastrophe würde Israel in ein unmögliches Szenario stürzen, nicht nur wegen des gewaltigen Preises eines militärischen Vordringens ins bevölkerungsreiche Gaza, sondern auch angesichts der Frage, wer dort herrschen sollte nach einem Krieg, der die Hamas zu Fall brächte. Doch wie es der Natur instabiler oder lautsprecherischer Regierungen entspricht – sie befassen sich nicht gerne mit langfristigen Arbeitsprozessen.

Am Vorabend des Laubhüttenfests, eine Woche vor dem Angriff, als Netanjahu und seine Minister ihre Zeit darauf verwandten, in den sozialen Netzwerken gegen die Opposition zu hetzen, trat der Vorsitzende des Nationalen Sicherheitsrats selbstgefällig vor die Öffentlichkeit und verkündete: «Es gibt eine Entscheidung der Hamas-Führung, in bislang nicht dagewesener Form Zurückhaltung und Beherrschung zu zeigen. Die Hamas ist sehr, sehr zurückhaltend und versteht die Bedeutung jeder weiteren Provokation. Die Organisation ist erwachsen geworden, und die Bedürfnisse der Bewohner unter ihrer Herrschaft wiegen schwerer als die eigenen dschihadistischen Bestrebungen.»

Das Königreich Jordanien unterhält zu Israel enge nachrichtendienstliche Kontakte, und dies bereits, seit der jüdische Staat existiert, lange vor der Unterzeichnung eines Friedensvertrags also zwischen den beiden Staaten im Jahr 1994. Denn das Feuer einer Erhebung, die westlich des Jordans entflammt, könnte mit Leichtigkeit auch gen Osten auf das Staatsgebiet Jordaniens mit seiner großen palästinensischen Bevölkerung übergreifen und die Stabilität der haschemitischen Monarchie gefährden. Ruhe und Stabilität in der gesamten Region sind folglich aus ihrer Warte von höchster Bedeutung.

Am Vorabend des ägyptisch-syrischen Überraschungsangriffs auf Israel im Oktober 1973 war es der jordanische König, der die israelische Premierministerin vor einer nahenden Katastrophe warnte. Mit dem Helikopter kam er unter strengster Geheimhaltung nach Tel Aviv geflogen und offenbarte ihr das Geheimnis, doch sie gab sich starrköpfig, weigerte sich, darauf zu reagieren, und klammerte sich stattdessen an die Vorstellung, Ägypten sei an einer Konfrontation gar nicht interessiert, weil es genau wisse, dass es dabei unterliegen würde. Nur zehn Tage später sollte Israel von einem Krieg erschüttert werden, der schlimmer war als alle zuvor geführten, und sah sich einer existenzbedrohenden Gefahr gegenüber.

Und jetzt, beinahe auf den Tag genau fünfzig Jahre später, übermittelte der jordanische Königspalast erneut inständige Bitten und Warnungen nach Jerusalem. Man hatte dort zwar keine Informationen über den Kriegsplan der Hamas, doch sein Gespür beunruhigte den König. Insbesondere zeigte er sich zutiefst besorgt über jüdische Gebete auf dem Tempelberg am Komplex der Al-Aqsa-Moschee. Er wusste, dass solche Auftritte, die als Entweihung des Islams gelten, in der Vergangenheit schon Kriege hatten aufflammen lassen. Denn die Moschee gilt als drittwichtigstes Heiligtum im Islam, nach der Al-Haram-Moschee mit der Kaaba in Mekka und der Prophetenmoschee mit dem Grab Mohammeds in Medina. Doch unter der neuen Regierung Netanjahu waren die messianischen Fantasien von der Wiedererrichtung des jüdischen Heiligtums auf dem Berg nicht mehr nur an den obskuren politischen Rändern zu hören, sondern nun auch aus den Mündern einiger provokanter Volksvertreter, die damit in den Medien regelrecht hausieren gingen.

Auf dem Höhepunkt des Laubhüttenfests zeigte sich der haschemitische König dann höchst ungehalten über Netanjahu. Denn im Verlauf der Feiertage statteten insgesamt 4260 Juden, unter ihnen Siedler und rechte Politiker, dem Tempelberg einen Besuch ab, schränkten den Zutritt muslimischer Gläubiger zur Moschee ein und schändeten sogar im Umkreis der Moschee gelegene muslimische Gräber. Exakt dreiundzwanzig Jahre und eine Woche nachdem der Besuch eines stramm rechten israelischen Politikers auf dem Tempelberg zum Auslöser der zweiten Intifada geworden war, der sogenannten «Al-Aqsa-Intifada», sollte nun die «Al-Aqsa-Flut» über Israel hereinbrechen.

Aber die Besuche auf dem Tempelberg sind bloß ein Symbol. In den israelischen Medien fand unterdessen eine populistische Orgie statt, als der lauteste und umtriebigste Minister der Regierung Netanjahu, der rechts-messianische Finanzminister Bezalel Smotrich, meinte, stark genug zu sein, um endlich seine extremistische politische Vision vorantreiben zu können: den sogenannten «Entscheidungsplan», um das Westjordanland – oder Judäa und Samaria – mit einer weiteren Million Siedler zu bevölkern, es alsdann zu annektieren und gleichzeitig den dort lebenden Palästinensern ein Angebot zu unterbreiten: entweder als Bürger mit stark eingeschränkten Rechten in einem jüdischen Staat aufzugehen – oder in andere Staaten zu emigrieren. Die USA und die Europäische Union hätten so etwas natürlich nicht zugelassen, doch allein die schallende Rhetorik tat ihre Wirkung. Die Palästinenser verharrten schweigend, aber die Erde bebte für sie, und ihr Innerstes brodelte. Netanjahu jedoch, politisch abhängig vom Überleben einer Koalition, die extremer ist als er selbst, gebot seinen Kabinettsmitgliedern keinen Einhalt.

Und dann kam der Tropfen, der für die Palästinenser das Fass zum Überlaufen bringen sollte: Saudi-Arabien gab bekannt, es liefen schon weit vorangeschrittene Verhandlungen über eine Normalisierung der Beziehungen mit Israel. Netanjahu glaubte mehr denn je, es würde ihm gelingen, seine Friedensabkommen über die gesamte arabische Welt auszudehnen, ohne die palästinensische Frage zu lösen. Und Israels Nachrichtendienste schätzten das Ausmaß der Frustration und das Gefühl von Verrat in Gaza und Ramallah ob solcher Verhandlungen erneut nicht richtig ein.

Der iranische Geheimdienst, möglicherweise auch aus russischen Spionagequellen gespeist, versorgte die Hamas in ebenjenen Tagen mit einer wichtigen Information: Das Täuschungsmanöver war geglückt. Die israelische Armee hatte mehr als dreißig Kompanien ins Westjordanland verlegt und so den Schutz der Grenze zum Gazastreifen geschwächt. Operativ betrachtet war der Zeitpunkt perfekt.

Kriegerische Angriffe startet man gern kurz vor Sonnenaufgang, wenn die Wachposten erschöpft sind und ihre Ablösung die Augen noch gar nicht richtig aufbekommt. Daher legt eine Vorschrift der israelischen Streitkräfte in Spannungszeiten die «Gefechtsbereitschaft bei Sonnenaufgang» fest: Sämtliche Soldaten eines Postens müssen am Morgen wach und einsatzbereit sein. Am 7. Oktober waren die ganze Nacht über beunruhigende Informationen eingegangen – Hamas-Kämpfer hätten sich mit Kampfausrüstung in den Moscheen versammelt. Doch die israelische Armeespitze kam überein, es handle sich wahrscheinlich nur um ein weiteres Manöver, und verständigte sich darauf, erst um acht Uhr morgens zur nächsten Lageeinschätzung zusammenzukommen. Von einer akuten Warnung an die Soldatinnen und Soldaten entlang der Grenze, die jeden Augenblick angegriffen werden würden – und die zu dem Zeitpunkt mehrheitlich in ihren Feldbetten lagen –, sah man jedoch ab.

Um 3:10 Uhr bemerkte eine der jungen Aufklärerinnen auf einem ihrer Überwachungsbildschirme eine verdächtige Gestalt, die mitten auf einem Feld aus der Öffnung eines Tunnels geklettert kam und sich dem Grenzzaun näherte. Weitere Männer folgten und versammelten sich, offenbar um Instruktionen entgegenzunehmen. Die Aufklärerin rief den Kompaniechef der Infanterieeinheit am Grenzabschnitt an, entschuldigte sich, ihn geweckt zu haben, und berichtete. Worauf er sich in einen Jeep schwang und zum Zaun fuhr, die Männer über Lautsprecher aufforderte, sich zu entfernen, und, als diese ihn ignorierten, eine Tränengasgranate auf sie abfeuerte. Sein Befehlsstab vermeldete bald darauf: «Zurück zur Routine.»

Um vier Uhr morgens begannen die Predigten und Gebete in den Moscheen. Hunderte Kämpfer des Nukhba-Kommandos wurden dazu aufgepeitscht, besondere Grausamkeit zu zeigen. Von dort begaben sie sich in das unterirdische Labyrinth und rückten unbemerkt durch die Angriffstunnel auf die Grenze zu. Sie selbst spekulierten flüsternd darüber, ob sich auch diesmal am Ende alles wieder nur als Übungsmanöver herausstellen würde. Doch die Atmosphäre war von einem anderen Gefühl bestimmt.

Von der Gaza-Division erhielten die Befehlshaber der israelischen Posten und Stützpunkte Order, wachsam zu bleiben, wurden jedoch gebeten, nicht überzureagieren, um keine Eskalation zu provozieren und die Hamas auf den Gedanken zu bringen, die israelischen Streitkräfte seien auf einen Angriff aus. Der Befehlshaber der Marineeinheiten in dem Frontabschnitt sollte der Einzige sein, der – im Nachhinein betrachtet – schicksalhafte Entscheidungen traf, sich über alle Empfehlungen hinwegsetzte, seine Offiziere von zu Hause zurückbeorderte, die Alarmbereitschaft erhöhte und Boote vor der Küste patrouillieren ließ.

Um fünf Uhr, noch vor dem Morgengrauen, lief die alles entscheidende Order durch die Befehlskette der Hamas. Tausende von Bewaffneten waren da bereits an Sammelpunkten zusammengezogen worden, deren genaue Position nur von Mund zu Ohr wanderte. Den exakten Operationsablauf hatten zu dem Zeitpunkt nur die Befehlshaber der Kommandos erhalten, um undichte Stellen zu vermeiden. Sie waren mit genauen Orientierungshilfen und militärischen Karten ausgestattet worden, die von der Qualität dem Material der Unit 8200 und dem des Mossad in nichts nachstanden. Die Befehle listeten detailliert auf, wo die Räume der höheren Offiziere auf jedem Stützpunkt gelegen waren, wo in den Kibbuzim und landwirtschaftlichen Siedlungen diejenigen wohnten, die Waffen trugen, wo es galt, Kommunikationseinrichtungen in die Luft zu jagen, und auf wie viele Personen die Angreifer in jedem Gebäude treffen würden. Eine Eliteeinheit des Nukhba-Kommandos etwa fand in einem versiegelten iranischen Umschlag ein Foto, das den Serverraum eines geheimen Stützpunktes des Geheimdienstes Aman zeigte. Die Aufgabe lautete, in den Stützpunkt einzudringen und die auf der Aufnahme markierten Rechner an sich zu nehmen.

Um 5:50 Uhr schließlich setzten die Aufklärerinnen am Grenzzaun eine Nachricht an das Kommando der Gaza-Division ab: «Es passiert etwas.» Einen Moment später geschah es, und das ganze Kartenhaus israelischer Fehleinschätzung sollte in sich zusammenfallen.

3. Chronik eines Tages

6:29, die Aufklärerinnen, Nachal Oz
Innerhalb weniger Minuten werden Salven, Hunderte von Raketen und Geschosse aus Gaza auf alle Teile Israels abgefeuert. Sirenen gehen los. Das Auf und Ab ihres Geheuls ist in den großen Städten zu hören und auch hier. Angesichts des Bombardements begeben sich die Soldaten in die Schutzräume anstatt in die Gefechtsstände. Die Soldatinnen im Kontrollzentrum bemerken, dass plötzlich Drohnen über den Kameras kreisen und Bomben auf sie fallen lassen. Ein Monitor nach dem anderen wird dunkel, aber einige Bildschirme empfangen noch lange genug ein Signal, um einen noch nie gesehenen Anblick festzuhalten: Hunderte Bewaffnete kommen aus Tunnelöffnungen und stürmen los auf die Zäune. Es sind Kämpfer der Eliteeinheit Nukhba, spezialisiert und jahrelang trainiert für den Moment, in dem sie auf israelisches Territorium vordringen würden.

Eine Aufklärerin aktiviert das Standardverfahren für einen Überfall. Um 6:44 Uhr sind die «Beobachterinnen» gleichsam blind. Einen Moment später wird die gesamte Division auch taub sein. Die Funkantennen der Stützpunkte fallen aus, getroffen von schultergestützten Raketen. Sprengladungen legen Generatoren und die Leitungen lahm, die den Zaun mit Strom versorgen. Einfache Drohnen, wie man sie bei Amazon kaufen kann, werfen kleine Sprengkörper auf die Beobachtungstürme mit ihren ferngesteuerten tödlichen Waffen, die mit dem «See-Shoot»-System agieren. Das ganze Überwachungs- und Verteidigungssystem samt all seiner Technologie ist außer Gefecht gesetzt.

Mit Werkzeugen werden die ersten dreißig Löcher in den Zaun geschnitten, zunächst kleinere, durch die Motorräder hindurchbrausen können. Danach wird mit schwerem Gerät der ganze Zaun umgelegt, und SUVs rasen los Richtung Israel. Dann bringt die Hamas eine riesige Horde zum Zaun, an die dreitausend Kämpfer der Qassam-Brigaden auf Pick-ups. Nach dem Durchbruch auf israelisches Gebiet werden sie sich in Gruppen aufteilen. Die einen legen an den Verkehrsachsen Hinterhalte mit großer Feuerkraft, die anderen machen sich an die Eroberung bewohnter Ortschaften. Sie sind gut vorbereitet auf die vereinzelten Panzer, denen sie begegnen, und greifen sie mit Panzerabwehrraketen und Drohnen an.

Die Nukhba-Kämpfer installieren Abhörtechnik aus iranischer Produktion zwischen den Antennen und den Kommunikationsleitungen, um die verschlüsselte Kommunikation in der Region zu überwachen. Palästinensische Journalisten begleiten den Überfall.

Hätte ein diensthabender Offizier entschieden, die Aufklärerinnen in Autos zu setzen und vor der heranstürmenden Masse in Sicherheit zu bringen, wären das Töten, die Vergewaltigungen und die Entführungen, die sich hier in den nächsten Stunden ereignen sollten, verhindert worden.

6:29, Divisionskommando, Re'im

Hier schlägt das Herz der Armee in dieser Region, von hier aus kontrolliert das Kommando sechzig Kilometer Zaunanlagen. Drei Grenzbrigaden – für Nord, Mitte und Süd – sind in einer gemeinsamen Basis stationiert, um den logistischen Aufwand zu reduzieren. Niemand hat auch nur die Möglichkeit erwogen, dass diese Basis fallen könnte. Dann aber wäre das gesamte militärische Kommando ausgeschaltet, ohne Back-up, ohne Notfallplan. Wenn auch die Kameras und Sensoren am Zaun ausfallen, hat die Armee, das Oberkommando in Tel Aviv, keine Ahnung mehr, was im Süden passiert.

Ein muslimischer Oberstleutnant, ein Beduine, Kommandeur der Späher, macht sich Sorgen, weil das Funknetz ausfällt. Obwohl es draußen Granaten hagelt, verlässt er den Bunker. Er betritt eine idyllische Wegkreuzung. Hinter einer Baumreihe geht im Osten groß und mächtig die Sonne auf, ihre Strahlen streichen über sein Gesicht. Er beobachtet, wie sich eine Schar waffenstrotzender Motorräder dem Tor der Basis nähert. Der Anblick ist so surreal, dass es einen Moment dauert, bis er begreift – und schon ist er unter heftigem Beschuss. Seine Soldaten stoßen zu ihm, erwidern das Feuer mit leichten Waffen, aber sie haben keine Chance gegen die Handgranaten, Panzerabwehrraketen und die Sprengsätze, die auf sie geschleudert werden. Sie ziehen sich nach drinnen zurück. Eine Kolonne Toyotas rast von Westen heran, umzingelt die Basis. In ihr gibt es nur wenige Soldaten mit Kampferfahrung, die meisten sind Verwaltungsleute. Sie beeilen sich, die Familien der Offiziere zu schützen, die zum Feiertag auf die Basis gekommen sind.

Achtzig Hamas-Leute stürmen die Basis. Sie dringen in die Wohnräume ein, schlachten Soldaten in ihren Betten ab, entkleiden andere, fesseln und entführen sie unter Schlägen. Sie haben Bilder der hochrangigen Offiziere dabei, die sie festsetzen sollen, und sie verfügen über Informationen zur Lage der Schlafräume und der Büros jedes einzelnen von ihnen. Eine ihrer Zielpersonen, der Kommandant der Brigade Süd, hat seinen fünfjährigen Sohn auf der Basis zurückgelassen und ist mit zwei seiner Leute aufgebrochen, um einen nahe gelegenen Kibbuz zu verteidigen. Innerhalb weniger Minuten wird er getötet und seine Leiche nach Gaza gebracht.

In einem Täuschungsmanöver lässt der Oberstleutnant der

Späher einen Soldaten seine Uniform ausziehen und sich als Terrorist verkleiden. Der Soldat spricht die Terroristen auf Arabisch an und lockt sie in eine Falle, wo der Oberstleutnant auf sie schießen kann. Soldaten laufen auf das Dach, in der Hoffnung, dort eine bessere Übersicht zu bekommen, müssen aber feststellen, dass auch das Dach bereits besetzt ist. Sie verstecken sich in den Toiletten und werden dort von Gewehrsalven niedergemäht. Die Kommandostelle wird eingenommen. Nur die Einsatzzentrale der Division, geschützt durch zwei gewaltige Stahltüren, ist noch sicher, zumindest für den Moment. Hier verstecken sich die Familien.

Nukhba-Kräfte nehmen zur gleichen Zeit auch den Grenzübergang Erez zwischen Israel und Gaza ein. Jetzt, da die Verteidigungslinie ausgeschaltet ist, ist der Weg zu den zivilen Ansiedlungen kurz.

6:31, Supernova-Festival, Re'im

Tausende feiern auf der Tanzfläche des Open-Air-Festivals, tanzen zu Synthesizerklängen und dröhnenden Bässen. Als sie einen Gleitschirm bemerken, der über ihnen kreist, winken sie ihm begeistert zu. Die Stimmung der Party ist auf dem Höhepunkt. Nun mischt sich Raketenalarm in die elektronische Musik. Am Himmel explodieren Raketen in grellem Rot, ein Teil der Partygäste hält sie für Feuerwerk und jubelt ihnen zu. Viele von ihnen haben Drogen genommen und erleben nun einen mörderischen Terroranschlag als psychedelischen Trip – etwas, das es in der menschlichen Geschichte noch nicht gegeben hat. Während der Gleitschirmflieger am Morgenhimmel in der Luft kreist, über jenem offenen Gelände nahe des Kibbuz Re'im und gerade einmal fünf Kilometer vom Grenzzaun entfernt, muss er all die Hände sehen, die ihm von unten zuwinken, die Feiernden und die bunt geschmückten Bühnen, die

Chill-out-Zone, die Bar und die Imbissstände, die Zelte auf dem Campingplatz und all die farbenprächtigen Dekorationen, in die viel Zeit und Mühe geflossen sind. Die viertausend Tanzenden und Feiernden wissen nicht, dass ihnen einer der ersten Nukhba-Kämpfer zusieht, der in diesen Minuten im allerersten Morgenlicht auf israelisches Gebiet vordringt.

Die Musik auf dem Gelände verstummt. In den Zelten dösen Hunderte vor sich hin, Paare kuscheln miteinander. Sie lugen hinaus und sehen die Spuren der Geschosse am Himmel. Plötzlich fordern Polizisten die Feiernden auf, sich flach auf den Boden zu legen; der DJ hatte gerade dazu aufgerufen, das Gelände zu verlassen. Der Himmel explodiert vor Raketen.

Die ursprüngliche Aufgabe des Gleiters war, über Funk den ersten Stoßtrupp zu leiten und ihn mit Informationen über die israelische Abwehr zu versorgen, die sicherlich bald auf den Straßen auftauchen würde. Als er das Festival entdeckt, ist er überrascht und verbreitet die Nachricht über Funk. Das sollte reiche Beute geben. Dutzende Motorräder und Toyotas mit Maschinengewehren, die die Grenze bereits passiert hatten, teilen sich auf, ändern den Plan und wenden sich dem Festival zu. Die Pick-ups, die wie wild heranrasen, transportieren auch Captagon-Pillen, Koranbücher, Panzerabwehrgranaten und -raketen, Kalaschnikows, große Mengen an Munition und hoch entwickelte Kommunikationstechnik. Ein Teil der Waffen stammt aus russischer Produktion, einen Teil hat die Hamas über den ägyptischen Grenzübergang Rafah direkt aus dem Bürgerkrieg in Syrien erhalten. Weitere Waffen kommen aus China und dem Iran, aber auch von der israelischen Armee hat die Hamas Waffen erbeutet. Ein Teil der Kämpfer war zudem mit Mobiltelefonen mit israelischen SIM-Karten ausgestattet und hatte Ausrüstung für einen längeren Aufenthalt in Israel bei sich. Auch ein Heft mit hebräischen Ausdrücken, das ihnen erlauben sollte, zu den Frauen zu sagen: «Zieh dich aus!» – «Heb die Hände und mach die Beine breit!»

Tausende strömen vom Partygelände zu ihren Autos. Unter dem Einfluss von Drogen und Alkohol verlieren viele die Orientierung in der Menge, manche bekommen Panik- und Stressattacken, andere kriegen Lachanfälle. Wieder andere harren vor der Bühne aus, in der Hoffnung, dass die Musik einfach weitergeht. Sicherheitsleute dirigieren die Autos vom Parkplatz in Richtung Ausfahrt. Die Schlange der Autos, die den unbefestigten Platz verlassen wollen, wird zu einem riesigen Stau, es bewegt sich kaum etwas, und darum steigen viele wieder aus, breiten ihre Matten in den Sand und stecken sich eine Zigarette oder einen Joint an. Die Ersten in der Schlange hören bereits Schüsse und glauben irrtümlicherweise, es handle sich um Scharfschützen der israelischen Gaza-Division.

An der Kreuzung nahe der Ausfahrt warten die Hamas-Terroristen bereits in einem Hinterhalt, versperren mit Pick-ups den Weg, durchlöchern die ersten Autos mit Kugeln und gehen dann zwischen den Fahrzeugen hindurch und überzeugen sich, dass alle tot sind. Als die ersten Schüsse zu hören sind, versucht ein Teil der Autos, aus der Schlange auszubrechen, zu wenden und durch einen anderen Ausgang zu entkommen. Die Leute schreien sich zu: «Haut ab!» Aber auch an der zweiten Ausfahrt wartet die Hamas im Hinterhalt. Der Gleiter dirigiert die Bewaffneten, und das ganze Festival wird zu einer tödlichen Falle. Salven aus leichten Waffen und schweren Maschinengewehren mähen alles nieder, was sich bewegt. Autos werden von Kugeln durchsiebt. Leichen, aus denen Handgranaten und Salven von Schüssen eine blutige Masse gemacht haben, fallen aus den Autos heraus. In Bodycam-Videos hört man die Angreifer rufen: «Erschieß auch den da! Wo ist der Kerl? Lasst noch Patronen übrig! Spart Munition, Leute! Easy,

easy, schade um die Patronen! Halas! Hey, der ist tot ... easy, easy!» Der Blutrausch greift um sich. Einige Gleitschirmpiloten landen, um sich am Morden zu beteiligen.

In den folgenden Stunden werden die Terroristen systematisch die Autos checken, Überlebende suchen, um auch sie noch zu töten, zu vergewaltigen oder zu entführen. Sie werden die Leichen fleddern. Sie werden Autos anzünden, damit auch die, die sich in einem Kofferraum verstecken oder unter ein Auto entkommen konnten, verbrennen. Den Bestattern wird es nicht möglich sein, jedes verkohlte und verklebte Stückchen Fleisch von den Autos zu trennen, zu bergen, wie es das Bestattungsritual erfordert. Sie werden zu dem Schluss kommen, dass man zusammen mit den Toten auch die Autos begraben muss, damit die gefolterten und mit dem Stahl verschmolzenen Seelen ihren Frieden finden können.

Die Hamas begibt sich zur Tanzfläche, nimmt die Bühne mit Panzerabwehrraketen unter Beschuss. Die Menschen verstecken sich in Mülltonnen, unter der Bühne, in Kühlschränken, und die Hamas jagt sie wie Freiwild.

Zweiundvierzig Polizisten sichern die Veranstaltung. Der Hamas gelingt es, die Kommandozentrale der Polizei anzuzünden. Polizisten versuchen, die Leute zu warnen, deren Autos als Letzte in der Schlange stehen, raten ihnen, nach Osten zu fliehen, in Richtung der aufgehenden Sonne. Ein Teil der jungen Leute läuft durch Plantagen in Richtung der nächsten Ortschaften davon, ohne zu ahnen, dass auch dort die Mörder auf sie warten. Andere fliehen in Richtung Negev-Wüste, und die Terroristen verfolgen sie in ihren Autos. Dabei rufen sie: «Allahu Akbar», und jagen Menschen, als sei alles ein Computerspiel. Später werden die, die den Ort des Massakers besuchen, in einem übereinstimmen: Jene, die sofort erschossen wurden, hatten noch das bessere Los gezogen.

Ein einzelner Panzer der Armee, der dem Inferno am Grenzzaun entkommen ist, gerät auf den Feldern in ein Feuergefecht zwischen Polizisten und Terroristen. Nachdem sie die Polizisten ermordet haben, erklettern die Hamas-Leute den Panzer und werfen Handgranaten hinein. Der Soldat flieht, das Fahrzeug geht in Flammen auf.

6:32, Zikim-Strand

In der Nacht sind einige Zelte in den weißen Dünen aufgeschlagen worden, an einem der schönsten und unberührtesten Strände der Küste. Zwanzig junge Leute, Mitarbeiter der Bar Mileva, hatten nach wochenlanger Vorfreude einen Team-Building-Abend und feierten zusammen. Der Strand ist viereinhalb Kilometer lang; er reicht im Norden bis zum Kraftwerk Rutenberg nahe Ashkelon und grenzt im Süden an den Gazastreifen. Der einsame Strand ist bekannt als Paradies für Angler, Surfer und verliebte Paare, die sich am liebsten ganz ans südliche Ende zurückziehen, zwischen die Tanks zur Fischzucht direkt an der Grenze.

Die ersten Granaten schlagen auf dem Sand ein, nur wenige Meter neben den jungen Leuten. Die bemerken überrascht schwarze Schlauchboote, die sich von Süden her nähern, jedes von ihnen bemannt mit sechs bis acht schwarz gekleideten Bewaffneten. Zunächst glauben sie, es handle sich um Kräfte der israelischen Kommandoeinheit Schajetet 13. An ein Marinekommando der Qassam-Brigaden denkt niemand. Zur Tarnung begleiten Fischerboote aus Gaza das Kommando.

Ein israelisches Patrouillenboot entdeckt die Boote der Hamas und zerstört sechs von ihnen, aber vier erreichen den Strand. Vermummt, mit grünen Bändern über der Stirn, ausgerüstet mit Kalaschnikows, Panzerabwehrwaffen und Handgranaten, feuern die Hamas-Leute auf Angler, Spaziergänger, alle, die sich hier die Zeit vertreiben, werfen Handgranaten in einen Unterstand aus Beton, in dem sich vierzehn Menschen versteckt halten, und ermorden Zivilisten, die sich in ein Toilettengebäude geflüchtet haben. Ein kleiner Trupp der Armee erreicht den Ort, zieht sich aber wieder zurück, als klar wird, dass die Terroristen den Strand bereits unter ihre Kontrolle gebracht haben.

Unbemannte U-Boote aus Gaza nähern sich Schiffen der israelischen Marine, werden aber vernichtet. Auch Gruppen von Tauchern versuchen einzudringen. Hunderte Bewaffnete überqueren die Grenze durch eine Lücke im Zaun, und gemeinsam mit den anderen rücken sie zum nahe gelegenen Kibbuz Zikim sowie zu drei Militärstützpunkten in der Gegend vor. Zwei Leute aus jeder Gruppe dokumentierten alles. Der eine filmt mit einer GoPro, der andere überträgt das Video live an die Kommandozentrale in Gaza.

6:38, Telegram

In dem sicheren Messengerdienst Telegram, der im Nahen Osten als ideales Kommunikationsmittel zum Beispiel für Verabredungen mit Drogendealern gilt, wird ein Videoclip verbreitet, der zeigt, wie israelische Soldaten aus einem zerstörten Panzer gezogen werden. Einige sind bereits tot, andere liegen im Sterben oder werden nun umgebracht. Hamas-Leute springen auf dem Körper eines Soldaten herum, zertrampeln ihn. Aus den Treibstofftanks des Panzers sickert Diesel, ein weiterer Panzer geht in Flammen auf. Zwei Pick-ups, beladen mit den Leichen von Israelis, machen sich auf den Rückweg nach Gaza.

Plötzlich sieht man im Livestream das Bild einer anderen Kamera. Sie zeigt Zivilisten in Pyjamas, in Unterwäsche, völlig verängstigt angesichts der Gewehre, die auf sie gerichtet sind. Die Gerüchte verbreiten sich wie ein Lauffeuer, und wer davon hört und deshalb zum ersten Mal an diesem Morgen den Messenger öffnet, weiß nicht, wo sich die Szenen ereignen, die so vollkommen unwirklich scheinen. Eine Flut verstörender Bilder breitet sich aus. Auf Facebook sieht man, wie eine Großmutter vor laufender Kamera hingerichtet wird.

6:41, Bunker des Oberkommandos, Metzudat Zion

In der «Grube» unter dem Zentrum von Tel Aviv wird die Stellvertreterin des kommandierenden Offiziers blass angesichts der Bilder, die sie auf ihrem Telefon sieht: Ihre Lebensgefährtin hat ihr die ersten Clips geschickt, die die Hamas via Telegram verbreitet. Hier im Bunker ist man noch verschlafen, und ganze acht Stunden sollen vergehen, bevor sie im Oberkommando das Ausmaß der Invasion begreifen. Hier glauben sie noch immer an die Stärke der «Barriere», der Grenzbefestigung, die vor Technik strotzt und eine Milliarde Dollar gekostet hat: Sie besteht aus einer Betonmauer, viele Meter tief in der Erde verankert, einem Zaun voller Sensoren, hinzu kommen unbemannte Patrouillenfahrzeuge und ferngesteuerte Schießanlagen. Gerade noch erprobt werden von der Armee bewaffnete Drohnen und Roboter vom Typ Jaguar, die autonom patrouillieren können. Das Vertrauen in diese Systeme ist ein Grund für die Armee, Truppen in die Westbank zu verlegen, wo sich die Spannungen zwischen den Palästinensern und den Siedlern verschärft haben.

6:48, Telefonzentrale der Polizei

In der Leitung ist eine Fünfzehnjährige und bittet um Hilfe; bei ihr im Haus ist ein Kämpfer der Hamas. Während er näher kommt, hört man sie flehen, er solle ihr nichts tun: «Ich muss morgen in die Schule, bitte lass mich gehen.» Der Palästinenser greift sich das Telefon und spricht selbst mit der Zentrale, die versucht, ihn davon abzubringen, dem Mädchen etwas anzutun. Er tötet das Mädchen.

Dann ruft ein Neunjähriger an, der sagt, sie hätten auf seine Eltern geschossen. Die Leiche seiner Mutter liegt vor ihm. Bei ihm ist seine sechsjährige Schwester Amalia, völlig verängstigt. Seine dreijährige Schwester befand sich in den Armen ihres Vaters, als dieser erschossen wurde; er kann sie nicht finden. Der Junge heißt Michael. Die Polizistin am Telefon bittet Michael, laut «Mama» und «Papa» zu rufen. Es kommt ihr nicht in den Sinn, dass der ganze Ort von Eindringlingen überschwemmt sein könnte. Keine Reaktion von den Eltern. Die Polizistin fordert ihn auf, die Tür des Schutzraums zu verriegeln; das gelingt ihm nicht. Die Polizistin weist ihn an, sich im Schrank zu verstecken und sich nicht zu zeigen, bis gute Menschen kommen.

«Ich sitze hier und halte Amalias Hand.» Er wird wieder und wieder anrufen und fragen: «Wann kommt ihr?», bis sein Akku leer ist. Die Kinder werden bis tief in die Nacht hinein im Schrank warten. Die Telefonzentrale bricht zusammen unter der Flut von Anrufen von Bürgern. «Ihr müsst alleine durchhalten», sagt man ihnen.

6:52, Stützpunkt Nachal Oz

Etwa siebzig Leute der Hamas belagern bereits den Stützpunkt, auf dem die fünfundzwanzig Aufklärerinnen stationiert sind. Sie nehmen die Zaunanlagen unter Beschuss, und Nukhba-Kämpfer töten die Wachen. Soldaten versuchen, das Haupttor zu verteidigen, und es kommt zum Gefecht. Einige der Soldaten eilen zu Fuß dem nahe gelegenen Kibbuz zu Hilfe, der ebenfalls attackiert wird. Der Sanitätstrupp will Sauerstoffflaschen und weitere medizinische Ausrüstung aus den zwei Sanitätswagen holen, aber eine Drohne wirft Sprengkörper auf die Ambulanzen, und die Druckflaschen explodieren. Über das Lautsprechersystem gibt eine Unteroffizierin aus dem Einsatzzentrum ein Bild der Lage durch und informiert die Soldaten über die Gefahrenpunkte. Sechs Minuten später dringen weitere fünfzig Bewaffnete in den Stützpunkt ein und danach noch einmal fünfzig. Die Terroristen wenden sich zunächst den Wohnräumen zu und erschießen Soldaten aus nächster Nähe. Einige Soldatinnen und eine Offizierin der Hundestaffel versuchen, die Hamas-Leute im Korridor aufzuhalten, der zu jenem Raum führt, in dem die Aufklärerinnen sich eingeschlossen haben. Sie werden getötet, und jetzt gibt es nichts mehr, was die Eindringlinge noch trennt von den Aufklärerinnen im Einsatzzentrum, die sich, teils im Pyjama, dort verschanzt haben und bereits Abschiedsnachrichten an ihre Eltern schicken. Überall explodieren Handgranaten. Die Angreifer töten sechzehn Aufklärerinnen und entführen sieben. In den folgenden fünf Stunden werden sie akribisch alle erbeutete Nachrichtentechnik verladen und zusammen mit den Geiseln nach Gaza schaffen.

Dann stecken sie die Basis in Brand. Die gesamte südliche Verteidigungslinie Israels ist nun zusammengebrochen.

6:52, Kibbuz Nachal Oz

In den Kibbuz in der Nähe des Militärstützpunktes dringen etwa hundert Kämpfer des Shejaiya-Bataillons der Hamas ein. Der dreizehnjährige Ariel, der zu seiner morgendlichen Laufrunde aufgebrochen war, sieht, wie sie das Haus seiner Familie erreichen und seinen Vater Yaniv, seine Mutter Yasmin und seine beiden Schwestern Keshet und Tchelet ermorden. Ariel flieht und versteckt sich im Schutzraum der Nachbarn. Die Terroristen rücken weiter vor. Shoshana Brosh, fünfundsiebzig Jahre alt, ermorden sie in ihrem Haus. Shlomo Ron, fünfundachtzig Jahre alt, schickt seine beiden Töchter, den Enkel und die Pflegerin in den Schutzraum. Er bleibt allein in seinem Sessel im Zimmer sitzen und wird ermordet. Die Terroristen sind sicher, dass er alleine ist, und eilen weiter; sie haben noch viele Häuser vor sich.

Ein erster Trupp der israelischen Aufklärungseinheit Maglan ist auf dem Weg zum Kibbuz. Auf der Straße, die sich von der Kreuzung von Sa'ad zum Kibbuz schlängelt, macht der Kommandeur gerade noch ein Selfie mit seinen Soldaten, als sie in einen Hinterhalt geraten. Der Kommandeur wird getötet, wie auch der Sanitäter, der sich zu ihm kauert.

6:53, Sderot

Fünfzehn Rentnerinnen und Rentner befinden sich auf dem Weg zu einem Ausflug ans Tote Meer; einige von ihnen sind Überlebende der Schoah. An der städtischen Bibliothek steigen sie aus, weil ihr Minibus einen Platten hat. Die alten Leute warten an der Bushaltestelle. Zwei weiße Toyotas nähern sich, Bewaffnete steigen aus, feuern Kugelsalven auf sie, kontrollieren, ob sie tot sind, und filmen das Ganze. Die Leichen werden zehn Stunden dort liegen, bis Familienangehörige sie finden. Die Terroristen ziehen weiter zur Polizeistation der Stadt, um sie einzunehmen.

Durch die Straßen der Stadt mit ihren 35 000 Einwohnern streifen Dutzende Terroristen und erschießen wahllos Zivilisten. Sie klettern auf die Dächer und dringen in die Treppenhäuser ein. Ein muslimischer Arzt, Dr. Tarek Abu Arar, ist mit seinem Auto unterwegs, als er einen Menschen auf der Straße liegen sieht. Er hält an, um zu helfen, und wird in die Brust geschossen. Zehn Terroristen mit moderner Kampfausrüstung fallen aus einem Gebüsch über ihn her. Er will ihnen erklären, dass er Muslim ist wie sie. Sie prüfen seine Islamkenntnisse und nehmen ihn dann mit als menschlichen Schutzschild. Sie binden ihn an einen Pfeiler in der Mitte der Kreuzung. Während die Terroristen auf jedes Fahrzeug schießen, das sich nähert, murmelt der verwundete Arzt Verse aus dem Koran. Amir Tanbura, zwanzig Jahre alt, ursprünglich aus dem Gazastreifen, der dem Terror der Hamas entflohen ist und mit seiner Familie in Sderot lebt, geht zum Kiosk, um Zigaretten zu holen, und wird ermordet. Lior Weizman, Sounddesigner und Sportler, begibt sich auf seine tägliche Laufrunde auf der Fernstraße 34 und wird ermordet. Avi Megira, achtundvierzig Jahre alt, trainiert wie jede Woche auf dem Rad. Die Sirenen heulen, er ruft seine Frau an, um ihr zu sagen, er sei auf dem Weg, und wird ermordet. Dmitri Sorokin, einundfünfzig Jahre alt, beeilt sich, nach Hause zu kommen, und wird ermordet. Mor Gabai, dreißig Jahre alt, ist auf dem Heimweg von der Party am Zikim-Strand und wird in Sderot ermordet.

6:55, Ofakim

Eine kleine Drohne scannt unter leisem Summen das Viertel. Eine Gruppe Uniformierter packt eine große Tasche aus, holt den Patronengurt eines Maschinengewehrs heraus, eine Panzerabwehrgranate und Kalaschnikows. Aus seinem Haus in der HaHita-Straße sieht Arik Bilia, achtundzwanzig Jahre alt, acht Soldaten die Straße heraufkommen und einen Polizisten, der ihnen zu Hilfe eilt. Plötzlich gibt es eine teuflische Wendung: Die Soldaten erschießen den Polizisten. Die Soldaten sind verkleidete Terroristen. Sie kommen in seine Richtung und versuchen, die Haustür aufzubrechen, zerschmettern dann die Jalousie im Wohnzimmer. Arik ist mit einer Eisenstange bewaffnet. Hastig lässt er seine zehn Familienmitglieder aus dem hinteren Fenster klettern. Einer nach dem anderen steigt auf das Dach des Schuppens. Sie haben einen vier Wochen alten Säugling bei sich und verstecken sich unter der Solaranlage. Arik bleibt als Letzter neben dem Fenster, die Terroristen brechen in die Wohnung ein und ermorden ihn. Sie schießen auch eine Panzerabwehrgranate ab. Das Haus gegenüber wird von einer Rakete getroffen. Überall auf den Dächern verschanzen sich Terroristen. Auch im Kindergarten errichten sie eine Feuerstellung.

Ofakim ist eine Stadt, in der vor allem Einwanderer aus Marokko, Tunesien, Russland und Äthiopien leben. Sie liegt siebenundzwanzig Kilometer vom Gazastreifen entfernt. Etwa zweiundzwanzig Terroristen dringen von Westen her in die Stadt ein, und auf ihren Satellitenbildern ist ein Gebiet mit alten Holzhäusern ohne Schutzräume markiert, ein Altersheim in der alten Gefen-Siedlung. Zwei Pick-ups der Terroristen – beladen mit Munition und Gewehren, Hunderten Handgranaten, Dutzenden Raketen, Sprengsätzen und Minen – durchqueren die Stadt, pausenlos auf die Einwohner schießend, die in Schutzräume rennen. Sie ermorden den Fahrer eines Krankenwagens; einen Vater mit seinem Sohn; Bruder und Schwester. In der HaTamar-Straße ermorden sie jeden, der auf der Straße ist oder in einem Auto vorbeifährt. Sie klettern auf Dächer und besetzen Häuser. Sie hämmern an die Türen und brüllen: «Jude, du Hund, mach die Tür auf!» Sie schießen Panzerabwehrgranaten in Wohnungen. Sie ermorden fünfzig Menschen. Ein älteres Paar halten sie achtzehn Stunden lang als Geiseln.

6:56, Kibbuz Be'eri

Zwei Bewaffnete des Hamas-Kommandos verstecken sich zwischen den Bäumen gegenüber dem gelben Eisentor, dem Haupteingang zum Kibbuz. Ihre Motorräder haben sie in einiger Entfernung abgestellt. Ein Pkw, in ihm drei Freunde, nähert sich, und das Tor öffnet sich. Die Bewaffneten kommen aus ihrem Versteck, erschießen die Insassen des Fahrzeugs und werfen ihre Leichen auf den Asphalt. Ein Zivilist beim Morgenlauf sieht die Eindringlinge, geht in Deckung und ruft die Leiterin des Sicherheitsteams an. Sie denkt, er macht Witze. Sie hat keinerlei Warnung von der Armee bekommen. Im Hintergrund hört man Raketen und Sirenen, der Hund des Mannes bellt.

Für einen Moment ist der Alarm vergessen. Wieder ist das Zwitschern der Vögel zu hören. Die Bodycam eines der Terroristen zeigt, wie er auf dem Rasen herumläuft. Himmlische Ruhe rundherum, eine Idylle. Er betrachtet einen handgemachten Traumfänger, der am Eingang eines Hauses hängt. Der Terrorist nimmt ein Feuerzeug und zündet den Traumfänger an. Einige Häuser weiter sitzt ein alter Mann am Eingang seines Hauses in einem Schaukelstuhl. Ihm hat man bereits in den Kopf geschossen.

Die Leiterin des Sicherheitsteams alarmiert die Einsatztruppe und schickt ihren Bruder, den Sicherheitskoordinator, um das Waffenlager zu öffnen und das Haupttor zu schließen. Er stößt auf Bewaffnete, tötet sieben von ihnen, bevor er selbst fällt.

Binnen weniger Minuten stoßen etwa hundert Hamas-Leute zur ersten Angriffswelle hinzu. Auch Bewaffnete des Islamischen Dschihad und anderer Organisationen rücken zusammen mit ihnen vor. Von drei Punkten dringen sie in den Kibbuz ein. Sie isolieren die Viertel HaZaytim und HaKerem voneinander, die beiden Viertel, die am westlichsten und dem Zaun am nächsten liegen. Geräuschlos steigen sie auf die Dächer, bauen dort schwere Maschinengewehre auf, auch Scharfschützen bringen sich in Position. Ein Teil der Terroristen verschanzt sich im Kindergarten des Ortes. Innerhalb von Minuten nehmen sie den Kibbuz ein und kontrollieren alle Zugänge, bevor sie von Haus zu Haus gehen. Sie passen auf, dass die Bereitschaft nicht zur – verschlossenen – Waffenkammer gelangt, um sich mit Munition zu versorgen. In der Chatgruppe der Kibbuzbewohner schreibt eine Frau: «Sie ermorden meine Mutter.» Hunderte Bewohner melden in der Gruppe, die Terroristen seien schon an ihrer Haustür. Kameras zeigen, wie die Terroristen Freudenschreie ausstoßen, jubeln und hupen.

Yarden Roman und ihr Mann Alon hatten Be'eri verlassen, als ihre kleine Tochter Gefen geboren wurde. Das Leben hier in dieser Idylle ist zu fünfundneunzig Prozent das Paradies, aber zu fünf Prozent ist es höllische Angst. Ein Kind großzuziehen mit dem Auf und Ab des Luftalarms, mit den Raketen, die seit zwanzig Jahren immer wieder einschlagen, dem Flüchten in den Schutzraum – das erschien Yarden abwegig. Am Freitag waren sie mit der inzwischen dreieinhalbjährigen Gefen nach einer langen Reise aus Südafrika zurückgekehrt, und nun waren sie zum Feiertagsessen zu Oma und Opa, den Eltern von Alon, gekommen. Auch Alons älteste Schwester Carmel, zurück aus Indien, war da. Sie hatten entschieden, dass alle im Kibbuz übernachten. Oma und Opa waren glücklich mit Gefen, ihrer ersten Enkelin, ihrem Sonnenschein. Als die Sirenen aufheulten, wollten Yarden und Alon gerade zum Morgenlauf aufbrechen. Nun sitzen sie im Schutzraum, bekommen Informationen über das Eindringen der Hamas, aber sie sind ruhig und vertrauen darauf, dass die Armee sich um die Sache kümmern wird. Der Großvater geht gerade auf die Toilette, als die Terroristen auf der Terrasse hinterm Haus auftauchen. Er schließt sich dort ein, verriegelt die Tür, und durch einen Schlitz muss er machtlos alles mit ansehen, was sich ereignet. Die Terroristen sind im Haus.

Im Schutzraum versucht das junge Paar, die Kleine im Kasten unter dem Bett zu verstecken. Der Kasten ist zu klein. Sie versuchen, sie in den Kleiderschrank zu stecken, aber das Mädchen weint und wehrt sich. Yarden nimmt sie in der Ecke auf den Arm und beruhigt sie. Die Terroristen brechen die Tür auf. Alon wirft sich ihnen entgegen, um sie von seiner Familie fernzuhalten. Sie fesseln ihm die Hände und bringen ihn raus auf den Rasen, dann kehren sie zurück ins Haus. Der Großvater sieht durch das Toilettenfenster, wie seine Enkelin mit ihren Eltern von drei Entführern in ein Auto gesetzt wird. Sie sollen nach Gaza gebracht werden. Ein weiterer junger Nachbar wird gefesselt in den Kofferraum gesteckt; seine kleinen Kinder, die man von ihm getrennt hat, werden in einem anderen Auto entführt. Auch die älteste Tochter Carmel wird nach Gaza verschleppt. Inzwischen bringen die Entführer Alons Mutter zusammen mit weiteren Nachbarn die Straße hinauf zu einem Ort, wo sie alle hingerichtet werden. Der Großvater erwägt, die Toilette zu verlassen, sich zu opfern zugunsten der Enkelin und der Kinder oder zugunsten seiner Frau, aber ihm ist schnell klar, dass er damit niemanden retten kann. Draußen sind Dutzende Terroristen, die schießen und Handgranaten werfen.

Sechs Kilometer Fahrt in Richtung Gaza. Auf dem Weg sehen die Entführten Dutzende palästinensische Zivilisten, die nach Be'eri unterwegs sind. In der Nähe des Grenzzauns stoßen sie auf einen Panzer, und die drei Terroristen verlassen für einen Moment das Auto und verstecken sich im Gebüsch. Die Eltern Yarden und Alon beschließen zu fliehen, Yarden mit der kleinen Gefen im Arm. Sie laufen los in Richtung eines nahe gelegenen Militärstützpunktes, aber der erweist sich als verlassen. Sie rennen durch einen Wald, Yarden gibt ihrem Mann das Kind, weil er schneller läuft als sie. Yarden bleibt ein wenig zurück. Die Terroristen nehmen die Verfolgung auf, schießen auf sie. Alon schaut kurz zurück, sieht Yarden, die sich unter einen Baum kauert. Die Schüsse sind zu nah. Sie legt sich auf die Erde und stellt sich tot. Er rennt mit dem Mädchen weiter, er hat keine Wahl, er lässt seine Frau zurück. Die Terroristen finden sie, denken, sie ist ohnmächtig, und schleppen sie zum Auto, übergießen sie mit Wasser und nehmen sie mit.

Alon rennt mit Gefen weiter. Er merkt, dass er mit ihr im Arm zu langsam ist, und versteckt sich. Er ist völlig außer Atem. In einer Dornenhecke legt er Gefen auf den Boden und sich über sie, deckt Erde und Gestrüpp über sie beide und rührt sich nicht. Ein Auto der Hamas fährt herum auf der Suche nach ihnen. Alon bringt Gefen dazu, ganz still zu sein. Die Entführer in ihrem Auto verzichten auf den Vater und das kleine Mädchen und machen sich auf den Weg nach Gaza. Dort auf den Straßen umringt die Meute Yarden wie eine Trophäe, mit Siegesgeheul und Hass, spuckt sie an und schlägt sie. Yarden wird als Geisel gefangen bleiben, ohne zu wissen, ob ihre Tochter und ihr Mann überlebt haben, entführt oder ermordet wurden. Der Vater und die Tochter werden sich einen ganzen Tag in den Feldern versteckt halten, vierundzwanzig Stunden lang.

6:59, Sderot

In den Videos, die auf Telegram verbreitet werden, fährt ein Polizeifahrzeug an einem Pick-up vorbei, auf dessen Ladefläche ein Maschinengewehr montiert ist. Der Pick-up ist voll mit Terroristen, schwarz gekleidet und vermummt, ein grünes Band quer über der Stirn. Das Polizeiauto hält nicht an. Die Polizistin wird sich später rechtfertigen und sagen, einen Augenblick zuvor sei sie mit hundert Kugeln beschossen worden. Inzwischen richten die Terroristen ein Elternpaar mit ihren beiden Kindern hin, eines fünf, das andere acht Jahre alt, und jagen mit Schüssen einen Vater mit einem Baby auf dem Arm.

7:07
Hacker starten Angriffe auf israelische Infrastruktur und Regierungseinrichtungen, die den ganzen Tag andauern werden. Unter anderem attackieren sie das Raketenwarnsystem. Bei vielen der Angriffe stellt man fest, dass sie aus dem Iran kommen.

7:08, Kibbuz Kfar Aza
Die Helmkamera eines Hamas-Kämpfers folgt dem Lauf eines Gewehrs, der Blick schweift über eine grüne Wiese, über viele Blumen, dann über kleine, einfache Bungalows. Der Lauf sucht ein Opfer, und von Zeit zu Zeit findet er eines und schießt. Das Pfeifen von Kugeln ist zu hören, aus unterschiedlichen Distanzen. In den Whatsapp-Gruppen schreiben Menschen ihren Nachbarn, dass sie bei lebendigem Leib zu verbrennen drohen, flehen um Hilfe. Die fünfköpfige Familie Kutz – der Vater Aviv, die Mutter Livnat und ihre drei Kinder Rotem, neunzehn Jahre alt, Yonathan, zwölf Jahre alt, und Yiftah, elf Jahre alt – liegt eng umschlungen auf einem Bett und wartet auf ihren Tod. Die Terroristen erschießen sie, einen nach dem anderen.

In Aufnahmen aus der Jugendsiedlung des Kibbuz hört man das Lachen, den Hohn und den Hass der Terroristen, während sie in Häuser eindringen und laut überlegen, wen sie töten und wen sie entführen, und sie rufen: «Itbach al-yahud», Tod den Juden.

Etwa siebzig Terroristen des Shejaiya-Bataillons, bewaffnet mit schultergestützten Raketen und schweren Maschinengewehren, werfen auch thermobarische Sprengsätze in die Häuser, und die Einwohner verbrennen bei lebendigem Leib. Auf dem Rasen hatten viele bunte Drachen für das jährlich stattfindende Drachenfestival bereitgelegen. Jetzt ist er bedeckt von Leichen.

7:10, Kibbuz Kissufim

Die Hamas exekutiert sechs thailändische Landarbeiter. Die neunzigjährige Gina Semiatich zerren sie aus dem Schutzraum in ihr Wohnzimmer und schießen ihr in den Kopf. Sie gehen weiter zum Haus der Familie Zak, die sich in ihrem Schutzraum verschanzt hat und den Eingang verteidigt. Als es der Hamas nicht gelingt, den Raum zu öffnen, werfen sie eine mächtige Sprengladung hinein. Die Eltern Eti und Itai verbrennen zusammen mit ihrem Sohn Sagi. Ein ankommender Krankenwagen wird von Kugeln durchlöchert.

7:10, Kibbuz Alumim

Dreißig bewaffnete Nukhba-Kämpfer betreten die Unterkünfte von Landarbeitern aus Nepal und Thailand. Sie schaffen sie in eine Halle, ermorden neunzehn von ihnen und entführen acht. Die Terroristen durchlöchern die Milchbehälter im Stall mit Schüssen.

In Be'er Scheva, eine halbe Stunde entfernt, wohnen zwei Brüder Tür an Tür. Während des Raketenalarms stoßen sie im Treppenhaus aufeinander. Im Chat lesen sie von einem Grenzdurchbruch und entscheiden, auf eigene Faust mit Erste-Hilfe-Ausrüstung und Pistolen zur Unterstützung an die Front zu fahren. Sie erreichen den Kibbuz Alumim. Sie kümmern sich um Verletzte, und gemeinsam mit zwölf Mitgliedern des Kibbuz leisten sie sechzig Terroristen drei Stunden lang Widerstand. Am nächsten Tag wird ihr Vater seine Söhne begraben.

7:10, Kibbuz Nir Am

Eine Tattookünstlerin, eine zierliche Sechsundzwanzigjährige, fungiert als Sicherheitsbeauftragte, seit sie in den Kibbuz zurückgekehrt ist, um in der Nähe ihrer Eltern zu wohnen. Als nach einem Raketentreffer der Strom ausfällt, gibt sie die überraschende Anweisung, die Notstromgeneratoren nicht zu starten. So will sie verhindern, dass das schwere Eisentor sich öffnet – im Falle eines Angriffs. Rasch entwickelt sie auf eigene Faust einen Plan zur Verteidigung und verteilt die Bewohner auf Stellungen entlang der Zaunanlagen des Kibbuz, um die Terroristen zu überraschen, sollten sie sich nähern. Fünfzehn Bewohner rüstet sie mit Waffen aus. Dank dieses Abwehrkampfes, in den die junge Frau den Kibbuz führt, wird Nir Am einer der wenigen Orte sein, an dem keine Bewohner ermordet werden.

7:15, Netiv HaAsara

Netiv HaAsara wurde 1973 in der Wüste Sinai gegründet und nach dem Friedensabkommen mit Ägypten und der Räumung der Sinai-Halbinsel hierher verlegt, in die westliche Negev-Wüste nahe der Grenze. Auf den Platten der schweren Betonmauer, die den Ort vom Gazastreifen trennt, steht in großen Lettern «Netiv LeShalom» (Weg zum Frieden), auf Hebräisch, Arabisch und Englisch. Von einem Beobachtungsturm, den die Hamas errichtet hat, blickt man seit anderthalb Jahren ungehindert in die Häuser und Höfe, und an dem Turm hängt ein Schild mit der Aufschrift «Die Vernichtung der Besatzer ist nahe». Von diesem Turm wird jetzt eine Panzerabwehrrakete auf die Bewohner geschossen.

Noch bevor die ersten Terroristen mit motorisierten Gleitschirmen vor dem Haus von Shlomi und Ayelet landeten, konnte Shlomi seinen Sohn auf dem Musikfestival bei Re'im anrufen und ihn warnen. So rettete er ihm das Leben. Shlomi wirft sich den Angreifern mit einem Revolver entgegen, aber die Waffe klemmt. Er kämpft mit bloßen Händen um sein Leben und wird ermordet. Danach dringen die Terroristen ins Haus ein, ermorden auch seine Frau und töten ihre beiden Hunde.

Sein Nachbar Gil will sich mit seinen Söhnen Shai, acht Jahre alt, und Koren, zwölf Jahre alt, in einen Bunker retten. Die Terroristen werfen eine Handgranate, und der Vater wirft sich auf sie, um die Kinder zu beschützen. Shai und Koren, selber verletzt, blicken auf den toten Vater, auf die Blutlache, die sich ausbreitet. Koren versucht, mithilfe seines Smartphones und von Google Translate mit den Menschen zu reden, die seinen Vater ermordet haben, während sie sich aus nächster Nähe davon überzeugen, dass er wirklich tot ist, und Bilder davon ins Netz stellen. Die Terroristen bringen die Kinder zurück in die Wohnung. Sie schlagen auf Koren ein, während der kleine Shai entsetzt auf den toten Vater blickt, der ausgestreckt daliegt. «Warum sind wir noch am Leben?», fragt der Junge. Die Terroristen nehmen sich Getränke aus dem Kühlschrank, plündern und verwüsten die Wohnung, ziehen ab und lassen die verletzten Kinder lebend zurück.

Zur gleichen Zeit wird der ältere Bruder von Koren und Shai, sechzehn Jahre alt, am Zikim-Strand ermordet, wo er beim Angeln war. Auch die Ermordung des Bruders, Or, dokumentieren die Terroristen im Livestream. Vater und Sohn sterben zur gleichen Zeit an unterschiedlichen Orten vor laufender Kamera.

7:32, Party in Re'im

Dreißig junge Leute drängen sich in einem Unterstand aus Beton. Die Schüsse kommen näher. Ein muslimischer Israeli, der im Unterstand Schutz gesucht hat, versucht, die Bewaffneten der Hamas zu beruhigen, und macht ihnen klar, dass er Muslim ist wie sie. Sie rufen ihn heraus, entkleiden und misshandeln ihn mit Schlägen und Tritten, und als sie genug haben, bringen sie ihn um. Sie schießen in den Unterstand und werfen Handgranaten hinein. Den jungen Leuten gelingt es, die Handgranaten abzuwehren, sie kümmern sich um Verletzte, verbergen sich unter Leichen, um sich zu retten, verabschieden sich am Telefon von ihren Familien. Viele von ihnen filmen die letzten Momente. Die neunte Handgranate explodiert. Zwanzig verbrennende Leichen verschmelzen zu einem Klumpen.

Verletzte werden entführt, von den Terroristen über den Boden geschleift. In allen Ecken des Festivalgeländes sucht die Hamas zwischen den Sträuchern nach Jugendlichen und ermorden sie. Dabei sortieren sie Frauen aus, die sie zu *Sabaya* erklären, zu Sklavinnen. Diese bringen sie zu Sammelpunkten, an denen Gruppenvergewaltigungen durchgeführt werden. Bis zu zehn Männer vergewaltigen eine Frau, während sie sie hinrichten.

Die Hamas-Kämpfer gehen an die Telefone ihrer Opfer, und lachend berichten sie den Eltern und den Liebsten in der Leitung, dass sie die jungen Frauen ermordet haben.

7:34, Rekrutenbasis Zikim

Neunzig Rekruten der Such- und Rettungsbrigaden drängen sich im Schutzraum, ohne Waffen. Sie wurden gerade erst eingezogen, Frauen und Männer. Raketeneinschläge lassen die Gebäude erzittern. Fünfzig Hamas-Leute rücken an, umzingeln die Basis und schicken sich an, sie von drei Seiten her zu stürmen. Die dreizehn Ausbilder auf der Basis wehren unter Einsatz ihres Lebens den Angriff ab und hindern die Hamas daran, zu den Rekruten vorzudringen, aber fast der gesamte Stab kommt dabei um.

7:56

Mohammed Deif, der geheimnisvolle Oberbefehlshaber der Qassam-Brigaden, ruft in einer seiner seltenen Erklärungen an die Presse den Beginn der Operation «Al-Aqsa-Flut» aus.

Er wendet sich an die Kämpfer, die nach Israel eingedrungen sind: «Führt eure Angriffe auf die Siedlungen mit allem aus, was euch zur Verfügung steht. Heute muss jeder, der ein Gewehr besitzt, es hervorholen. Seine Zeit ist gekommen, und jeder von euch muss losziehen, mit seinem Lastwagen, mit seinem Auto oder seiner Axt. Heute beginnt eine neue Zeit, strahlender und ehrenvoller als bisher.» Er ruft auch die palästinensischen Bürger Israels auf, sich gegen den Staat zu wenden. Als Anlass für den Krieg bezeichnet er die Schändung der Al-Aqsa-Moschee durch den Besuch religiöser Juden.

Zu dieser Zeit haben die meisten Israelis noch keine Ahnung, was sich in den Kibbuzim ereignet, und ahnen auch nicht, dass die Grenzbefestigung durchbrochen wurde. In den Medien wird darüber nicht berichtet, und sie denken, das Raketengewitter sei die Flut, von der Deif spricht. Ihm zufolge wurden bereits fünftausend Geschosse aus Gaza abgefeuert. Aber die Bürger, die auf ihren Mobiltelefonen die ersten unerklärlichen Bilder von der Hinrichtung naher Angehöriger empfangen oder einen Livestream, in dem ihre Liebsten um ihr Leben betteln, setzen eine Welle von Gerüchten in Gang.

8:04
Die israelische Armee ruft den Kriegszustand aus.

8:10, die Beduinenstämme
Das Feuer der Hamas machte vor Muslimen nicht halt. Yazan, fünf Jahre alt, wird getötet, als eine Rakete das Haus seiner Familie trifft. Als Nächste sterben vier Kinder der Familie Al-Karaana, dann eine Großmutter mit ihrer dreizehnjährigen Enkelin aus dem Dorf Kukhleh. Neunzehn der Ermordeten der ersten Stunden waren Muslime. Unter ihnen Abed Al-Karim

Al-Nsasra, Vater von sechs Kindern, der versuchte, mit seinem Auto Gäste des Musikfestivals zu evakuieren, und Abed Al-Rahman Aatef Alziadna, sechsundzwanzig Jahre alt, der am Strand von Zikim aus nächster Nähe von mehreren Kugeln getroffen wurde. Eine junge Landarbeiterin und ihr Cousin, Dalia und Osama Abu Madigem, wurden erschossen, als sie das Feld bestellten. Fatma Alttalaqat, Mutter von neun Kindern, der älteste Junge neun Jahre und das jüngste Mädchen sechs Monate alt, wurde neben ihrem Baby ermordet. Musa Abu-Sabilla wurde von jenen Terroristen ermordet, die auf dem Weg zur Basis 8200 waren.

8:15, Basis der geheimen Unit 8200

2010 veröffentlichte die Zeitung *Le Monde diplomatique* einen Bericht, dem zufolge sich neben dem Kibbuz Urim «eine der größten Abhörbasen der Welt» befinde, eine der bedeutendsten und wertvollsten Einrichtungen des israelischen Geheimdienstes, von der aus Satelliten abgehört würden, aber auch die Palästinenser. Dieser Ort, zweiundzwanzig Kilometer von Gaza entfernt, war auf den Karten der Hamas als Ziel markiert. Fünf Motorräder machten sich auf den Weg dorthin, auf jedem Fahrzeug zwei Bewaffnete, ausgerüstet mit diverser Technik, Karten und Satellitenfotos. In der Nähe der Basis biegen sie auf einen unbefestigten Weg ab, in unmarkiertes, baumbestandenes Gelände. Sie sprengen ein Tor auf der Rückseite des Stützpunktes auf und dringen ein, ohne dass sie jemand aufhalten würde. Ihr Kommandeur schickt ein Selfie: «Mit der Hilfe Allahs, wir sind drinnen», und sie beten. Sie finden nicht den Bunker, den sie suchen, und schießen wild um sich. Sie ermorden eine Soldatin, sprengen Stahltüren auf, werfen Handgranaten und feuern Gewehrsalven auf Soldatinnen, die unter den Tischen Schutz suchen, brechen einen Serverraum auf und beginnen, Ausrüstung zu demontieren und Daten von den Computern zu kopieren.

Israelische Eliteeinheiten werden zur Basis gerufen, und auf dem Weg berichten sie über die apokalyptischen Szenen, die sich auf den Straßen im Süden ereignen: lange Reihen ausgebrannter Autos, Leichen überall am Straßenrand und lodernde Feuer. Als sie näher zur Basis kommen, bemerken sie die Motorräder der Angreifer neben einem Zaun. Es stellt sich heraus, dass die Hamas in eine nahe gelegene Basis eingedrungen ist, nicht die richtige. Den Bunker der Unit 8200, von dem aus die Satelliten abgehört werden, hat sie verfehlt.

8:21, HaHetz HaShahor

Der Hügel mit der Gedenkstätte im Grundriss eines Pfeils, von dem aus man die Straßenkreuzungen in der Umgebung überblicken kann und auch die Stadt Gaza sieht, ist ein beliebter Picknickplatz, und das Denkmal erinnert an die Kämpfe der 1950er-Jahre. Hier, an diesem historischen Ort, von dem aus man die Umgebung kontrollieren kann, errichtet die Hamas jetzt ein logistisches Einsatzzentrum, organisiert Hinterhalte an strategischen Kreuzungen und späht, ob israelische Verstärkung eintrifft. Die Hamas umgibt den Hügel mit zwanzig gepanzerten Fahrzeugen mit aufmontierten schweren Maschinengewehren, richtet Munitionsdepots ein, stationiert mobile Feldküchen und schafft Verpflegung und Ausrüstung heran, die für viele Tage ausreichen. Von hier aus versucht die Hamas, den Weg zu bereiten für Kommandos, die nach Norden vordringen sollen, ins Zentrum Israels, nach Tel Aviv, Ramallah, in die jüdische Siedlung in Hebron, auf einen Luftwaffenstützpunkt, wo sie Flugzeuge in den Hangars in die Luft zu sprengen hoffen, und auch zum Kernreaktor in Dimona. Eine Schar Motorräder macht sich auf den Weg, um die Kreuzung

Yad Mordechai zu besetzen. Die Kontrolle über die Kreuzung und den angrenzenden Kibbuz würde ihnen Zugang verschaffen zu allen Städten im Süden und schließlich zur Fernstraße 4, die nach Tel Aviv führt.

Die Einsatztruppe «Tequila» des Inlandsgeheimdienstes Schabak – einige Dutzend Elitekämpfer – tritt als erste Antiterroreinheit in Aktion und versucht, die Hamas aufzuhalten. In den fünfundsiebzig Jahren ihres Bestehens hat die Einheit ganze sieben Kämpfer verloren. Jetzt kämpft sie unter Einsatz ihres Lebens, und zehn ihrer Soldaten fallen. Sie sind dafür ausgebildet, einen Angriff von ein paar Dutzend Hamas-Leuten zu parieren, nicht von Tausenden. Etwa zweihundert Terroristen werden getötet. Andere fliehen zu Fuß nach Gaza. Einzelnen gelingt es, sich in der Gegend zu verstecken. Im Laufe der langen nächsten Tage werden sie entdeckt – manche von ihnen erst, nachdem sie weiter gemordet haben.

8:30, Luftwaffe

Ein erster Hubschrauber vom Typ Apache half schon um 7:30 Uhr bei der Abwehr der Eindringlinge, die übers Meer gekommen waren. Ein zweiter Hubschrauber folgte fünfzehn Minuten später; aus diesem wurde dem Generalstab als Erstes über das Ausmaß des Angriffs berichtet – und über die Menge an Palästinensern, die weiterhin die Grenze überquerten, Dschihad-Einheiten, Kameraleute und Zivilisten. Dieser Hubschrauber wird zur Basis Nachal Oz geschickt, ein Soldat dirigiert ihn vom Boden über Whatsapp und informiert ihn, was er unter Beschuss nehmen soll. Viele Einheiten der Hamas tragen Uniformen der israelischen Armee, und die Piloten können nicht erkennen, wer Feind ist und wer nicht. Jetzt wenden sich die beiden Hubschrauber dem Grenzzaun zu, nehmen die Toyotas der Hamas unter Beschuss, von denen sehr viele unterwegs sind, und treffen in manchen Fällen auch Fahrzeuge, in denen Geiseln sitzen, die die Hamas nach Gaza bringen wollte.

8:32, Kibbuz Kerem Schalom

«Wie die Schafe zur Schlachtbank» lautet ein Wort aus der Bibel, das jemanden beschreibt, der unschuldig in den Tod geht, ohne Widerstand zu leisten. Der Ausdruck kursierte in der israelischen Gesellschaft jahrelang als kontrovers diskutierter Vorwurf gegen die Opfer der Nationalsozialisten. Nur wenige von ihnen hatten sich erhoben, sich gewehrt; Chancen hatten sie keine. Die heutigen Israelis leben mit der tief verwurzelten Vorstellung, dass die Juden Israels eine neue Generation sind, eine Generation, die kämpft – im Gegensatz zu den Juden Europas, die in die Mordgruben und Gaskammern marschierten, wie es ihnen ihre Mörder befohlen hatten. Jetzt, da Videoclips der Hamas kursieren, in denen ganze Familien zur Erschießung geschafft oder als Geiseln verschleppt werden, taucht unter den gepeinigten Israelis das verbotene Wort von den Schafen, die sich zur Schlachtbank führen lassen, wieder auf. Zwar hat in den attackierten Orten jeder Bürger, der eine Waffe halten konnte, auch eine in die Hand genommen, und viele haben ihr Leben geopfert. Allerdings hatte die Regierung in den letzten Jahren viele Waffen aus den örtlichen Depots abgezogen, mit der Behauptung, sie würden bei der Polizei und in den Siedlungen der Westbank fehlen. Die Anwohner nahe der Grenze blieben ohne die Mittel zurück, ihre Kinder zu verteidigen.

Fünf Zivilisten, Mitglieder der Einsatztruppe des am westlichsten gelegenen Kibbuz in Israel, halten, ganz auf sich gestellt, fünfzig Hamas-Leute in einem heldenhaften Kampf auf. Die Hamas-Terroristen hatten sich als Soldaten der israelischen Armee getarnt und eine Panzerstellung und einen kleinen Hügel eingenommen, von dem aus man den ganzen Kibbuz überblickt, und jetzt stürmen sie in Richtung der Häuser und beschießen sie mit Panzerabwehrgranaten. Während sechsstündiger heftiger Kämpfe versperrt die Einsatztruppe des Kibbuz der Hamas den Weg zu den Familien. Krankenwagen weigern sich zu kommen, solange das Feuer nicht eingestellt ist. Schließlich wird ein Hubschrauber zu ihnen stoßen und mit Raketen die meisten noch verbliebenen Angreifer töten. Der Kibbuz bleibt von einem Massaker verschont. Wie der Tattookünstlerin in Nir Am und den Bewohnern weiterer Ortschaften – Sa'ad, Alumim, Zikim, Magen, Ein HaBesor, Yesha – gelang es auch hier Zivilisten, über Stunden hinweg ein größeres Massaker der Hamas zu verhindern, bis ihnen die Munition ausging.

9:33

Das halbe Land nennt ihn einen «Verräter». Er war ruhmreicher stellvertretender Generalstabschef, und der Aufstieg an die Spitze schien ihm sicher, bis er 2016 in einer Rede am Vorabend des Schoah-Gedenktages erklärte, er sehe bestimmte besorgniserregende Entwicklungen, die man aus dem Europa der 1930er-Jahre kenne, auch in der heutigen israelischen Gesellschaft. Nach seiner Entlassung aus dem Dienst wurde er zu einer Schlüsselfigur bei den Protesten gegen Netanjahu. Jetzt, einundsechzig Jahre alt, nimmt er seine alte Uniform vom Bügel, als er erste Nachrichten über die Ereignisse im Süden hört. Aus dem Schrank seines Sohnes leiht er sich ein paar rote Militärstiefel. Während sich die Regierung Israels wegduckt, steigt Generalmajor Jair Golan in seinen Wagen und fährt los, ohne Genaueres zu wissen.

Seine Schwester schickt ihm eine Nachricht über drei junge Leute, die sich in den Feldern in der Nähe des Festivals versteckt halten, etwa fünfzehn Kilometer entfernt. Er fährt alleine auf den leeren Straßen, bis er zu einem Dickicht gelangt, und dort, zwischen den Tamarisken-Sträuchern, findet er sie. Sie fürchten sich, ihr Versteck zu verlassen, weil sie glauben, jemand werde auf sie schießen. Eine weitere Nachricht kommt, diesmal von einem Journalisten, dessen Sohn sich mit Freunden in einem Orangenhain verbirgt, unter Blättern versteckt. Golan sagt nur: «Schick den Standort!», und macht sich auf den Weg. Er erklärt den Flüchtenden, wie sie ihm entgegenkommen können: «Lauft der Sonne entgegen!»

Das Gelände ist noch immer voller Terroristen. Stundenlang reißen die Nachrichten und Anrufe nicht ab, und Jair Golan folgt den Bitten verzweifelter Eltern, fährt hin und her zwischen ausgebrannten Autowracks und holt traumatisierte junge Leute aus Gebüschen hervor.

9:35, Kfar Aza

Die muslimische israelische Nachrichtensprecherin Lucy Aharish ist verheiratet mit dem jüdischen Schauspieler Tsahi HaLevi, den man in Israel aus der Serie «Fauda» kennt. Wie alle ihre Freunde in den Medien wird Lucy seit dem Morgen mit Nachrichten von Bürgern überschwemmt, die um Hilfe flehen und seit Stunden ihre Haustüren verteidigen. Als Lucy begreift, dass der Staat sich in Luft aufgelöst hat und niemand sich um die Rettung kümmert, beginnt sie, die Standorte von Bürgern in Not zu notieren, und dirigiert Freunde ihres Mannes zu ihnen, ehemalige Kommandosoldaten, die als Freiwillige auf eigene Faust in den Kampf ziehen. Lucy wird zur Kommandozentrale.

9:35, Nachal Oz

Ein Livestream, der vom Telefon der fünfzehnjährigen Dafna Eliyakim gesendet wird. Die Terroristen zeigen die völlig verängstigte Familie. Neben Dafna ihr Vater Noam, von einer Kugel getroffen und mit einer blutenden Wunde am Bein. Seine Lebensgefährtin Dikla umarmt ihre gemeinsame achtjährige Tochter Ela. Daneben ihr Sohn aus einer früheren Ehe, der sechzehnjährige Tomer. Die Terroristen fordern Tomer auf, mit nach draußen zu kommen. Noam und Dikla versuchen, das zu verhindern, vergebens. Die Terroristen führen Tomer zu den Häusern der Nachbarn; er soll sie überzeugen, die Schutzräume zu verlassen. «Macht auf!», ruft Tomer auf Hebräisch und versichert den Nachbarn, dass ihnen nichts Schlimmes widerfahren werde. Als sie zum Haus der Familie Idan gelangen, ruft Tomer wieder: «Macht die Tür auf, macht die Tür auf!» Auf der anderen Seite der Stahltür hält der Vater Tzahi mit aller Kraft den Riegel fest.

Die Terroristen versuchen, den Schutzraum zu öffnen. Sie schießen, eine Kugel durchschlägt die Tür und trifft Tzahis Tochter Maayan, die gerade erst letzte Woche ihren achtzehnten Geburtstag gefeiert hat. Die Tür öffnet sich, die Terroristen fordern die Familie auf, die Leiche ihrer Tochter im Schutzraum zurückzulassen und ins Wohnzimmer zu kommen. Das ist noch mit Luftballons vom Geburtstag geschmückt. Die Mutter Gali bricht in Tränen aus. Die Hamas-Leute beschuldigen die Eltern, den Tod ihrer Tochter selbst verursacht zu haben, weil sie nicht wie gefordert geöffnet hätten. Der Vater ist wie erstarrt, sitzt auf dem Boden, regungslos. Die Mutter kümmert sich um die beiden anderen Kinder, die elfjährige Yael und den neunjährigen Shahar. Der weint bitterlich und fragt nach seiner toten Schwester: «Kommt sie nicht zurück?» Die Mutter Gali antwortet: «Nein, sie kommt nicht wieder.» Der Nachbarsjunge Tomer flüstert Gali ängstlich zu: «Macht, was sie euch sagen, damit sie euch nichts tun.» Die Hamas-Leute versichern Gali, dass sie keine Kinder töten. Sie verschleppen nur den Vater nach Gaza, zusammen mit zwei Amerikanerinnen, Mutter und Tochter, aus dem Nachbarhaus. Ein Terrorist nimmt Tomer mit und zwingt ihn, weitere Leute aus ihren Häusern zu locken. Tomer und seine Mutter Dikla werden später am Tag getötet.

9:45, Nir Oz

Der jüngste unter den Entführten ist Kfir, neun Monate alt. Gerade geht die Hamas mit einem Akkuschrauber auf die Haustür der Familie los und bricht sie auf. Der Vater Yarden schickt eine Nachricht an die Familie: «Sie sind drin.» Die Terroristen nehmen ihn und schlagen ihm mit einem Hammer auf den Kopf, bis das Blut strömt. Danach holen sie die Mutter, Shiri Bibas, mit Kfir und mit dem vierjährigen Ariel. Die Mutter lässt sich nicht davon abbringen, die beiden Kinder warm in eine Decke zu packen. Sie schützt sie, kämpft um sie, hält sie mit aller Kraft fest, hält ihnen die Augen zu, um sie vor dem Anblick draußen zu schützen, den Toten, den Gewehren zwischen den Schaukeln und der Hängematte im Garten. Eine Gruppe Bewaffneter umstellt sie. Ein palästinensischer Kameramann dokumentiert ihre Entführung. Shiri blickt verängstigt. Ein Bewaffneter sagt ihr: «Keine Angst, wir tun dir nichts, Frauen und Kindern tun wir nichts.»

Die sozialen Medien, über die sich das Gift der Hamas verbreitet, werden die einzige Quelle sein, aus der die Verwandten etwas über das Schicksal der Familie erfahren. Niemand von ihnen wird in den nächsten Tagen eine Nachricht oder irgendeine Unterstützung vom Staat bekommen. Ariel benötigt Medikamente, er leidet unter einer schweren Allergie, die lebensbedrohlich werden kann. Aber das Rote Kreuz schickt keine Medikamente, kümmert sich nicht.

Siebenundvierzig Tage später wird die Hamas behaupten, der Vater und die Kinder seien nicht in ihren Händen, sie habe sie an eine andere palästinensische Gruppe übergeben.

Dreiundfünfzig Tage später wird die Hamas ein Video verbreiten, in dem der Vater vor laufender Kamera in Tränen ausbricht, als man ihm erzählt, seine Kinder und seine Frau seien nicht mehr am Leben. Er wirkt stark abgemagert und befindet sich in einem katatonischen Gemütszustand. Die Hamas behauptet, seine Familie sei bei israelischen Luftangriffen gestorben.

Auch in Nir Oz massakriert die Hamas vierzehn thailändische Arbeiter in einem Gebäude in der Nähe des Tores. Einen Teil von ihnen ermordet sie mit landwirtschaftlichen Geräten wie Harken und Spaten. Mit dem israelisch-palästinensischen Konflikt haben die Thailänder nichts zu tun.

11:00, Basis Ketziot

Ein Reservistenbataillon, speziell ausgebildet als schnelle Eingreiftruppe für den Fall des Eindringens von Terroristen in die Ortschaften des Gazagürtels, ist vollzählig angetreten. Sie finden den Schlüssel zur Waffenkammer nicht. Die nächsten zwölf Stunden werden sie hier sitzen und auf den Schlüssel warten.

11:30, Luftwaffe

Ein Kampfhubschrauber kreist über das Todesfeld beim Open-Air-Festival in Re'im, nimmt Terroristen unter Beschuss und trifft auch junge Israelis. Es befinden sich jetzt acht Helikopter in der Luft, aber es gibt keine Aufklärung, die sie leiten könnte. Zum allerersten Mal in der Geschichte des Landes geschieht es, dass Terroristen auf israelischem Gebiet Raketen auf Hubschrauber abfeuern. Die Piloten empfangen auf ihren Smartphones Bilder von den Massakern in den Kibbuzim, und in Echtzeit flehen ihre Familien und Freunde um Hilfe. Einer der Piloten wird über Whatsapp von seiner Familie gerufen, die sich im Schutzraum verbarrikadiert hat, während die Terroristen im Wohnzimmer daneben sind; der Pilot feuert eine Salve etwa dreißig Meter neben das Haus, in der Hoffnung, so die Terroristen zu verjagen. Über Funk bekommen die Piloten den Befehl, nicht weiter auf Ziele innerhalb der Ortschaften zu schießen.

Laut Enthüllungen der *New York Times* werden die Hubschrauber innerhalb der nächsten Stunde, als Panik um sich greift, einen haarsträubenden Befehl erhalten: «Ein Rückzug der feindlichen Kräfte auf das Gebiet des Gazastreifens ist zu verhindern, jeder solche Versuch ist unter allen Umständen zu unterbinden. Israelische Staatsbürger dürfen nicht nach Gaza gelangen.» Dieser Befehl bedeutet, auf alle Hamas-Fahrzeuge zu schießen, die zurück nach Gaza fahren, auch um den Preis, dabei Geiseln zu treffen. Die Luftwaffe beschießt etwa siebzig Fahrzeuge der Hamas auf der palästinensischen Seite der Grenze. Geiseln, die bei ihrer Entführung noch lebten, werden getroffen, und die Hamas behält ihre Leichen als Faustpfand für einen Deal. Jahrelang galt bei der israelischen Armee die geheime Hannibal-Direktive, benannt nach dem karthagischen Heerführer, der sich das Leben nahm, um seine Gefangennahme zu vermeiden. Gemäß dieser Direktive ist die Entführung von Soldaten zu verhindern, auch dann, wenn die Gefahr besteht, sie selbst dabei zu treffen – nach dem Motto «Besser eine tote Geisel als ein lebender Gefangener». Die Direktive wurde im Jahr 2000 als illegal außer Kraft gesetzt, aber jetzt taucht sie wieder auf und verfolgt uns weiter.

11:34, Büro Netanjahu
Die erste Reaktion des Regierungschefs, fünf Stunden nach den ersten Sirenen. Er verkündet eine breit angelegte Mobilisierung von Reservisten und verspricht: «Der Feind wird einen Preis zahlen, wie er ihn noch nicht gekannt hat.»

11:50
Ausländische Fluggesellschaften stellen ihre Flüge ein. Die Raketen aus Gaza erreichen weiterhin alle Teile Israels.

12:00 Be'eri
Massen von Einwohnern des Gazastreifens zwischen vierzehn und sechzig Jahren strömen über die Grenze – mit Mopeds, Autos, zu Fuß und zu Pferd. Sie kommen mit Messern, Heugabeln, Macheten, Hämmern und mit Taschen für die Beute. Manche von ihnen entführen Israelis nach Gaza, manche ziehen von Haus zu Haus, beteiligen sich an den Massakern und Vergewaltigungen. Einer von ihnen schlägt einem Mann und einer Frau mit einem Hammer die Köpfe ein. Sie schießen auf ein zehn Monate altes Mädchen. In einigen Häusern trennen sie die Familienmitglieder vor ihrer Entführung voneinander, sodass in den langen Monaten, die folgen sollten, Mütter und Väter nicht wissen werden, welches ihrer Kinder ermordet, welches entführt wurde, oder wie es ihren Ehepartnern ergangen ist. In manchen Häusern werden drei Generationen hingerichtet. In anderen ziehen sich die Misshandlungen über Stunden hin, bis die Opfer tot sind. In Dutzenden Fällen werden den Menschen Körperteile abgeschnitten. In vielen Häusern werden die Haustiere zusammen mit den Familien getötet.

In Be'eri verschonen die Terroristen niemanden. Vivian Silver, eine der mutigsten Anführerinnen im Kampf für den Frieden, eine Kämpferin für Gerechtigkeit, Mitbegründerin der Organisation «Women Wage Peace» und des «Arab-Jewish Center for Equality, Empowerment and Cooperation», die seit fünfzig Jahren für die Rechte von Frauen streitet – ermordet. Kranke und Alte, Pfleger, Christen, Gastarbeiter – alle ermordet. Zwischendurch suchen sich die Terroristen idyllische Ecken für ihre Pausen, um zu essen und sich zu erfrischen; sie haben es nicht eilig. In den Kamerabildern sieht man Terroristen, wie sie auf den Wegen des Kibbuz auf Fahrrädern hin und her fahren, als sei alles ganz normal. Aber rundherum – Blut in jedem Winkel, auf jedem Pfad, in den Babybetten. Leichen auf der Erde. Verbrannte Menschen in einem Auto, ihren gepeinigten Ausdruck kann man auch erkennen, obwohl nur ein schwarzer Klumpen von ihnen geblieben ist. Die Kreditkarten der Opfer, die die Eindringlinge ihnen genommen haben, nutzen sie, um damit auf russischen Webseiten einzukaufen. Dutzende der Menschen, deren Leichen sich hier in den nächsten Stunden häufen werden, waren behindert. Manche waren Kinder. Erst um 13 Uhr erreichen kleine Einheiten der Armee den Kibbuz, aber sie sind in der Unterzahl.

12:00, Nir Oz

Hier ereilt viele Kinder das Schicksal, entführt zu werden – das kleinste von ihnen zwei Jahre alt, manche ohne ihre Eltern oder nachdem sie die Ermordung ihrer Familie mit ansehen mussten. Auch über Achtzigjährige sind dabei, denen man ihr Hörgerät, ihre Brille, ihre Kleidung, sogar ihre Sauerstoffflaschen wegnimmt. Die Terroristen sprengen den Krankenwagen des Kibbuz in die Luft. Sie werden begleitet von einem TV-Reporter der Hamas, der seinen Zuschauern live begeistert die Plünderungen zeigt, auch verängstigte Bewohner, die vor laufender

Kamera auf kleine E-Mobile und die Anhänger von Traktoren verladen werden.

12:00, Kibbuz Kissufim

Ein junger Soldat findet bei der Leiche eines Hamas-Kämpfers ein Funkgerät. Er gibt es weiter an einen muslimischen Kameraden, der ihm den Funkverkehr der Hamas aus dem Arabischen übersetzt und so bei der Aufklärung hilft. Die Kämpfe werden erst am nächsten Morgen zu Ende gehen.

12:00, Supernova-Festival

Einige Zivilisten, jüdische wie arabische, fahren schon seit Stunden hin und her, um auf eigene Faust Verwundete zu evakuieren. Sie laden sie dichtgedrängt in ihre Autos oder auf die Ladefläche. Einer von ihnen ist ein Treibstoffhändler aus einem kleinen Moschav, Rami Davidian. Unter den Angehörigen der jungen Leute wird sein Name weitergereicht, und über sein Telefon wird er bestürmt von Eltern, deren Kinder blutend irgendwo draußen liegen. Sie geben ihm deren Standorte durch und flehen ihn unter Tränen an, sie zu finden. Um 8 Uhr morgens war es Rami noch gelungen, den vielen jungen Leuten, die zu Fuß entkommen waren, einen sicheren Fluchtweg über die Felder zu zeigen, indem er voranfuhr. Etwa vierhundert von ihnen erreichten seinen Moschav, der wie durch ein Wunder von der Hamas verschont geblieben war. Jetzt bahnt sich Rami seinen Weg durch Haine, Plantagen und Wadis, er sucht nach Lebenszeichen bei Paaren, die im Tod umarmt liegen, sieht Leichen ohne Hände, junge Frauen mit Schusswunden von der Größe einer Coca-Cola-Flasche, Mädchen, die nackt an einen Baum gebunden sind, aneinandergefesselte Paare, die zusammen erschossen oder angezündet wurden. Er wird bis in die Nacht hinein weitersuchen, getrieben von der schrecklichen

Vorstellung, dass Schakale sich über die Leichen hermachen könnten.

Zur gleichen Zeit versteckt sich Avigail, zwanzig Jahre alt, in einem Auto. Sie ist allein geblieben, seit ihre Freunde am Morgen erschossen wurden bei dem Versuch, mit dem Wagen vom Festivalgelände zu entkommen, und sie das Steuer aus den Händen des toten Fahrers übernommen hat. Von Zeit zu Zeit ruft sie flüsternd ihre Eltern an. Sie hört Frauen um ihr Leben flehen.

Jetzt nähern sich Terroristen, um das Auto in Brand zu stecken. Sie flieht, als die Flammen hochschlagen und die Leichen ihrer Freunde erfassen. Sie ist auf der Straße, alles brennt, alles ist voller Leichen, Terroristen entdecken und verfolgen sie und schießen. Als sie nicht mehr weiterkann, gibt sie auf, lässt sich ins Gebüsch fallen und murmelt ein Gebet, «Schma Jisrael». Hände zerren sie aus den Sträuchern hervor, unter Rufen auf Arabisch. Sie nehmen ihr das Telefon weg und schießen darauf. Sie versucht, mit ihnen Französisch zu sprechen, um sie zu verwirren. Sie zerren sie in ein Auto, quetschen sie zwischen andere Terroristen auf die Rückbank. Auf dem Weg nach Gaza schießen israelische Streitkräfte auf das Auto, das vom Weg abbiegt und quer durch die Felder rast. Es folgt eine Schießerei zwischen Hamas-Leuten und Israelis, die sie verfolgen. Die Terroristen stecken Avigail in den Kofferraum, rasen weiter. Ihr schwindet langsam das Bewusstsein, das Schießen hört nicht auf. Schließlich kollidiert das Auto mit einem anderen Fahrzeug. In der Dunkelheit des Kofferraums hört sie Hebräisch und wieder Schüsse. Sie klopft von innen an die Kofferraumklappe und ruft: «Help me!» Soldaten öffnen den Kofferraum und holen sie heraus.

Auf den Feldern liegen zu diesem Zeitpunkt 347 Leichen von jungen Menschen verstreut. Das Massaker ist vorüber.

Ein Siebzigjähriger läuft einsam über Felder und sucht seinen Sohn. Wie durch ein Wunder findet er ihn lebend.

12:30
Die Presseredaktionen in Tel Aviv werden bestürmt von Tausenden Eltern, die ihre Kinder suchen, und von Angehörigen, die flehen, die Armee solle ihren Liebsten zu Hilfe eilen, die sich irgendwo im Süden versteckt halten. Die Journalisten beginnen erst jetzt zu begreifen, was sich auf dem Festival abgespielt hat.

13:27, Kibbuz Cholit
Die Terroristen halten einen vier Monate alten Säugling in die Kamera und seinen vom Splitter einer Handgranate verletzten vierjährigen Bruder. Die Mutter der Kinder wurde ermordet. In einem der Häuser finden Terroristen die zweiundzwanzig Jahre alte Avital Aladjem, die sich gemeinsam mit einem Nachbarn in einem Schrank versteckt. Sie ermorden den Nachbarn, zerren Avital aus dem Schrank und drücken ihr das Baby in die Hand, das gerade zur Waise geworden ist. Sie schaffen sie hinaus, um die drei über die Grenze nach Gaza zu entführen. Sie nutzen sie als menschliche Schutzschilde. Ein Terrorist trägt den Säugling auf den Schultern wie einen Sack, und das Kind hört nicht auf zu schreien. Sie überqueren die Grenzanlagen und sehen bereits die ersten Häuserreihen von Gaza, da ändert der Terrorist seine Meinung, setzt das Kind ab und macht ihnen Zeichen, sie sollen gehen. Avital bleibt mit den Waisen an der Grenze zurück. Die Explosionen reißen nicht ab, eine weitere Gruppe Terroristen nähert sich, und Avital schafft es, sich mit den Kindern zu verstecken. Sie entkommen. Al Jazeera wird ein Video verbreiten, in dem die Freilassung von Avital und den Kindern an der Grenze zu sehen ist, als Beleg dafür, wie human sich

die Hamas gegenüber Zivilisten verhalten habe. Die Leiche der Mutter der beiden Kinder wird erst drei Tage später entdeckt, vermint mit Sprengladungen.

13:28

Aus Furcht vor weiteren inneren Eskalationen ruft der Minister für innere Sicherheit, ein Mann der extremen Rechten, im ganzen Land den Notstand aus und beschließt, alle Sicherheitskräfte zu bewaffnen.

13:46

Im Süden des Landes fällt der Strom aus, und auch die Mobilfunknetze brechen zusammen. Die israelische Armee greift einundzwanzig Ziele der Hamas an. Der Luftalarm hört nicht auf.

14:30, Kibbuz Nirim

Kai Laban wurde erst vor neun Tagen geboren. Seine Großmutter Deborah steckt ihm ihre Hand in den Mund, damit er still ist, während seine Eltern die Klinke des Schutzraums festhalten, um den Terroristen den Zutritt zu verwehren. Die Terroristen stapeln Möbel auf einen Haufen und setzen das Haus in Brand. Sie zünden auch den Hund der Großmutter an, der im Wohnzimmer nicht aufhört zu jaulen. Die Eltern rufen in Chatnachrichten um Hilfe, und Mitglieder der Einsatztruppe versuchen, zu ihnen durchzukommen, aber es haben sich gerade sechzig Terroristen versammelt, so kommt es zum Kampf. Rauch dringt in den Schutzraum, und von Zeit zu Zeit, wenn es kurz sicher scheint, öffnet der Vater das hintere Fenster einen Spalt weit. Sie legen Kai auf die Fensterbank, damit er Luft bekommt. Als ein Terrorist vorbeikommt, legen die Eltern das Neugeborene schnell auf das Bett, schließen das Fenster und ducken sich. Gelegentlich schießen die Terroristen aus Spaß auf den eisernen Fensterladen des Schutzraums. So geht das sechs Stunden.

14:45, Stützpunkt Nachal Oz

Einer Aufklärerin und sechs Soldaten gelingt es, durch eine Luke im Toilettenraum zu entkommen, während die Einsatzzentrale brennt. Die Hamas hat Gasgranaten und extrem starke Brandmittel hineingeschleudert. Alle anderen sind erstickt und verbrannt. Sechsundsechzig Leichen neben zahlreichen Schwerstverwundeten, die im Sterben liegen.

Die Soldatin Noa Marciano ist eine der sieben, die lebend von hier entführt werden. Fünf Wochen später wird die Hamas ein Video verbreiten, in dem sie in die Kamera spricht und davor warnt, sie könne von den israelischen Bombardements getroffen werden. Am Ende des Videos wird ihr Leichnam eingeblendet. Der Geheimdienst weist später nach, dass sie sofort nach der Aufnahme des Videos im Al-Schifa-Krankenhaus in Gaza ermordet und ihre Leiche im Hof eines Hauses abgeladen worden ist.

17:28, Be'eri

Hunderte Soldaten, Dutzende Militärfahrzeuge, lange Konvois, die sich vor dem gelben Tor von Be'eri und auf den Straßen außerhalb des Kibbuz drängen, die Soldaten von Kopf bis Fuß bereit für den Kampf, begleitet von Kampfhunden – aber sie rücken nicht vor, warten auf einen Befehl, und keiner weiß, wer hier das Sagen hat. Ein totales Chaos auf der Kommandoebene. Be'eri steht in Flammen, und neben dem Friedhof brennen gepanzerte Geländewagen der Polizei. Jair Avital, der letzte Überlebende der Einsatztruppe, wird aus der Zahnarztpraxis des Kibbuz evakuiert. Dort hatte er sich verletzt stundenlang in einem Küchenschrank versteckt und sich tot gestellt, nachdem die Terroristen die Praxis eingenommen hatten. Als er auf einer Trage nach draußen gebracht wird, sieht er die Soldaten zu Hunderten und fleht sie an: «Sie schlachten uns da drinnen ab, warum geht ihr nicht rein?» – «Das Gelände drinnen ist nicht frei von Terroristen, wir warten auf Befehle», antworten sie. Er fragt, auf wessen Befehl. Aber niemand ist zuständig. Drinnen gibt es nur wenige Elitesoldaten und mutige Zivilisten, die aus allen Teilen des Landes gekommen sind und seit Stunden trotz des Beschusses hineingehen und Verletzte evakuieren, aber die Armee steht untätig vor dem Tor. Drinnen ebbt das Morden ab. Fünfundachtzig Einwohner Be'eris sind tot, sechsundzwanzig entführt. Das Schicksal von weiteren vier ist unbekannt.

22:28, Sderot

Die Hamas hat sich seit dem Morgen in der Polizeistation der Stadt verschanzt. Der Armee wird klar, dass es keinen Weg gibt, das verminte Gebäude einzunehmen, auch nicht über das Dach. Darum entscheidet man, das Gebäude mit den Terroristen darin zum Einsturz zu bringen. Ein Panzer rollt ins Herz der Stadt Sderot und beschießt die Polizeistation, die aus bewehrtem Beton errichtet wurde, aber die tragende Struktur bleibt stehen. Der Panzer beschießt das Gebäude mit einer Granate, und es geht in Flammen auf. Als Nächstes beschießt ein Helikopter es aus der Luft. Eine Planierraupe und weitere Baugeräte werden herangeschafft, um die Mauern abzutragen und die Leichen der Polizisten zu bergen.

23:13, Be'eri

Ein unverzeihlicher Vorfall in Be'eri. Er beginnt in der Essecke im Haus von Pesi Cohen, einer Witwe, die einen Kunstzirkel für

Senioren gegründet hatte. Sie wohnte in der Siedlung Ashlim Bet, auf der östlichen Seite. Dort haben sich seit dem Mittag vierzig Terroristen verschanzt und halten fünfzehn Geiseln gefangen, die sie aus den umliegenden Häusern verschleppt haben. Unter ihnen die zwölfjährigen Zwillinge Yanai und Liël, zusammen mit ihrer Tante Ayelet, die sie großzieht, denn die Mutter, ohne Mann, ist seit der Geburt der Zwillinge gelähmt. Unter ihnen auch ein junges Paar, das früh am Morgen zu Fuß vom Festival geflohen war und dachte, hier in Be'eri würde es Schutz finden. Ein muslimischer Busfahrer, vom Festival entführt, wird von den Hamas-Leuten als Dolmetscher festgehalten. Den Schwager von Pesi haben die Terroristen ermordet, und jetzt wollen sie sich mit den Geiseln nach Gaza absetzen, aber sie wissen, dass es im Kibbuz bereits wimmelt von Einsatzkräften der Armee.

Der Kommandeur des Hamas-Trupps, Hasan, verlangt von Yasmin, der jungen Frau vom Festival, sie solle die Polizei anrufen und sagen, er wolle für sich, seine Truppe und die Geiseln freies Geleit nach Gaza. Andernfalls würde er beginnen, die Geiseln zu exekutieren. Militärjeeps umstellen das Haus, und die heftigen Schusswechsel halten eine Ewigkeit lang an. Die Hamas-Terroristen nutzen die Zivilisten als menschliche Schilde, aber die Armee hört nicht auf zu schießen. Die Terroristen legen sich flach auf den Boden, auch die Geiseln. Die zwölfjährigen Zwillinge schreien und flehen um ihr Leben, die erwachsenen Paare halten sich an den Händen und pressen sich auf den Boden. Hasan, der Kommandeur, gibt auf. Er zieht sich aus bis auf die Unterhose und nimmt Yasmin als Schutzschild mit nach draußen. Das Schießen hört auf. Die Soldaten befehlen ihm, auch noch die Unterhose auszuziehen, und er, nackt, hält immer noch Yasmin fest. Die zwei erreichen die Straße, Hasan lässt Yasmin frei und wird zum Verhör gebracht.

Hasan ruft seine Kameraden auf, ebenfalls hinauszukommen, und sie, als Antwort, schießen auf ihn. Seinen Verrat verzeihen sie ihm nicht. Hasan erklärt den Soldaten, er gehöre zu einer gemäßigten Fraktion der Hamas, während ein Teil der Terroristen im Haus radikaler sei als er und bis zum Tod kämpfen werde. Polizisten versuchen, über Megafon mit den Terroristen zu verhandeln. Die Antiterroreinheit Yamam schießt zwei Panzerabwehrraketen auf das Haus. Ein Soldat wendet sich an einen Offizier im Rang eines Brigadegenerals, der das Kommando hat, und wirft ihm vor: «Das ist eine Schande!» Der entgegnet: «Ich weiß.»

Über die Wege des Kibbuz rollt ein Panzer heran. Der Brigadegeneral befiehlt, der Panzer solle seine Kanone auf das Haus richten. Yasmin ist entsetzt. Ihr Partner ist im Haus. Offiziere erklären ihr, sie würden nur auf die Seiten zielen, um die Wände zum Einsturz zu bringen. Die Truppe ist erschöpft, steht unter Zeitdruck, merkt, dass sie sich nicht länger um Geiselnahmen kümmern kann, und will die Sache zu Ende bringen. Die Offiziere der Division sind sich einig, dass massenhafte Geiselnahmen an mehreren Orten gleichzeitig das Land in eine Lage bringen, als würde eine Realityshow in der Hölle aufgezeichnet. Die zahllosen Leichen und die grauenvollen Szenen dieses Tages haben sie abstumpfen lassen. Bei über tausend Toten und Hunderten Entführten – was sind da vierzehn Geiseln? Keiner hält empathisch inne und denkt darüber nach, dass jeder von diesen Menschen eine ganze Welt in sich trägt.

Der Panzer feuert die erste Granate ab, zielt dabei nach unten, dann mit der zweiten in Richtung Dach. Die Geiseln werden getroffen, liegen im Todeskampf, sterben an den Wunden, die Granatsplitter in ihre Körper gerissen haben. Eine einzige Geisel überlebt. Alle anderen sind tot. Auch die Zwölfjährigen.

1:30, Ofakim

Seit achtzehn Stunden sind Rahel Edri, vierundsechzig Jahre alt, und ihr Mann David, achtundsechzig Jahre alt, in der Gefangenschaft der Hamas; es ist Davids Geburtstag. Die Hamas-Leute, bewaffnet mit Handgranaten und Panzerabwehrraketen, verschanzen sich im Haus. Der Sohn von Rahel und David, ein Polizist, stößt draußen auf der Straße zu den Einsatzkräften, die mit den Terroristen verhandeln, und zeichnet ihnen eine Skizze des Hauses als Vorbereitung für eine Evakuierung. Einer der Terroristen stellt Rahel ans Fenster, mit einer Handgranate mit gelöster Sicherung auf dem Kopf. Rahel entschließt sich, freundlich zu den Eindringlingen zu sein. Sie bietet ihnen Kaffee und selbst gebackene Kekse an und kocht für sie. Sie bringt sie zum Reden, fragt, wie alt sie sind und was sie arbeiten, und als sie nicht aufpassen, signalisiert sie vom Fenster aus den Polizisten mit fünf Fingern, dass fünf Terroristen im Haus sind. Ein Terrorist bekommt das mit und schlägt ihr sein Magazin auf den Kopf.

Zwei Terroristen gehen die Treppen hinunter in die untere Etage, und ein Trupp der Yamam erschießt den einen und verwundet den zweiten. Rahel bietet dem Verwundeten Wasser an und gibt ihm Ananas zu essen. So sitzen sie nebeneinander auf dem Sofa, die beiden Eheleute und die Hamas-Kämpfer, als die Yamam eine Blendgranate ins Haus wirft und dann attackiert. Ein heftiger Schusswechsel, Kampfhunde greifen an. Das Ehepaar bleibt am Leben und wird evakuiert.

Sonntagmorgen, 6:29

Der Himmel ist grau, der Boden verbrannt, erst am nächsten Tag wird Regen herabtröpfeln und den Ruß wegwaschen. Vierundzwanzig Stunden nach der ersten Sirene geht die Sonne auf, ihre Strahlen werden verschluckt von den Rauchsäulen, die sich langsam auflösen. Aus der Perspektive einer Drohne kann man Be'eri sehen, weitgehend abgebrannt, ein toter Ort. Die Suchtrupps beginnen, von Haus zu Haus zu gehen, es wird Tage dauern. Ein Teil der Leichen ist mit Sprengfallen versehen, und die Armee geht kein Risiko ein, lässt Einheiten kommen, die auf die Räumung von Munition spezialisiert sind, sprengt Häuser, kommt nur langsam voran. Verwesungsgeruch liegt in der Luft.

Die Menschen suchen vergeblich nach ihren Liebsten, eilen von einem Krankenhaus zum nächsten, stürmen auf ihrer Suche in die Operationssäle. In manchen Orten ist einer von vier Einwohnern ermordet oder entführt. Während die Suchtrupps von Haus zu Haus ziehen, finden sie zehn Monate alte Zwillinge, versteckt in einem Schrank neben den Leichen ihrer Eltern. Die Kämpfe flauen ab. Soldaten geleiten, noch immer unter Feuer, Familien aus den Schutzräumen. Stück für Stück erringt die Armee wieder die Kontrolle über die besetzten Ortschaften.

Wer werden wir sein, wenn wir aus der Asche auferstehen?

4. Bürgerkrieg

Nach vier Wahlen ohne Entscheidung, zu einer Zeit, als das Volk beinahe in zwei gleich große Lager zerfiel, wurde Ende Dezember 2022 Israels siebenunddreißigste Regierung vereidigt. Die neuen Minister aber entpuppten sich als eine Riege von Tiktok-Provokateuren, zum Teil vorbestraft, Schlägertypen, gleichzeitig an Gottes-, Minderwertigkeits- und Rachekomplexen leidend, darum wetteifernd, wer von ihnen am derbsten fluchen konnte. In einem kathartischen Siegeswahn schien ihnen alles möglich. Innerhalb einer Woche brachen sie eine Revolution vom Zaun, nicht aber in Form eines besonderen Fleißes oder Eifers, ihre Ministerien zu reformieren oder neu auszurichten. Im Gegenteil, kaum einer der neuen Minister funktionierte in seinem Ressort, sie alle machten lediglich dadurch auf sich aufmerksam, dass sie absurde, unprofessionelle Weisungen erließen, die den öffentlichen Apparat lahmlegten.

Doch der eigentliche Tsunami war: die Plünderung öffentlicher Kassen für die eigene Klientel; mehrere religiös geprägte Blitzgesetzgebungsverfahren, die darauf ausgerichtet waren, Menschenrechte und insbesondere die Rechte von Frauen und Minderheiten einzuschränken; ein Frontalangriff auf die freie Presse mit dem erklärten Ziel, diese mit legislativen und wirtschaftlichen Tricks nachhaltig zu beschädigen; und eine stete, brutale Hetze gegen die Opposition in der Knesset. Was dann am Ende aber für die größte Aufmerksamkeit sorgte, war eine «Reform zum Umbau des Rechtssystems». Eine «Reform zugunsten der Regierbarkeit», wie sie es nannten: «Wir haben von der Öffentlichkeit das Mandat erhalten zu regieren, doch Beamte und Richter hindern uns daran.» Aber das waren nur Vorwände, die verschleiern sollten, worum es eigentlich ging: der Regierung gewaltige, uneingeschränkte Macht zuzuschanzen, ohne Korrektiv und ohne Kontrolle.

Zu diesem Zweck wollten sie das Richterwahlverfahren ändern, um es letztendlich politisieren zu können; sie wollten die Befugnis des Obersten Gerichtshofs außer Kraft setzen, der von der Knesset erlassene Gesetze oder Entscheidungen für ungültig erklären kann, falls diese der Angemessenheit entbehren oder Grundrechte verletzen; und nicht zuletzt sollten die Rechtsberater der Ministerien künftig zu politischen Amtsinhabern werden, ernannt auf Zeit und von Gnaden der Regierung. Netanjahus Reden an das Volk gerieten zu einer endlosen Aneinanderreihung von Lügen, so etwa, wenn er behauptete, die Reform sei nur eine Anpassung, die in so gut wie allen Demokratien auf der Welt schon existiere. Er selbst enthielt sich zwar weitgehend vulgärer Auftritte, doch um ihn herum wurde ein ganzes Geschwader von Volksvertretern, darunter auch sein Sohn, nicht müde, den öffentlichen Diskurs in eine Kloake aus Verunglimpfungen und Hetze zu verwandeln.

Von Thomas Friedman, einem der wichtigsten Journalisten der Vereinigten Staaten, stammt das Diktum, politische Entwicklungen in Israel würden nicht selten von weiterreichenden Entwicklungen in den westlichen Demokratien künden, wie Off-Theater-Inszenierungen, die es schon bald an den Broadway schaffen. Im kleinen Israel schlüpften die Schwalben eben schneller.

Hätte Netanjahu seine Schachzüge geduldig und über Jahre hinweg vollzogen, wäre ihm das Manöver wohl gelungen. Die gemäßigte Öffentlichkeit hätte, wie der sprichwörtliche Frosch im allmählich zum Kochen gebrachten Wasser, wohl nicht den entscheidenden Anstoß gefunden, der sie rechtzeitig zurück auf den Plan gerufen hätte. Doch Netanjahu hatte es eilig, die Anklagen gegen ihn wegen Korruption und Amtsmissbrauch spornten ihn und seine Mitstreiter an. Rasch starteten sie eine Kampagne, um ihn vor einer Haftstrafe zu bewahren. Seinen Wählern tischte Netanjahu die Mär auf, Israel werde de facto von einer liberalen Junta aus Juristen und Journalisten kontrolliert. Diese würden die Werte der Globalisierung und die Interessen von Eliten einem Volk aufzwingen, das nichts weiter als Tradition, nationale Besinnung und Einfachheit wünsche. Er erzählte, es handle sich um eine aschkenasische Junta, die gegen die Menschen in der Peripherie arbeite, gegen Religiöse und Nationalreligiöse, die überdies der israelischen Armee bei ihrem Kampf gegen den Terror Fesseln anlege und die ihn persönlich verfolge.

Die Botschaft kam an. Ein TV-Nachrichtensender, den ein Netanjahu nahestehender Oligarch gegründet hatte, legte durch gewaltverherrlichende Hetze mächtig bei den Einschaltquoten zu und machte über Nacht unbedeutende, gescheiterte Figuren vom rechten Rand zu Primetime-Stars, zu Meinungsführern, die dazu aufrufen durften, die Präsidentin des Obersten Gerichtshofs, die Opposition und vormalige Regierungen allesamt ins Gefängnis zu stecken. «Die Demonstrationen», gemeint waren die gegen die Justizreform, «werden vom Iran und von Deutschland finanziert», hieß es dort gebetsmühlenartig. Netanjahu folgte akribisch dem Lehrbuch, das schon in Ungarn funktioniert hatte und auch bei Putin.

Netanjahus Albtraumkoalition stützt sich auf den Vorsitzenden einer orthodoxen Partei, einen in drei Fällen von Korruption und Amtsmissbrauch rechtskräftig verurteilten Mann, der die Justiz daran hindern wollte, ihm aufgrund seiner Vorstrafen zu untersagen, erneut ein Ministeramt zu bekleiden. Seinen Wählern redete er ein, man verfolge ihn nur, weil er aus Marokko stamme. Gewählt als Repräsentant von sozial benachteiligten, einkommensschwachen Schichten, verstand er es gut, seinen über die Jahre angesammelten Immobilienbesitz und luxuriösen Lebensstil zu verschleiern.

Dem Vorsitzenden einer anderen ultraorthodoxen Partei in Netanjahus Koalition hingegen ist es allein darum zu tun, seine Klientel möglichst von allgemein geltenden bürgerlichen Pflichten zu entbinden und ihr zu ermöglichen, die öffentlichen Kassen zu schröpfen – Vorhaben, die ebenfalls von Richtern wiederholt vereitelt wurden. Derweil hat einer seiner Parteikollegen schon verkündet, Homosexuelle seien gefährlicher als die Hamas und die Hisbollah. In Tel Aviv, einer freien Stadt, was das Leben von Homosexuellen betrifft, lassen sich solche Sprüche als Anstachelung zu Übergriffen verstehen.

Währenddessen wurde in Netanjahus eigener Partei, dem Likud, der «Bibismus» zur eigentlichen Ideologie. Hier gilt nicht länger irgendeine Weltanschauung, sondern das dogmatische Festhalten an einem Menschen, den man rückhaltlos verehrt – und dessen Versagen zur größten Katastrophe in der Geschichte des Zionismus führen sollte. Auch leidet die Partei an einer wuchernden Krankheit, nachdem die Stimmenbeschaffer, Funktionäre und Parteisoldaten sich zu fragen begannen: «Warum eigentlich sind nicht wir die gewählten Volksvertreter, anstatt bloß Stimmen für die Parteigranden zu mobilisieren?» Solche Leute nutzten dann ihre Basis und wurden auch gewählt, ohne die geringste Erfahrung oder irgendeinen Wertekanon zu besitzen. Dafür aber brachten sie die ihnen bestens vertrauten Methoden, einander Jobs zuzuschieben, und andere höchst fragwürdige Kungeleien mit in die Knesset. Solche Fähigkeiten sollten schon bald wesentlich zur Rolle eines israelischen Parlamentariers gehören.

Die gefährlichste Partei in Netanjahus Koalition jedoch ist sicherlich das Bündnis aus den Nationalreligiösen mit der extremistischen «Otzma Jehudit». In jeder Geschichte vom Zusammenbruch einer Demokratie gibt es den Moment, in dem ein vulgärer, gewalttätiger Provokateur von der Straße plötzlich zum Weisungsbefugten der Polizeikräfte wird, die ihn noch kurz zuvor festgenommen hätten. Gegen Itamar Ben-Gvir wurden insgesamt dreiundfünfzig Anklagen erwirkt, in acht Fällen wurde er wegen rassistischer Aufhetzung, Unterstützung einer jüdischen Terrororganisation, Landfriedensbruch und Behinderung der Polizeiarbeit rechtskräftig verurteilt. Zudem wurden ihm in achtundsiebzig Fällen Verkehrsvergehen zur Last gelegt. Doch dieser rechtsextreme Brandstifter und Provokateur wurde nach den letzten Wahlen von Netanjahu zum Minister für Nationale Sicherheit ernannt. Sein Bündnispartner Bezalel Smotrich ist noch als der Mann erinnerlich, der verlangte, man müsse jüdische und muslimische Mütter auf der Entbindungsstation trennen. Auch er behauptet, dass es so etwas wie einen jüdischen Terror gar nicht gebe und dass die Siedler sich lediglich für palästinensische Gewaltakte rächen würden.

Das Bündnis zwischen Ben-Gvirs «Otzma Jehudit» und Smotrichs «HaTzionut HaDatit» machte sie zur drittgrößten Partei in der Knesset. Was sie in die Lage versetzte, Netanjahu zu zwingen, neue Ressorts für die Bereiche Religion, religiöses Erbe, Tradition und jüdische Identität zu schaffen, jeweils mit üppigem Etat ausgestattet. Dergestalt nutzen zwei Minderheitengruppen der Gesellschaft – die Ultraorthodoxen und die Nationalreligiösen – die Abhängigkeit des ins Autoritaristische strebenden Netanjahu von ihnen aus, um das Vermögen der Bevölkerungsmehrheit, ihre Rechte und Zukunft zu stehlen.

In den langen Jahren des politischen Gleichgewichts der Lager gab es links nicht wenige, die sogar immer wieder hofften, Netanjahu werde bei Wahlen einmal das Mandat erhalten und eine «komplett rechte» Regierung schaffen, damit dem Volk bewusst würde, wie hohl seine Phrasen in Wirklichkeit sind und dass sich keinerlei Inhalt hinter seinem Populismus verbirgt. Denn während langer Jahre, in denen Netanjahu an der Spitze der Regierung stand, hat er immer wieder der Opposition die Schuld an seinem Scheitern gegeben, indem er behauptete, diese blockiere ihn, zwinge ihn in unliebsame Koalitionen. Doch als Netanjahu dieses vollumfängliche Mandat erhalten hatte, entzauberte er sich nicht etwa, sondern bewies, dass die Geschwindigkeit, mit der eine von der Leine gelassene Regierung die Grundfesten eines Staates erschüttern, ja, ihn zum Einsturz bringen kann, absolut unfassbar ist. Auch hier zeigte sich, dass ein Staatswesen sehr viel fragiler ist, als es gemeinhin den Anschein hat, gleich, wo auf der Welt es liegt.

Das Ausmaß und die Macht des demokratischen Protests, eine Protestbewegung von Millionen Bürgern, die in dem Moment, als die Regierung ihre «Justizreform» ankündigte, die Straßen flutete, hatte niemand vorausgesehen. Doch angesichts der umkämpften öffentlichen Aufmerksamkeit im Jahr 2023 bestand die beinahe unmögliche Aufgabe – größer noch als die, Millionen von Menschen auf die Straße zu bringen – darin, das Thema auf der Tagesordnung zu halten und die Energie der Protestbewegung über einen langen Zeitraum zu bewahren. Denn jeder Protest erstirbt früher oder später, und genau darauf baute Netanjahu. Doch zu seiner Verblüffung sollten die Demonstranten ganze neun Monate lang nicht von den Straßen weichen und die Regierung empfindlich treffen.

Das säkulare Lager, Mitte und Linke eingeschlossen, wirkte schon seit Jahren, als sei es in Individualismus versunken und hätte den Zusammenhalt verloren, der für politische Kämpfe und die Gestaltung des Gemeinwesens erforderlich ist. Ja, das gesamte Lager machte den Anschein, sich ermattet und schläfrig mit der eigenen Machtlosigkeit abzufinden, besonders angesichts der demografischen Flutwelle, mit der sich nichtdemokratische Gemeinschaften in Israel ausbreiten und öffentliche, staatliche Institutionen in Jerusalem unter ihre Kontrolle bringen.

Dieses Lager indes ist nicht realitätsblind. Man ist sich wohl bewusst, dass Israel seine Fehler und Unzulänglichkeiten hat, glaubt aber daran, das alles Entscheidende sei, ob sich das Land beständig fortentwickle zu mehr Menschenrechten und einer Korrektur der Missstände. Und so fand sich eine Koalition, die einst stolz darauf war, dass Israel als einzige Demokratie im Nahen Osten galt, und in der man niemals mit der Möglichkeit gerechnet hätte, diese Tatsache könnte zu eigenen Lebzeiten in Zweifel gezogen werden. Doch mit einem Mal sah man sich auf einen dunklen Abgrund zumarschieren – und erwachte wundersamerweise: Man brachte eine Bewegung hervor, wie es sie in den letzten Jahrzehnten nicht mehr gegeben hatte, getragen von einer Energie, die auch nach neun Monaten nicht erlahmte. Normale Menschen hielten inne und reihten sich ein, überzeugt, dass ihre Haltung, ihr Lager am Ende wäre, würden sie diesmal nicht siegen. Menschen, die sich nicht hatten vorstellen können, jemals an einer Demonstration teilzunehmen, sollten auf Hauptstraßen Feuer entzünden, Woche um Woche die großen Städte zum Stillstand bringen, nach Jerusalem marschieren und die Parlamentarier in der Knesset belagern, ihre Häuser und Büros blockieren. Das Ganze war völlig unvorhergesehen, wie ein Erdbeben, mit dem man das Ende der Demokratie abwenden wollte. An den Mikrofonen, vor Hunderttausenden von Demonstranten, standen neue Führungspersönlichkeiten, die sich niemals erträumt hätten, jemals derartige Verantwortung zu übernehmen.

Shikma Bressler etwa, die in ihrer Jugend und nach der Armeezeit eine exzellente Basketballspielerin war, jetzt mit dreiundvierzig Jahren Mutter von fünf Töchtern ist und als Professorin am CERN-Teilchenbeschleuniger in der Schweiz forscht, wurde zu einer der führenden Figuren der Bewegung. Sie nahm die Zügel in die Hand, weil sie verstand: Rechte gibt es nicht so einfach, man muss sie erkämpfen. Und sie wusste, wenn sie nicht auf die Straße ginge, täte niemand es. Tausende von Kampfpiloten, Angehörige von Spezialeinheiten und mit Cyberkriegsführung vertraute Offiziere beim Nachrichtendienst teilten mit, sie würden nicht länger Reservedienst leisten. Wissenschaftler, Ökonomen, Schriftsteller – ein jeder brachte seine Fähigkeiten ein und kündigte gleichzeitig den Bund mit dem Staat auf, sollte dieser tatsächlich seine demokratische Verfasstheit aufgeben. Siebzehnjährige wurden über Nacht zu Anführern und wussten, die Generation ihrer Eltern war ein Stück weit gescheitert, es war nun an ihnen, den richtigen Weg zu finden. Sie wussten, bei den nächsten Wahlen, den ersten in ihrem Leben, bei denen sie ihre Stimme abgeben durften, würden sie vielleicht nicht mehr in den Genuss der Freiheit kommen, die ihnen versprochen worden war.

Jene, die das Narrativ der Protestbewegung formten, verstanden es, dieser sowohl in den sozialen Medien als auch auf der Straße ein unverwechselbares, attraktives Image zu verleihen, das große Energie und Hoffnung ausstrahlte. Zugleich wurde deutlich, dass die Demonstranten von existenzieller Angst getrieben waren. Die in der Luft liegende Spannung half enorm. Der Protestbewegung gelang es, dem voranstampfenden Zug der autoritär-populistischen «Justizreform» etwas entgegenzusetzen, auch wenn sie an manchen Tagen unterlag. An anderen triumphierte sie. So eroberten die Demonstranten sich etwa als Symbole ihres Protests die israelische Flagge und die Nationalhymne zurück, nachdem die Rechten ihnen beides über viele Jahre – bildlich gesprochen – gestohlen hatten. Denn noch ist Israel ein Staat, in dem 21,1 Prozent der Bürger muslimische beziehungsweise christliche Araber sind und ebenso gleichberechtigt wie Bahais, Samaritaner und viele andere Gemeinschaften. Die Mehrheit der Bevölkerung hat das gesamte zurückliegende Jahr dafür gekämpft, diesen Status zu wahren.

In der Welt des Fernsehens sagen Studioleiter und Programmchefs internationaler Sender immer, das israelische Publikum sei das launischste auf der ganzen Welt. Es sei früher als jedes andere gelangweilt, wende sich schnell von Formaten ab und verlange gewagte Inhalte und permanente Neuerungen. Doch die Protestbewegung der Millionen wollte nicht abebben. Unterdessen kamen Politiker und Rechtsexperten aus der ganzen Welt eingeflogen, gaben sich ausländische Regierungschefs in Jerusalem die Klinke in die Hand, um in letzten Bemühungen die Abgeordneten in der

Knesset und die israelische Öffentlichkeit vor diesem antidemokratischen Umbruch zu warnen.

Doch neben der Hoffnung auf ein Erwachen deuten Echtzeitstudien aktuell ebenso auf wachsenden, akuten physischen Druck und eine schwere seelische Notlage bei unzähligen Israelis hin. Viele begeben sich in Therapie, um Symptome behandeln zu lassen, wie sie Menschen kennzeichnen, die ein schweres Trauma erlitten haben. Mit den Demonstrationen machte sich landauf, landab das Gefühl breit, alles steuere auf einen Bürgerkrieg zu – zwischen Religiösen und Säkularen, zwischen rechts und links, zwischen der Peripherie und Tel Aviv, zwischen Mizrachim und Aschkenasim. In dem Abgrund, der sich aufgetan hatte, loderte der Hass, gespeist und angefacht durch die sozialen Netzwerke. Und er schien unüberbrückbar. Auf Hebräisch wird ein Bürgerkrieg auch «Bruderkrieg» genannt, doch beide Seiten hatten das Gefühl, sich nicht länger als Brüder bezeichnen zu können. Wie sind wir an diesem Punkt gelandet, und war es unvermeidlich?

Mein Lebensgefährte und ich sind seit fünfundzwanzig Jahren zusammen und in fast allem das genaue Gegenteil voneinander. Seine Kindheit im Herzen des bergigen, engen und drei Religionen heiligen Jerusalem hat, unter anderem, einen Charakter geprägt, der sich fundamental von dem unterscheidet, welchen mir meine Kindheit, nur vierzig Minuten entfernt, in den Außenbezirken der säkularen Küstenmetropole Tel Aviv beschert hat. Das ganze Land lässt sich in einer Stunde von West nach Ost durchqueren oder in viereinhalb Stunden von Nord nach Süd, doch zugleich ist es ein Verschnitt aus zwölf in sich zerrissenen Stämmen mit ihrer jeweils eigenen Geschichte. Ich bin Aschkenasi, Nachfahre europäischer Juden. Er ist Orientale jüdisch-arabischer Herkunft. Beide sind wir, in den Siebzigern geboren, in einem Staat aufgewachsen, der bald von einer Amerikanisierungswelle überspült werden sollte.

Zu der Zeit aber hatte das Leben in Israel noch ein beinahe osteuropäisches Flair, war von französischem Geschmack geprägt, doch arm und einfach, gepaart mit etwas Biblischem und Mediterranem. Wir hatten einen einzigen Fernsehkanal, der nur wenige Stunden am Tag sein Programm ausstrahlte, zumeist Konzerte und Lehrsendungen. Meine Großmutter Malka, in deren liebevoller Obhut ich groß wurde, halte ich bis heute für den großherzigsten Menschen, dem ich je begegnen durfte, ihr ganzes Wesen war Mitgefühl und Aufopferung. Und genauso, bin ich überzeugt, ist auch meine Mutter heute. Natürlich sehne ich mich zutiefst nach dem Trost, den der Glaube an die Legitimität des Weges schenkt, der damals der unsere war, die Hingabe an das Land aus archaischen Motiven, um es mit Händen zu greifen, es zu atmen wie einen Geliebten, den Trost zu genießen, den es als Zufluchtsort vor den Entbehrungen der Wanderschaft bietet. Aber auch Zweifel gehören zum Weg der Einsicht, und je mehr Zeit vergeht, desto mehr treibt mich die Frage um, ob das, was meine Großmutter hier mit aufgebaut hat und woran meine Eltern mit jeder Faser ihres Herzens geglaubt haben, nicht eine versinkende Insel ist, aufgetaucht aus einer vagen Utopie, eine Insel, die einen Traum hatte und die mit jedem Tag, der vergeht, immer finsterer wird. Ist das alles hier nur ein Experiment, das gescheitert ist?

Von Kindheit an war unsere Generation überzeugt, die Worte «existenzielle Bedrohung» wären ein Schreckgespenst aus den Geschichtsbüchern. Denn Israel war eine unumstößlich existierende Tatsache. Doch heute zeichnet sich am Horizont ab, dass hinter allem, was wir als selbstverständlich erachteten, künftig ein Fragezeichen stehen wird. Denn ein Szenario, bei dem Israel aufhören wird zu existieren, als Ergebnis gewissermaßen eines «perfekten Sturms» – einer Kombination aus zeitgleichen Bedrohungen von außen und innen –, erscheint realer und greifbarer denn je zuvor, selbst wenn der Staat über Atomwaffen verfügt. Für nichtisraelische Ohren mag diese Vorstellung befremdlich klingen. Die Welt kennt wohl das Abdanken von Regimen, einen Wechsel der Regierungsform oder das Auseinanderbrechen von Konföderationen. Nicht aber die Möglichkeit, dass ein ganzer moderner Staat aufhört zu existieren – oder gar ein Volk. Israel ist der einzige Staat auf der Welt, der es ertragen muss, dass seine Nachbarn beharrlich zu einem Völkermord an ihm aufrufen, ein unmissverständlicher, seit vielen Jahren immer wieder erneuerter Ruf, den die Welt hinnimmt wie etwas Naturgegebenes. Ein paar seiner Nachbarn haben inzwischen zwar auf diese Forderung verzichtet, aber nur, weil sie glauben, keine Chance zu haben, Israel zu vernichten.

Die tiefe Erschütterung der israelischen Gesellschaft ist das unvermeidliche Ergebnis eines Lebens in einem solchen Bewusstsein, resultiert gleichermaßen aber auch aus der eigenen Existenz als Besatzungsmacht im Westjordanland. Albert Camus, in Algerien zur Welt gekommen, sprach bei seiner Rede zum Literaturnobelpreis im Jahre 1957 über die Bedeutung des Schriftstellerdaseins in seinen Augen: «Der Adel unseres Berufs wird stets in zwei schwer zu haltenden Verpflichtungen wurzeln: der Weigerung, wider besseres Wissen zu lügen, und dem Widerstand gegen die Unterdrückung.»

Wurzeln

Mein Großvater mütterlicherseits, Aharon Sela, wurde in einem Vorort von Tel Aviv geboren, in dem Jahr, in dem die Briten das Land von den Osmanen eroberten. Seine Eltern waren aus dem russischen Zarenreich geflüchtet, waren den Pogromen entkommen, bei denen Zehntausende Juden ermordet wurden. Mein Großvater war ein eingeschworener Atheist. Mit fünfzehn lernte er Malka Boroditzky kennen, die mit dem Schiff aus Kanada gekommen war, aus dem verschneiten Winnipeg direkt in die Wüstenglut, allein mit ihrer Schwester. Auch ihre Großeltern waren einst aus Russland emigriert, stammten zum einen aus einem jüdischen Dorf im Gebiet des heutigen Belarus sowie aus akademischen Kreisen in Odessa, hatten sich aber für Kanada entschieden. Ihr ganzes Leben lang hatten sie in Richtung Jerusalem gebetet, das Exil beklagt und die Zerstörung der Königreiche Israel und Juda, eine Rückkehr dorthin aber zu ihren Lebzeiten für unmöglich gehalten. Als meine Großmutter plötzlich verkündete, sie würde sich nach Palästina einschiffen, kauften ihre Eltern ihr, um sie zur Besinnung zu bringen, Mark Twains «Die Arglosen im Ausland», den Bericht seiner Reise, die unter anderem ins Heilige Land führte.

Twain war 1867 mit dem Dampfer *Quaker City* von New York aufgebrochen und zu Pferd von Syrien ins Heilige Land geritten. Das war, bevor das Land durch die großen Einwanderungswellen von Juden und Arabern gleichermaßen aufblühte und ehe der von den Briten gebrachte Fortschritt dort Einzug hielt. Twain beklagte sich in seinem Reisebericht über ein glühend heißes, verdorrtes, kahles und hässliches Land, eine schwermütig machende, leere Einöde, deren dürre Felder allesamt von einem Fluch belegt schienen; während in Tälern, in denen die biblischen Geschichten sich zugetragen hätten, in einem Umkreis von dreißig Meilen nicht eine Ansiedlung zu finden sei, höchstens gelegentlich ein einsames Beduinenlager. Das ihm klein anmutende Jerusalem beschrieb Twain als von finsterer Krankheit geschlagen und leblos, von Aussatz und Trauer heimgesucht. Doch meine Großmutter antwortete ihren Eltern, Twain habe da doch bestimmt nur reichlich von seiner komischen, zynischen Ironie Gebrauch gemacht, und ging voller Ekstase an Bord.

Chaim, der erste Sohn von Malka und Aharon, kam 1940 in Tel Aviv zur Welt. Als er zwei Jahre war, schien für eine Schreckenszeit von zweihundert Tagen ein Vorstoß der deutschen Wehrmacht in das von den Briten als Mandatsgebiet verwaltete Palästina unmittelbar bevorzustehen und galt als nicht zu verhindern. Generalfeldmarschall Rommel rückte auf den Suezkanal vor, auch nach Norden konnte man nicht fliehen, weil das mit den Nazis verbündete französische Vichy-Regime den Libanon und Syrien kontrollierte. In Ägypten war bereits ein SS-Einsatzkommando unter Befehl von Walther Rauff aufgestellt worden. Auch die sogenannten «Gaswagen» zur massenhaften Ermordung, deren Entwicklung und Einsatz von Rauff koordiniert wurde, waren schon verschifft, und Hitler hatte dem palästinensischen Mufti versprochen, mit der Besetzung des Nahen Ostens sei das vorrangige Ziel Deutschlands nichts weniger als «die Vernichtung des im arabischen Raum unter der Protektion der britischen Macht lebenden Judentums». Die Pläne zur Ermordung einer halben Million Juden in Palästina waren nach denselben Methoden konzipiert, wie sie in Europa praktiziert wurden, insbesondere auch der Einsatz einer einheimischen, nichtjüdischen Bevölkerung, die von einem kleinen deutschen Kontingent aus Fachleuten angeleitet werden sollte.

Die Eltern meiner Großmutter reisten, aufs Äußerste beunruhigt, aus Kanada an und versuchten, ihre Tochter zu bewegen, mit ihrem kleinen Sohn das Land zu verlassen, bis die Gefahr vorüber wäre. Als sie sich weigerte, verlangten sie, wenigstens das Kind mitnehmen zu dürfen. Auch das lehnte die Mutter ab. Sie reisten schließlich mit ihrer Schwester zurück, doch Luft- und Seewege waren bereits abgeschnitten, sodass sie auf dem Landweg beschwerlich über den Iran und von dort weiter nach Japan reisen mussten, wo sie in einem Hotel unterkamen, das voll belegt mit Gesandtschaften deutscher Offiziere und dessen Fassade mit Hakenkreuzfahnen beflaggt war. Am Ende fanden sie wohlbehalten an die Küste von Vancouver zurück. Großmutter Malka schrieb bald darauf an die kanadische Regierung und ließ wissen, sie verzichte unwiderruflich auf ihre kanadische Staatsbürgerschaft.

Kurz vor Kriegsende wurde Siwa geboren, meine Mutter. Malka weigerte sich, mit ihren Kindern Englisch zu sprechen, ihre Muttersprache, weil dies eben auch die Sprache der britischen Besatzer war. Uns Enkel zog sie mit Hingabe auf, machte uns aber in einem Alter, in dem Kinder Sprachen mühelos erlernen, nicht das Geschenk, uns ihre Muttersprache akzentfrei weiterzugeben, sondern beharrte auf dem Hebräischen. Denn sie glaubte ihr ganzes Leben lang, wir hätten gar keine andere Wahl, hätten keinen anderen Ort auf der Welt, wohin wir gehen könnten.

Meine zweite Großmutter, Siegrid Partos, war in Budapest geboren, als Tochter einer vollkommen an die ungarische Kultur assimilierten Familie. Am Sederabend zu

Pessach wurde bei ihnen Schwein aufgetischt, ohne dass irgendwer sich Gedanken gemacht hätte. Der Vater meiner Großmutter hatte im Ersten Weltkrieg gekämpft, doch als er aus dem Krieg zurückkehrte, mehrten sich die judenfeindlichen Erlasse und Verordnungen. Seine Tochter war gezwungen, die renommierte Grundschule zu verlassen, die sie besuchte. Die Familie zog schließlich nach Frankreich, wo meine Großmutter dann aufwuchs. Doch mit zwanzig schiffte sie sich nach Tel Aviv ein, zusammen mit ihrem jungen Freund. Andere Auswanderer drängten sie, ihren Namen doch hebraisieren zu lassen, und ließen sie offiziell unter dem biblischen Namen Dvora – Deborah – verzeichnen, doch meine Großmutter hat nie Gebrauch von diesem Namen gemacht und hielt bis ins hohe Alter von neunundneunzig Jahren an ihrem ungarischen Namen fest.

An Tel Aviv, ihre erste hebräische Stadt, erinnerte sie sich später als ausschweifenden, sonnenreichen Ort. In den Dreißigerjahren konnte man dort den Morgenzug nach Damaskus oder Kairo besteigen, einen Trip auf dem Motorrad bis nach Bagdad unternehmen oder einen Mittagsflug nach Beirut buchen, inklusive eines Zaubererauftritts in der Kabine. Die Gesellschaft des Nahen Ostens unter den Briten und Franzosen hatte sich noch nicht in dem Maße wie heute hinter Grenzen zurückgezogen. Und Tel Aviv war eine junge, offene Stadt, eine städtische Gemeinschaft, in der Fremde immer dazugehört hatten, niemand als abnorm galt und keiner groß etwas auf die Polizei gab – selbst der Bürgermeister wurde einmal belangt, weil er nackt im Meer gebadet hatte, was ihn nicht weiter scherte. Auch die Abende beschloss man gern in den Wellen des Mittelmeers, und Paare liebten sich in den arabischen Cafés des benachbarten Jaffa auf Matten hinter Vorhängen, mit Arak, Wasserpfeifen und

Grammofonen, die die ganze Nacht spielten. Eine Stadt mit türkischen Bädern und Cabarets, bevölkert von unabhängigen, starken jungen Frauen und berauscht von Opium. In der deutschen Kolonie zwischen Jaffa und Neve Tzedek saßen jüdische Intellektuelle bei einem Gläschen im Café Lorenz, während die Ortsvertretung der NSDAP dort zusammenkam, um den Geburtstag des «Führers» zu feiern, und Gebäude mit Hakenkreuzfahnen beflaggt wurden. Spione gab es bereits an jeder Ecke.

Doch bis zum großen arabischen Aufstand, der 1936 ausbrach und über drei Jahre lang von den Briten mit harter Hand niedergeschlagen werden musste, blühten Tel Aviv und Jaffa im Zeichen einer von beiden Seiten gelebten Koexistenz auf. Die beiden Bürgermeister, der jüdische und der muslimische, pflegten eine enge Freundschaft. Das fruchtbare Zusammenleben beschränkte sich nicht allein auf Handel und Wandel, auf Elektrizitätsversorgung, Wasser und Kanalisation, sondern bereicherte ebenso Unterhaltung und Kultur. Juden und Araber in Abendgarderobe drängten sich, wenn die legendäre ägyptische Sängerin Umm Kulthum, der «Stern des Orients», im Konzertsaal auftrat, ja, selbst die Rabbiner erschienen. Gleichermaßen lockten der Karneval zu Purim und die Strandpartys von Tel Aviv die Bewohner von Jaffa in Scharen an.

Meine Großmutter Siegrid hatte sich in der Zwischenzeit in einen älteren Mann verliebt, meinen Großvater Lule Lifshitz. Für ihn verließ sie ihr Zuhause. Lule und sie lebten fortan unter Originalen, die auch bei dreißig Grad in ihren aus Berlin mitgebrachten Pelzmänteln herumliefen, gingen ins russische Theater oder lauschten Chansons. Das Paar glaubte begeistert an eine freie, liberale Ökonomie, sie zogen Häuser hoch, waren im Importgeschäft tätig und errichteten eine Fabrik. Sie lebten, wie ihre gesamte Stadt Tel Aviv, in einer eigenen Welt.

Siegrid konnte gerade noch überstürzt einen Besuch bei der Familie in Paris abbrechen, als die Wolken des Krieges dunkel am Himmel aufzogen. Ihr jüngerer Bruder Etienne, mit dem sie tief verbunden war, zog für Frankreich an die Front. Nach der vernichtenden Niederlage gegen die Nazis wurde Etienne über Wochen immer wieder losgeschickt, um entlang der Gefechtslinie Leichen zu bergen. Als er schließlich in das von den Deutschen besetzte Paris zurückkehrte, litt er unter psychotischen Anfällen und kam für einige Zeit in eine Nervenheilanstalt. Doch eine psychiatrische Behandlung während der Zeit der Besatzung war an sich schon lebensgefährlich, umso mehr für einen Juden. Seine Eltern holten ihn aus der Klinik, gaben ihre Wohnung in Saint-Germain auf und suchten in der Gemeinde Sales im Département Haute-Savoie Unterschlupf, um dort den Krieg zu überstehen. Doch Etiennes auffälliges Verhalten gefährdete das Familienversteck und den erstgeborenen Enkel, sodass die Eltern Etienne baten, das Versteck zu verlassen. Eine Entscheidung, die sie sich niemals verzeihen sollten. Auf sich gestellt, landete ihr Sohn bei der Résistance, bei den Partisanen in den Wäldern – und wurde gefasst. Die Deutschen hatten Paris im Sommer 1944 schon verloren, doch obwohl es ihnen an Treibstoff, an Ressourcen und Material mangelte, verwendeten sie das wenige Verbliebene auf die Transporte, die aus Frankreich – ebenso wie aus Ungarn – in die Vernichtungslager gingen. Etienne war im allerletzten Zug nach Auschwitz.

Historisch betrachtet, diente noch jeder Völkermord dazu, irgendein politisch-strategisches Ziel zu erreichen. Hier jedoch war die Vernichtung an sich das Ziel, mochte sie auch im Widerspruch zu jeglicher militärischen und wirtschaftlichen Logik stehen. Die Nazis sahen sich als diejenigen, die die Menschheit von allen Juden erlösen würden, bis zum letzten Säugling.

Tel Aviv war bei Kriegsende nicht nur von seinen zweihunderttausend Einwohnern bevölkert, sondern auch von einhunderttausend ausländischen Soldaten, Australiern, Neuseeländern und Indern. Die Truppen Seiner Majestät, des englischen Königs, stürzten die Stadt in einen bunten Trubel voller Vergnügungen und Entspannung, doch das alles sollte schon bald wieder verschwunden sein. Die Energien von Juden und Arabern mündeten erst im Kampf gegen die britischen Besatzer und dann im Krieg gegeneinander. Die zunehmende Armut und der um sich greifende Militarismus, ja, der pure Überlebenskampf sollte bald auch die Einwohner von Tel Aviv in einheitliches Khaki kleiden und dann das ganze Land sich hinter Mauern und Ängsten verschanzen lassen. Viele Völker in der ganzen Region würden nun ihre Unabhängigkeit erlangen, Ströme von Blut fließen, zumeist in Kriegen von Muslimen gegen Muslime, in Nordafrika, in West- und Südasien, auf dem Balkan und in Osteuropa. Doch an der Schnittstelle dreier Kontinente würde das winzige Israel, obendrein Urgrund dreier monotheistischer Religionen, der Kristallisationspunkt für die Auseinandersetzungen sein, die die Sowjetunion und die westlichen Staaten stellvertretend in der Region austrugen.

Das Bewusstsein aschkenasischer Familien prägt, nach 1945, ein Gemisch aus drei Welten. Die Schoah war für anderthalb Jahrzehnte zwar ein Tabu, an dem nicht gerührt werden durfte. Die Kinder der Überlebenden wagten nicht, ihre Eltern zu fragen, wo sie gewesen waren, wen sie verloren hatten oder wie sie misshandelt worden waren – über all dies wurde geschwiegen, als sei es eine Schande; mit dem Ziel, auf eine neue Welt zu blicken. Doch als am Ende das Stauwehr gegen die Zeugnisse brach, ließ sich die Erinnerung nicht mehr aufhalten. Die Schoah wurde integraler Bestandteil des Erziehungssystems, und das schon für Kinder in einem Alter, in dem die Schilderungen des Schreckens gar nicht zu erfassen sind. Sie ist allgegenwärtig, tritt auf als Gebot, als Befehl: «Erinnere dich!» Und sie sorgt für eine tiefe existenzielle Angst, nämlich die Botschaft, die ganze Welt wolle uns vernichten, worauf es nur eine Antwort gibt: «Nie wieder!» Freilich auch in dem Sinne, dass wir solches nie wieder geschehen lassen werden. Die Wirkungsmacht ihrer Geschichten lässt die Toten stets im demokratischen Prozess anwesend sein, sie zwingen uns, bei jeder Entscheidungsfindung auf sie zu schauen. Und zu verstehen: Jedes Volk ist imstande, nach dem zu streben, was die Nazis getan haben, und nur Erziehung und der rigorose Kampf gegen Extremismus, jede Form von Extremismus, können gewährleisten, dass ein Mensch solchen Ideen nicht erliegt.

Das zweite Fundament der aschkenasischen Seele hingegen ist Stolz. Denn Menschen, die jahrhundertelang in von der Außenwelt abgeschotteten und sich separierenden, versteckenden, tiefreligiösen Schtetln gelebt haben, bis sie Mitte des 19. Jahrhunderts aus den Ghettos auszogen, sollten schon bald – obwohl man nur ein Sandkörnchen der Weltbevölkerung ausmachte, heute etwa 0,2 Prozent – im 20. Jahrhundert große Wissenschaftler hervorbringen mit bahnbrechenden Neuerungen in Medizin, Kultur, Philosophie und Technologie. Und sie sollten auch, im Guten wie im Schlechten, zu denjenigen gehören, die mit ihren Ideen in der modernen Geschichte der Menschheit allergrößten Einfluss auf revolutionäre Konzepte haben würden.

In der Idee des modernen Sozialismus wie des Kommunismus schrieb Karl Marx die dichotomische Unterteilung der Welt in Unterdrücker und Unterdrückte als deren zwei zentrale Kräfte fest. Sein «immerwährender Krieg» – und der von Trotzki, auch er Jude – ist bestimmt vom beständigen Streben nach internationalen Revolutionen. Seine Anhänger reisten so manches Mal von einem Kontinent zum nächsten, um in romantischen Kriegen für die gerechte Sache mitzutun. In ihren Augen führte der Weg zu einer klassenlosen Gesellschaft nicht nur über die Abschaffung des Kapitalismus, sondern auch über die Tilgung eines religiösen Isolationismus, wie ihn das Judentum selbst repräsentierte. Das Europa der Aufklärung hatte den Juden ermöglicht, sich zu integrieren, hatte sie aber nicht als Gleiche akzeptiert, was in ihnen den Impuls weckte, dagegen anzukämpfen und eine neue gesellschaftliche Ordnung zu erdenken.

Seit dem europäischen «Völkerfrühling» waren Juden an Revolutionen und nicht selten auch an radikalen Befreiungsbewegungen beteiligt, und zwar angesichts der Zahl ihres Volkes in weit größerem Umfang als jede andere Gruppe, was ihnen abermals Hass und Anfeindungen einbrachte, von Rosa Luxemburg und Kurt Eisner bis hin zu Daniel Cohn-Bendit, dem «roten Dany». Auch in Amerika marschierten sie, mehr als jede andere Gruppe, mit den Schwarzen im Kampf um mehr Gleichberechtigung, standen auf gegen den Vietnamkrieg und gehörten zu den verfolgten Kommunisten, von Emma Goldman, die schon in den 1920er-Jahren nicht nur für die Rechte von Frauen kämpfte, sondern auch für die von Queeren und Minderheiten, bis hin zu führenden Feministinnen wie Betty Friedan in den Sechzigern. In Argentinien taten sie sich, gemessen an ihrem Bevölkerungsanteil, besonders stark im Kampf gegen die Militärjunta hervor, ebenso wie in Südafrika im Kampf für die Freiheit, gegen das Apartheidsregime. Wobei es durchaus sein konnte, dass Israels Regierungen zeitgleich Beziehungen zu ebendiesen Regimen unterhielten oder ihnen Waffen verkauften, obwohl dort Juden auf den Straßen verfolgt wurden.

Die Generation von Sigmund Freud und Albert Einstein bescherte den Aschkenasim einen geheiligten, stolzen Säkularismus, der nicht bereit ist, als leeres Surrogat betrachtet zu werden, sondern einen geistigen Reichtum bietet, der hinter dem von Religionen nicht zurücksteht. In ihrem Atheismus schämten sich Einstein und seinesgleichen dabei keineswegs ihres Judentums, sondern sahen darin einen philosophischen Quell, eine ethische Kraft, eine seit der Antike existierende, generationenübergreifende Zugehörigkeit und Gemeinschaft.

Die Religion im engeren Sinne des praktizierten Glaubens aber verschwand vollkommen aus der Lebensweise des Großteils der Bevölkerung. Religiös blieben lediglich Randgruppen. Einstein begrüßte zwar den neu gegründeten jüdischen Staat von ganzem Herzen, fürchtete aber den Schaden, den das Judentum in seinem Inneren durch den dort sich entwickelnden, gefährlichen Nationalismus nehmen könnte. Die jüdische Vorstellung indes, nach der Gott uns bestimmt hat, *sein* Volk zu sein, das «auserwählte Volk», beerdigten die neuen Aschkenasim voller Abscheu. Sie sahen darin eine Botschaft, die als rassistisch und anmaßend gedeutet werden kann, und konzentrierten sich stattdessen auf eine «Heilung der Welt» – auf die Verpflichtung, nach sozialer Gerechtigkeit zu streben, nach Menschenrechten und einer Verbesserung des Bestehenden. Doch eine solche Identität zu wahren, fällt leichter, wenn man eine Minderheit ist. Ist man an der Macht und in der Mehrheit, wird es komplizierter.

Der dritte Anker in der aschkenasischen Geschichte, aus all den Revolutionen und Verfolgungen und Vernichtungen geboren, war schließlich Israel. Die Errichtung des Staates ging mit einer Hingabe einher, wie vom Eindruck eines Wunders berauscht. Denn dieser Staat sollte nicht nur ein geschütztes Heim sein, einzigartig auf der Welt, das den Juden Unabhängigkeit garantierte nach ihrer langen Geschichte nicht enden wollender Verfolgungen als Minderheit. Und es war nicht bloß die Rückkehr zur mystifizierten biblischen Erde, von der man über Generationen geträumt hatte. Es war auch ein betörender Traum von der Möglichkeit, eine wirklich gerechte Ordnung zu schaffen. In der Unabhängigkeitserklärung des Staates Israel verpflichteten sich seine Gründer zu vollkommener, uneingeschränkter rechtlicher Gleichstellung aller seiner Bürger, unabhängig von Glauben, Herkunft oder Geschlecht. Auch schufen sie etwa die Kibbuzim, landwirtschaftliche Kommunen, die ursprünglich nur Gemeinschaftseigentum und vollkommene Gleichheit aller Mitglieder kannten – eine klassenlose Gesellschaft. Die Kibbuzim waren die Verwirklichung der besten aller kommunistischen Lehren, die praktische Umsetzung gegenseitigen Einstehens füreinander und der Solidarität, und sie boten ein Gefühl von Sicherheit, wie ich es bis heute in keiner Gemeinschaft, die ich auf meinen Reisen in der Welt kennenlernen durfte, gefunden habe. Auch die Erneuerung der Sprache der Bibel, die sich in weniger als einer Generation in eine moderne Muttersprache mit reicher eigener Literatur verwandelte – und das, nachdem sie seit dem 2. Jahrhundert nicht mehr in Gebrauch gewesen war –, stellt eine Leistung dar, die ihresgleichen sucht.

Doch anstatt sich als indigenes Volk zu betrachten, das nach Hause zurückkehrt und sich nun kulturell in die Region einzufügen hat, hielten die Aschkenasim unbeirrt an der europäischen Aufklärung als kultureller Idee fest. Ja, sie verkündeten, Israel sei die «Sammlung der Exile» für Dutzende von Kulturen. Dieser Schmelztiegel sollte allen ein einziges Modell, einen neuen Typus aufzwingen – den «Sabre», einen sonnengebräunten Mann der Scholle mit Wollmütze auf dem Kopf und Kufiya um den Hals, natürlich wie ein Wüstentier, mutig und muskulös, mit fescher Tolle und antik anmutenden Sandalen an den Füßen, der ein neu gefärbtes Hebräisch sprach, dessen Liedgut aber klang wie von Mütterchen Russland gelernt und dessen Philosophie deutsch war. Und säkular war er, durch und durch. Das kollektive Gedächtnis des neuen Staates wurde geschrieben aus dem Erbe der Europäer und der Russen samt ihrer Katastrophen. Andere Gruppen, die mit etwas Verspätung eintreffen sollten, würden nicht in den Genuss kommen, an dessen Ausgestaltung beteiligt zu werden und «sie selbst» bleiben zu dürfen.

Die Mizrachim

Dina Mizrachi, die Großmutter meines Lebensgefährten, stammt aus einer Familie, die bereits seit neun Generationen im Land lebt, also schon hier war, noch ehe die ersten Aschkenasim einwanderten. Ihre Muttersprache war Arabisch-Jüdisch. Sie kam in Jaffa zur Welt, einer der ältesten Hafenstädte überhaupt, der beschaulichen «Braut des Meeres», die für die Araber Palästinas ab Mitte des 19. Jahrhunderts von einem verschlafenen Städtchen zum kosmopolitischen Zentrum der Wirtschaft, des Handels und Geisteslebens wurde. Fischer und Anzugträger, Schriftsteller, Obstplantagenbesitzer und ein unendlicher Strom von Reisenden bevölkerten die Straßen und Gassen der Stadt. Auch zwei der bedeutendsten Zeitungen in Palästina erschienen dort. Im Jahr 1921 lebten in Jaffa 42 000 Menschen, davon 16 000 Juden. Für Großmutter Dina war der Umgang mit ihren muslimischen Nachbarn natürlicher als der mit den aschkenasischen Neueinwanderern, die gerade dabei waren, neue Viertel entlang der Ebene an der Küste zu errichten. Ob in Kairo oder im damaligen Kabul, in Teheran und Bagdad – zu jener Zeit wurde von muslimischen Frauen noch nicht verlangt, sich von Kopf bis Fuß zu verhüllen, und es drohten ihnen keine vierundsiebzig Peitschenhiebe bei «Sittenvergehen». Dina heiratete schließlich Abraham Mizrachi, dessen Familie schon in zwölfter Generation in der Altstadt von Jerusalem lebte und Ladino sprach, ein jüdisches Spanisch.

Wie die meisten Mizrachim waren auch Dina und Abraham Nachfahren von Familien, die mehrere Jahrhunderte lang in Spanien unter muslimischer Herrschaft gelebt hatten, wo sie nach der Zerstörung Jerusalems und der Vertreibung von dort Zuflucht fanden. Ja, Spanien war zum Zentrum der jüdischen Welt geworden, wo Juden führende Ämter bei Hofe bekleideten, Ärzte und Berater waren, Mathematiker, Philosophen und Astronomen. Als die Christen die Iberische Halbinsel zurückeroberten, setzte eine Welle judenfeindlicher Erlasse ein, bis Juden schließlich sogar gezwungen wurden, zum Christentum zu konvertieren. Nur etwa die Hälfte von ihnen leistete dem Folge. 1492 schließlich ordnete der König ihre Vertreibung aus Spanien an, fünf Jahre später auch aus Portugal. Der osmanische Sultan Bayezid II. nahm die Vertriebenen mit offenen Armen auf, da sie Wissen und vor allem Handelskontakte mitbrachten. So wurden diese Einwanderer über das gesamte Osmanische Reich verteilt und Teil jüdischer Gemeinden, die dort schon seit der Antike existierten, vom Balkan über den Nahen Osten bis nach Nordafrika. Sie gingen auf in der arabischen Kultur und vermischten sich mit den Einheimischen in sehr viel stärkerem Maße, als die europäischen Juden dies taten.

Chaviva und Gamli'el Gamli'eli, die anderen Großeltern meines Lebensgefährten, wurden in einer Gemeinde geboren, die schon seit 2800 Jahren in Kurdistan lebte, seit der Vertreibung durch den assyrischen König Salmanassar III., also allem Anschein nach, noch bevor das jüdische Nordreich zweimal zerstört wurde. Juden lebten dort verstreut in Hunderten winziger Dörfer, zwischen sich windenden Bergpfaden, von der Außenwelt abgeschnitten, weshalb sie die einzigen auf der Welt waren, die neben einer kurdisch-arabischen Mundart weiterhin Aramäisch sprachen. Das kurdische Volk, die größte ethnische Gruppe auf der Welt, die keinen eigenen Staat hat, leidet schon seit Menschengedenken unter Unterdrückung und Verfolgung, da sein Gebiet in der Türkei, im Iran und im Norden des Irak liegt, wo jene Familie lebt. Schon unzählige Male ist den Kurden ein unabhängiger Staat versprochen worden, und ebenso oft wurde dieses Versprechen gebrochen. Ihr Verhältnis zu den Juden hingegen ist sehr versöhnlich, auch heute noch. Einwanderungen, die von dort ins Land Israel gingen, gab es schon im 16. Jahrhundert, doch beschränkten sich diese auf abenteuerlustige religiöse Exzentriker.

Die Juden in den islamischen Ländern wussten um ihren Status als «Schutzbefohlene» *(ahl al-dhimma)*, der sie niedriger stellte als die Muslime und ihnen nur eingeschränkte Rechte zugestand. Auf einem Pferd zu reiten war ihnen zum Beispiel verboten, ebenso wie Geschlechtsverkehr mit einer muslimischen Frau, ein Vergehen, auf das die Todesstrafe stand, während es andersherum einem Muslim durchaus gestattet war, mit einer Jüdin intim zu werden.

Zu Pogromen gegen Juden kam es auch in der muslimischen Welt immer wieder, etwa schon 1033, als ein fundamentalistischer Stamm sechstausend Juden in der marokkanischen Stadt Fez abschlachtete, oder noch im selben Jahrzehnt in Ramla in der Nähe des heutigen Tel Aviv. Auch in Granada wurden viertausend Juden ermordet. Zu den Wurzeln der klassischen theologischen Feindschaft aus den Tagen des Propheten Mohammed und dem Brauch, Juden als «Abkömmlinge von Affen und Schweinen» zu bezeichnen, gesellten sich im 20. Jahrhundert moderne, ausgeklügelte Methoden der Hetze. So erwarb der deutsche Botschafter im Irak eine örtliche Zeitung und begann, darin eine Übersetzung von *Mein Kampf* zu veröffentlichen, was sich schnell zu einem Verkaufsschlager entwickelte. Und der palästinensische Mufti Haddsch Amin al-Husseini, der sich seiner Verhaftung durch die Briten wegen Terrorverdachts entzogen hatte, indem er nach Deutschland geflohen war, ließ sich rekrutieren, um Hitlers Botschaft in der arabischen Welt zu verbreiten, finanziert von Berlin.

Nicht weniger indes sollte die erste Fake-Konspiration der Geschichte zur Hetze gegen Juden beitragen, jenes von der zaristischen Geheimpolizei gefälschte Dokument, das 1903 unter dem Titel «Die Protokolle der Weisen von Zion» in Umlauf gebracht wurde. Darin wird eine Zusammenkunft jüdischer Anführer auf einem Friedhof in Prag geschildert, die dort eine Machtübernahme auf der ganzen Welt planen. Dieses antisemitische Pamphlet versetzte auch die arabische Welt über Jahrzehnte in Aufruhr, obgleich schon früh unzweifelhaft nachgewiesen war, dass es sich dabei um eine Fälschung, ein fabriziertes Machwerk handelte.

Als die Briten 1932 aus dem Irak abzogen und das Land in die Unabhängigkeit entließen, wurde es von einer regelrecht faschistischen Welle überspült. Die Juden Bagdads, die in Politik und Wirtschaft prominent vertreten waren, traf eine Vielzahl antisemitischer Verbote. Sie wurden aus ihren Ämtern gedrängt, ihre Kinder von Schulen verwiesen. Es kam zu Bombenanschlägen auf Synagogen und jüdische Einrichtungen, eine jüdische Zeitung wurde geschlossen, ehe dann mit Nazideutschland sympathisierende Militärs nach einem Putsch vorübergehend die Macht übernahmen. Der Mann, der jetzt das Amt des Militärgouverneurs ausübte, rief im Rundfunk zu einem Massaker an den Juden auf. Eine staatliche Untersuchungskommission sollte später zu dem Urteil kommen, sein Plan sei eine Vernichtung der Juden gewesen. Zwar wurde dem Militärputsch durch ein Eingreifen der Briten ein schnelles Ende bereitet, doch zwei Tage später kam es zum sogenannten Farhud (arabisch für «gewalttätige Enteignung»): Ein aufgepeitschter Mob ergoss sich aus den Moscheen und stürmte in die Häuser des alten jüdischen Viertels von Bagdad, metzelte ganze Familien mit Heugabeln, Äxten und Schusswaffen nieder, zerrte Juden aus Automobilen und Bussen. Offiziere der britischen Truppen, die außerhalb der Stadt an den Ufern des Tigris lagerten, drängten den britischen Botschafter, er möge ihnen erlauben, in die Stadt einzurücken und dem Massaker ein Ende zu bereiten. Doch dieser lehnte ab. Auf dem jüdischen Friedhof von Bagdad findet sich bis heute ein Massengrab, wenn auch widerstreitende Versionen kursieren, wie viele Hundert Opfer des Farhud dort liegen. Auf jeden Fall machte dies unserer Familie in Kurdistan, die mit dem Leben der jüdischen Gemeinde in Bagdad eng verbunden war, klar, dies war ein Fanal für das Ende.

Von den jüdischen Gemeinden in den muslimischen Ländern, die 1945 zusammen über eine Million Menschen zählten, sollte so gut wie nichts bleiben. Doch mehr noch als das Schicksal, die Heimat ohne alles zu verlassen – so Marokko, Libyen, den Irak, den Jemen, den Libanon, Algerien, Syrien, Afghanistan, den Iran, Tunesien, Kurdistan und andere Orte mehr –, sollte zum großen Trauma werden, was die Mizrachim im jungen Staat Israel erwartete. Ihre Vorstellung von Jerusalem als einem Garten Eden auf Erden, wie sie ihn sich in ihren Gebeten ausmalten, eine Heimat, in der sie endlich Gleichstellung genießen würden, was sie der Vereinigung mit ihren aschkenasischen Glaubensbrüdern freudig entgegensehen ließ – dies alles zerbrach, als die Aschkenasim sie wie Primitive empfingen und behandelten, sie diskriminierten, ihnen eine neue Identität aufzwangen und ihre Kinder in Erziehungs- und Bildungseinrichtungen benachteiligten. Und zwar sowohl diejenigen Mizrachim, die aus einem kosmopolitischen, multikulturellen und akademisch geprägten Milieu kamen, wie es etwa in Bagdad geherrscht hatte, als auch jene, die in abgelegenen Dörfern in den Bergen Marokkos oder des Jemen gelebt hatten – sie alle wurden in den Süden des Landes an den Rand der Wüste geschafft, um dort in aller Eile hochgezogene Armensiedlungen zu bevölkern.

Doch auch die palästinensische Geschichte jener Jahre fehlte im Bild der Wirklichkeit, das uns in der Schule vermittelt wurde. Denn es galt und gilt, dass jede Seite den eigenen Kindern andere Anfänge für die jeweils selbe Geschichte eintrichtert – was Vergeltung wofür gewesen sei und wer «angefangen» habe. Besonders wenn es um jene konstituierende Zeit vor 1948 geht, arbeitet jede Seite an einem Puzzle, bei dem die Teile der anderen Seite fehlen. Aber dazu kommen wir noch.

Kippur

Genau fünfzig Jahre und sechzehneinhalb Stunden vor dem Überraschungsangriff der Hamas hatte schon einmal ein Überraschungsangriff stattgefunden, der die Identität der israelischen Gesellschaft tiefgreifender verändern sollte als jedes andere Ereignis zuvor – bis zum 7. Oktober 2023. Die Luftschutzsirenen zerschnitten kreischend die mittägliche Stille an jenem Schabbat des Jahres 1973, dem Jom Kippur, an dem die meisten Menschen in Israel seit dem Vorabend fasteten, weder aßen noch tranken. Die einen taten das, weil sie das religiöse Gebot befolgten, die anderen als Akt der Tradition, aus meditativen oder gesundheitlichen Gründen. Der Jom Kippur, der Versöhnungstag, ein Tag der Aussprache zwischen dem Menschen und seinem Nächsten, zwischen ihm und seinem Gott, der einzige Tag im Jahr, an dem auf den Straßen keine Autos fahren und die Luft frisch und klar ist, ein Tag, an dem sich die Existenz in die tröstliche Intimität der Familie hüllt, dieser Tag wurde jäh beendet, als die Armeen Ägyptens und Syriens den Krieg begannen.

Siebenhundertfünfzig Bombenangriffe von Kampfjetgeschwadern zerrissen den Himmel in einem ersten Eröffnungsschlag, gefolgt von Panzerverbänden, die von Süden und von Norden beinahe ungehindert vorrückten, verstärkt durch Truppen aus dem Irak, aus Marokko und Jordanien. Auch damals war in nur einem Augenblick der Staat Israel verschwunden, nicht mehr existent, gab es keine Regierung mehr und keine Generäle, keine staatlichen Organe, die noch funktioniert hätten. Nur noch Chaos und Lähmung und mittendrin Privatpersonen, auf sich gestellt, Väter und Söhne jeden Alters, die innerhalb von Minuten ohne Vorwarnung alles hinter sich lassen mussten und losfuhren, um die Invasion zu stoppen. Sechs Tage lang schien es, als würde nichts die Panzer aufhalten, ins Zentrum des Landes vorzustoßen. Allgemein herrschte ein Gefühl, als stünde die Zerstörung des Dritten Tempels unmittelbar bevor. Eine Wolke der Vernichtung, die allen die Luft zum Atmen nahm, schwebte über Israel.

«Ihr müsst allein klarkommen, Gott stehe euch bei», antworteten Befehlshaber ihren Soldaten über Funk, als diese um Hilfe und Verstärkung flehten, vom Feind eingekesselt und belagert, ohne Ausrüstung, geeignete Bewaffnung und Munition. Der Abhörposten der Unit 8200 auf dem Berg Hermon galt als der sicherste Bunker in ganz Israel. Die mehreren Dutzend Nachrichten- und Aufklärungssoldaten, die dort ihren Dienst taten, verfügten weder über eine Kampfausbildung noch über ernst zu nehmende Bewaffnung. Sie hatten vor einem sich anbahnenden Krieg gewarnt, doch niemand hatte ihnen Gehör geschenkt. Und jetzt, in einem Szenario, das niemand sich je hätte vorstellen können, landeten syrische Kommandohubschrauber bei ihnen auf dem Berg, und die Soldaten nahmen im Handstreich den geheimsten und am besten geschützten Posten der israelischen Streitkräfte ein.

Das Versagen, das dem 6. Oktober 1973 vorausging, gleicht

auf unfassbare Weise den Versäumnissen, die, soweit man das jetzt schon sagen kann, zum 7. Oktober 2023 geführt haben. Die israelische Armee musste, genau wie damals auch, feststellen, dass sie auf den falschen Krieg vorbereitet war. Die Blindheit der Nachrichtendienste für die alarmierenden Vorzeichen, die Hybris, die überzogene Selbstgewissheit, das Fehlen kritischer Stimmen und das Vertrauen darauf, dass die Araber es nicht wagen würden, einen Krieg vom Zaun zu brechen, da sie genau wüssten, sie würden unterliegen – das alles gleicht sich über fünfzig Jahre hinweg. Auch das Täuschungsmanöver der Hamas glich frappierend den strategischen Schachzügen, die die arabischen Armeen anwandten, um Israel in Sicherheit zu wiegen und es glauben zu machen, wieder mal handle es sich nur um ein Manöver. Damals war der Krieg im Nahen Osten ein Stellvertreterkrieg zwischen dem kommunistischen Ostblock und dem Westen, und Moskau steuerte präzise die militärischen Entscheidungen der Araber, während Israel abhängig war von Erlaubnissen und Waffen aus dem Weißen Haus. Als Moskau drohte, mit Nuklearsprengköpfen bestückte Scud-Raketen an den Nil zu verlegen, wurde atomare Alarmbereitschaft ausgerufen.

Am Ende siegte Israel zwar, militärisch zumindest. Die existenzielle Bedrohung war abgewendet; die israelischen Truppen rückten bis auf Geschützweite an Damaskus heran und standen nur einhundert Kilometer vor Kairo. Doch Washington legte Wert darauf, dass Israel seine Offensive in einer Weise beendete, die beiden Seiten das Gefühl gab, etwas erreicht zu haben. Die Verluste jedenfalls waren immens: Auf arabischer Seite waren 19 000 Tote, 35 000 Verwundete und 8500 Kriegsgefangene zu beklagen. Dem standen 2685 getötete Israelis gegenüber, 7500 Verwundete und 301 Personen, die in Gefangenschaft gerieten. Obwohl es eine militärische Auseinandersetzung zwischen regulären Armeen war und weder Kinder noch Alte abgeschlachtet, keine Frauen zu Tode vergewaltigt und keine Babys entführt wurden, fügte dieser Krieg einer ganzen Generation eine posttraumatische Narbe zu, hinterließ ein tiefes, fundamentales Gefühl von Verunsicherung bei den Israelis. Und das nach Jahren, in denen man im Vertrauen auf ein sicheres, geschütztes Heim und die eigene militärische Überlegenheit gelebt hatte. Als der Krieg beendet war, versprachen die Reden landauf, landab: «Wir werden eine bessere Gesellschaft, werden bessere Menschen sein.» Und: «So etwas wird nie wieder geschehen. Wir haben unsere Lektion gelernt.»

Und jetzt, fast auf den Tag genau fünfzig Jahre später, trifft ein ungleich schlimmeres Versagen das Land, das eine Zersetzung und schändliche Preisgabe der Sicherheit in vielfach katastrophalerem Ausmaß offenbart. Denn im Gegensatz zu 1973 traf der Angriff der Hamas ein Land mit gänzlich irrationaler Regierung.

Die Bedeutung des Jom-Kippur-Kriegs unterscheidet sich aber auch in anderer Hinsicht von der des jüngsten Angriffs. Das Sirenengeheul um zwei Uhr nachmittags an jenem Schabbat war auch das Fanal zum Tod des «Ersten Israel». An jenem Tag brach im Körper der israelischen Gesellschaft eine Autoimmunkrankheit aus: Hier begann die Inkubationszeit eines Bürgerkriegs, der Israel von innen heraus in seine Einzelteile zerlegen sollte. Der Sturm, der die israelische Seele zwischen gefährlichen Extremen hin und her schwanken ließ, sollte seinen Höhepunkt in den Wochen erreichen, die dem Blutbad der Hamas vorausgingen – doch seine eigentliche Geburtsstunde liegt in jenem Versagen fünfzig Jahre zuvor. Dabei hätten die Fehler und Versäumnisse durchaus zum Besseren führen können. Die an Kulturen so reiche, vielstimmige Gesellschaft begann damals, gegen die Generation der Gründerväter aufzubegehren, deren Vision und Weg in Zweifel zu ziehen und Veränderungen zu fordern. In jeder einzelnen der Gruppen, in allen Minderheiten im Land brachte dieser Krieg eine erste Rebellion hervor, in der die Jungen gegen ihre alt und milde gewordenen Eltern aufstanden. Israel begann mit sich zu ringen, im verzweifelten Versuch, seine Identität zu definieren.

Die Messianisten

Die Nationalreligiösen, die «Träger der gehäkelten Kippa», waren lange Zeit eine besonnene, moderate Minderheit, eine Bevölkerungsgruppe, die sich vor allem um die eigenen Söhne sorgte. Sie hatten keinerlei Bestrebungen, der Religion im öffentlichen Raum ein Vorrecht zu verschaffen, wollten weder in der Politik noch in der Armee Führungsrollen einnehmen oder in besonderer Weise im Kulturbereich in Erscheinung treten. Sie waren verlässliche Partner der regierenden Mitte-links-Partei, der Mapai, die seit der Staatsgründung fast drei Jahrzehnte lang ununterbrochen an der Macht war. Dafür genossen sie unter anderem das Privileg, ein eigenes, unabhängiges Erziehungswesen im Geiste ihres Glaubens unterhalten zu dürfen. Doch der existenzielle wie ideelle Bruch, den der Jom-Kippur-Krieg zurückließ, bot den jungen Nationalreligiösen die Gelegenheit, sich aufzulehnen und eine doppelte Rebellion auszurufen: zum einen gegen die eigenen Eltern, die als unterwürfig und in existenziellen Fragen als zu kompromissbereit betrachtet wurden, zum anderen gegen das säkulare Establishment.

Während Israel auf den richtigen Moment wartete, die 1967 von Jordanien eroberten Gebiete im Rahmen eines Friedensvertrags zurückzugeben, schrieben sie sich auf die Fahne, diese Gebiete mit jüdischen Siedlungen zu überziehen. Sie behaupteten, die Religion verbiete, auch nur einen Zentimeter des Landes Israel abzutreten.

Sie vertraten die Vision einer Gesellschaft, die auf dem Fundament der Bibel aufbaut, die die heiligen Bücher und Gebote Gottes aus den Lernstuben holt und sie zum festen Bestandteil des Alltagslebens machen würde. Die Bibel sahen sie gewissermaßen als Feuersäule, die den Weg des Staates bescheinen sollte und die die Verwirklichung ihrer Gebote und Aufopferung verlangte. Als Gegenentwurf zum säkularen Rationalismus entwich so der Geist religiöser Gefühlsduselei aus der Flasche. Er erfasste die heiligen Stätten, die Israel im Sechstagekrieg 1967 eingenommen hatte, und an erster Stelle die Klagemauer in Jerusalem und die Machpela-Höhle mit dem Grab der Patriarchen in Hebron. Als gesellschaftliche Kraft drifteten die Nationalreligiösen sukzessive hin zur extremen Rechten, wo sie fortan auch bleiben sollten. Und sie propagierten eine neue Weltsicht, der zufolge dem Staat, seiner Armee, seiner Fahne und seinen Institutionen ein quasi heiliger, erhaben religiöser Status zukommt. Eine Sicht also, aus der der Staat viel mehr ist als bloß ein Instrument, das seinen Bürgern dient.

Die Demokratie ist folgerichtig dem göttlichen Gebot unterstellt. Rabbiner wurden dergestalt zu Teilhabern am politischen Diskurs. Ihre Revolution begann mit Ansiedlungen im Herzen palästinensischer Städte, die in der Bibel als Wohnorte und Wirkungsstätten der jüdischen Patriarchen Erwähnung finden. Ihr aufstrebender spiritueller Führer, Rabbiner Zwi Jehuda Kook, zog wenige Monate nach Kriegsende an der Spitze einer einhundertköpfigen Menge, darunter auch Frauen und Kinder, in das palästinensische Dorf Chawara ein, südlich von Nablus gelegen. Sie errichteten Zelte, rammten Zaunpfähle in den Boden, zogen Stacheldraht, warfen einen Generator an und bauten sogar einen kleinen Spielplatz. Auch ein Baum wurde gepflanzt, in Gebeten pries man die Rückkehr in diese Städte der biblischen Vorväter. Mehrere Kompanien von Soldaten warteten schon, die Ankömmlinge von dort wieder wegzuschaffen, als Rabbi Kook verkündete: «So, wie es unmöglich ist, uns zu zwingen, Schwein zu essen und den Schabbat zu entweihen, werdet ihr mich auch nicht zwingen, mich von hier wegzubewegen. Ihr könnt Maschinengewehre auffahren und mich erschießen. Aber ihr habt weder das Recht noch die moralische Befugnis, Juden von diesem Ort zu vertreiben.» Tatsächlich wurden sie am Ende von den Soldaten überwältigt und weggetragen, genau wie in Hunderten ähnlicher Fälle in den darauffolgenden Jahren, bei denen illegale Siedlungsposten geräumt wurden.

Doch mit der Zeit wuchsen ihre politische Macht und die öffentliche Unterstützung für ihre Sache. Seither hat das umtriebige Besiedlungswerk einhundertdreißig Siedlungen errichtet und weitere einhundertfünfzig illegale Außenposten, alle auf Gebieten, die Israel 1967 erobert hatte und von denen die Linksregierungen glaubten, sie im Rahmen künftiger Friedensabkommen an die Araber zurückgeben zu müssen.

Die Ideologie der Nationalreligiösen aber öffnete nun Tür und Tor für die Idee, Bürger seien berechtigt, das Gesetz zu brechen, wenn dieses im Widerspruch zum göttlichen Gebot steht. So wurde mit Verweis auf die Halacha, das religiöse Recht, behauptet, jede Regierung, die im Rahmen eines Friedensabkommens auf Teile des Landes verzichte, sei unweigerlich eine unrechtmäßige Regierung, denn es sei das Recht eines jeden Juden, sich überall im Lande Israel niederzulassen und anzusiedeln. Eine Regierung, die Juden aus Außenposten räumen lasse, handle widerrechtlich, «denn dieses Land ist das unsere seit den Tagen Abrahams, Isaaks und Jakobs, so wie es auch Millionen unserer [jüdischen] Brüder auf der ganzen Welt gehört. In der Gemara gilt: ‹Boden wird nicht geraubt.›» So das Urteil der Rabbiner, womit sie sich auf Konfrontationskurs begaben zur Unabhängigkeitserklärung des Staates Israel, die Gleichheit und Demokratie zu höchsten Werten bestimmt hatte.

Ihre messianische Mission konzentrierte sich zunächst auf das Siedlungswerk, auf die Vision eines «unversehrten Landes Israel», das seine Souveränität auf sämtliche eroberten Gebiete auszuweiten hatte, gemäß dem göttlichen Versprechen an die drei Patriarchen, Abraham, Isaak und Jakob. Und je selbstbewusster sie wurden, desto mehr gerierten sie sich als eine neue Elite, ja, als eine zeitgemäße Alternative, die eine nachgerade intime Verbindung mit dem Land der Vorväter bot, eine Rückkehr zur Natur und zum einfachen Leben, zu den Quellen Samarias und den Bergen Judäas, all dies einhergehend mit einer Art Reinheit, inklusive Gebeten und Erlösungsmärschen. Im Gegenzug wurde der säkulare Lebensstil zunehmend als sinnentleert verunglimpft, und junge Menschen, die ihn pflegten, galten als degenerierte Protagonisten einer nach Konsum und Genuss strebenden, dekadenten Urbanität. Die Tatsache, dass das säkulare Israel begann, auf Distanz zu jenem militärischen Ethos zu gehen, das es in den ersten Jahrzehnten nach der Staatsgründung leidenschaftlich befürwortet hatte, und dass es im selben Zuge immer mehr dem Glauben anhing, man könne in Tel Aviv ein Leben wie in der Schweiz oder New York führen, schwächte die Fähigkeit des «Ersten Israel» noch weiter, eine ethisch-visionäre Anziehungskraft zu erzeugen, die hätte konkurrieren können mit jenem Gefühl von Tiefe und der Verwirklichung zionistischer Ideale, das die Siedler offerierten.

Denn die nationalreligiösen Messianisten setzten sich überdies das Ziel, auch in den Medien «Siedlungen zu errichten», in Nachrichtenredaktionen aktiv zu werden und Schlüsselpositionen einzunehmen in einer Branche, die traditionell als linksgerichtet galt. Hier betrachtete man die Religiösen als eine fundamentalistische Gruppe, die Israel zu zerstören drohte, indem sie das Land in einen religiösen, sich vom Westen abkoppelnden Apartheidsstaat verwandelte. Und tatsächlich sollte es ihnen gelingen, nach und nach einige der einflussreichsten Sendeplätze Israels mit ihren Journalisten zu besetzen, alles als Teil einer ideologischen Offensive. Der schwächer werdenden Linken gelang es noch für die nächsten Jahrzehnte, die meisten dieser Pläne zu stoppen, doch am Ende setzten sich die Messianisten mit ihrer Beharrlichkeit durch.

Und so sollte eine Strömung, die gerade einmal zehn Prozent der Bevölkerung in Israel ausmacht, letztlich, im Schlussakt der Regierungszeit Netanjahus, in dieser Regierung des Versagens, die Hälfte der Mehrheitskoalition stellen; aber eben auch fünfzig Prozent aller Offiziere der Kampfeinheiten der israelischen Armee, denn man hatte sich bei den Messianisten zum Ziel gesetzt, dort ebenso Schlüsselpositionen zu übernehmen. In schon nicht mehr allzu ferner Zukunft werden sie die Lagerunde im Generalstab beherrschen.

Die Altvorderen des Lagers glaubten noch an eine Laufbahn, die es ihren Söhnen ermöglichte, ihren Militärdienst um die Hälfte zu verkürzen und dreieinhalb Jahre auf religiöse Studien zu verwenden, auf Kosten des Staates natürlich. Doch die junge Generation der «gehäkelten Kippa» wählt inzwischen einen Weg, bei dem Achtzehnjährige zunächst in ein ideologisches Vorbereitungsjahr geschickt werden, in dem sie Geist und Glauben stärken, und dann den vollen Militärdienst ableisten, bevorzugt in Kampf- und Eliteeinheiten; schließlich ermuntert man sie, die Offizierslaufbahn einzuschlagen und den Militärdienst um weitere Jahre zu verlängern. In den ersten Jahrzehnten des Staates waren es junge Männer aus den Kibbuzim, Sozialisten, die in den Eliteeinheiten der israelischen Armee zehnmal mehr vertreten waren, als ihr Anteil an der Gesamtbevölkerung ausmachte. Heute, im neuen Israel, wird diese Position von den Nationalreligiösen besetzt. Mit einer solchen Stellung hat deren Potenzial, kulturelle Leitbilder zu formen und gesellschaftliche Diskurse zu beeinflussen, seinen Höhepunkt erreicht.

In den beiden Jahren, die dem Blutbad am 7. Oktober vorausgingen, haben die Nationalreligiösen sich auf das öffentliche, säkulare Bildungssystem eingeschossen, mit dem Ziel eines gesellschaftlichen Umbruchs, der Herstellung eines neuen Bewusstseins. In jeder Verhandlungsrunde zur Regierungsbildung haben sie horrende Etatmittel eingefordert, um die Erziehung zu Religiosität und Nationalismus im öffentlichen Bildungssystem zu verankern. Mit Beharrlichkeit haben sie die Kontrolle über den Stundenplan der israelischen Schüler erlangt. In Umfragen ist der Prozentsatz an Israelis, die sich selbst als traditionell-religiös einordnen, in den letzten Jahren rasant in die Höhe geschnellt. Und der Einfluss auf die Schulkinder ist darin noch gar nicht abgebildet.

Ein Blick in die Lehre von Rabbi Zwi Jehuda Kook und seinen Schülern offenbart die Zukunftspläne der Messianisten: Die Demokratie soll möglichst bald ihre historische Rolle zu Ende gespielt haben und sich der Thora unterwerfen. Die Säkularen waren nicht mehr als ein nützliches Instrument auf dem Weg zur Verwirklichung des Staates, künftig sollen sie ihren Platz für die Religiösen räumen, die bestimmt sind, diesen zu führen. Für sie ist Netanjahu nur so etwas wie der Esel, auf dem der Messias nach Jerusalem eingeritten kommt, eine Krücke, die man nach Gebrauch wegwirft. Rabbi Kook rief auch dazu auf, sich von jedem internationalen Druck und der Beeinflussung durch andere Nationen freizumachen, eine Abnabelung, die den Isolationismus des jüdischen Volkes betonen sollte. Jede demokratische Mehrheitsentscheidung wiederum, so meinte er, müsse sich allein auf die jüdische Majorität im Land stützen, sprich: Eine Mehrheitsentscheidung, die auch die Stimmen der arabischen Bevölkerung umfasst, würde demzufolge keine Gültigkeit besitzen. Indem die Religiösen schrittweise auf eine Welt zuarbeiten, in der «die Thora die Verfassung des jüdischen Staates ist, seines Volkes und Landes», bereiten sie einen Weg, der zwingend zu einer Beschränkung der Rechte des Einzelnen führen muss, zur Beschneidung der Rechte von Frauen und Minderheiten.

Im Gegensatz zu ihren Eltern, die noch auf das Kommen des Messias gewartet hatten, der die Erlösung bringen würde, hat sich die jüngere Generation der Messianisten eine Auffassung zu eigen gemacht, die dazu verpflichtet, die Absichten Gottes auszudeuten und aktiv auf deren Umsetzung hinzuarbeiten. Und als dann die Blüte der sozialen Netzwerke anbrach, sollten die Führer des Lagers miteinander wetteifern, wer von ihnen dort mit den unversöhnlichsten, hetzerischsten Äußerungen in Erscheinung trat. Nachdem man die Säkularen zunächst noch als «hohle Gefäße» abgestempelt und alles darangesetzt hatte, ihre Kinder einer messianistischen Gehirnwäsche zu unterziehen, kam die Phase, sie als «Verräter» zu denunzieren. Und als der Oberste Gerichtshof wiederholt als eherne Schutzmauer für die Verteidigung und Wahrung von Menschenrechten in Erscheinung trat, tauchten Karikaturen auf, auf denen die Richter über die Leichen von Soldaten schritten und die Armee am Sieg hinderten.

Folgende Erkenntnis aber lässt mich besonders nachdenklich werden: Ein Kind, das aus dem religiösen Erziehungssystem hervorgeht, erlebt die alten Geschichten – darunter auch solche von Bruderkriegen vor zweitausend Jahren – so unmittelbar und greifbar, als wären sie gestern geschehen, ja, es scheint keinen Grund zu geben, dass sie sich nicht auch morgen wieder zutragen werden. Könige und Mordanschläge, Gog und Magog und der Tempel in Jerusalem – die Geschichte findet jetzt und heute statt und versetzt alle in einen Zustand permanenter Erregung. Einem säkular erzogenen Kind dagegen erscheinen die 1960er-Jahre tatsächlich wie einem anderen Zeitalter angehörig, und es wird keinen Grund sehen, warum jemals etwas daraus wiederaufleben könnte.

Die Charedim

Zehn Prozent der Bevölkerung können einen Staat nur dann verändern, wenn sie Bündnisse mit anderen Minderheiten eingehen. Im Grunde genommen hegen die Nationalreligiösen starken Widerwillen gegen das ultraorthodoxe Judentum, doch gemeinsame Interessen verbinden die beiden heute. Die Charedim, die Gottesfürchtigen, sind der Bevölkerungsteil mit dem größten demografischen Zuwachs. 1973 machten sie nur 5 Prozent der Bevölkerung Israels aus, heute sind es bereits 12,9 Prozent, und in fünfundzwanzig Jahren rechnet man damit, dass sie 21 Prozent der Bevölkerung stellen werden. Sie treten für eine Bewahrung der jüdischen Lebensweise im Exil ein, wie sie vor zweihundert Jahren konserviert wurde, in ihren Erziehungsmethoden, in selbst gewählter Askese und Armut, ihrer Sprache und Kleidung. In ihren Augen leben sie in Israel unter einer fremden Macht, genauso wie sie im Exil unter der Herrschaft der Gojim gelebt haben, denn erst mit dem Kommen des Messias wird ein jüdischer Staat errichtet werden können. Bis es so weit ist, verweigern sie den Militärdienst, sperren sich gegen allgemeine Bildung, unterweisen ihre Kinder nur in der Thora und gehen zumeist nicht arbeiten. Im Gegensatz zu den Nationalreligiösen sehen sie in der erwähnten «Sammlung der Exile» und der Errichtung des Staates keineswegs den Beginn der prophezeiten Erlösung oder eine Vorstufe des Königreichs Israel. Die Charedim haben sich letztendlich nur für eine Teilhabe an der israelischen Politik entschieden, um sich Etatmittel zu sichern, Kindergeld, eine Finanzierung ihrer Jeschiwa-Studenten und ihres eigenständigen, autonomen Erziehungssystems. Und nicht zuletzt um zu garantieren, dass man sie nicht zum Dienst in der Armee nötigen wird.

Der Jom-Kippur-Krieg hat die Charedim in ihrem Eindruck bestärkt, dass die Säkularen ihrer übermäßigen Selbstgewissheit erlegen seien, ihrem Stolz, was das Vermögen des Menschen und die Leistung der von ihm geschaffenen säkularen Institutionen betrifft, anstatt die Nichtigkeit des Menschen vor Gott zu erkennen. Die Katastrophe des Krieges, die der Herr auf sein Volk niedergehen ließ, war in ihren Augen ein Zeichen für den fehlenden Glauben an Gott, eine Bestrafung. Auch die vielen traumatisierten Soldaten, die in der Religion Trost gesucht hatten und nach dem Krieg zur Strenggläubigkeit fanden, stärkten die Charedim. Doch zuvorderst bewirkte der Krieg, dass sie sich der israelischen Lebenswirklichkeit annäherten, da er ihnen vor Augen führte, wie sehr ihr eigenes Schicksal mit dieser verbunden war. Ja, der Krieg ermutigte sie geradezu, sich schrittweise stärker in die Gesellschaft zu integrieren.

Lange Zeit zeichneten sich die Charedim politisch durch eine realistisch-moderate Haltung aus, sie unterstützten Friedensabkommen, den Rückzug von besetzten Gebieten und die Räumung von Siedlungen – was ihnen die Nationalreligiösen bis heute nicht verziehen haben. Vor allem jedoch erlagen die Strenggläubigen der Versuchung, ihre Stellung als «Zünglein an der Waage» auszunutzen. Sie sprangen munter zwischen Rechts- und Linksregierungen hin und her, begaben sich bei jeder Wahl in eine Koalition mit der Seite, die ihnen mehr Versprechungen machte. Schließlich waren sie ja zuerst ihrer Wählerschaft verpflichtet. Und sie begannen, einen Platz im Sicherheitskabinett zu beanspruchen, führende Ministerposten einzufordern, wollten bei Staatsangelegenheiten tonangebend sein. Mit den immensen Sozialetats, die ihnen zugestanden wurden, errichteten sie subventionierte Bildungs- und Sozialnetze, die Kindern etwa ein kostenfreies Mittagessen boten, und auf diese Weise zogen sie auch nicht strenggläubige Wählerschichten an.

Die nächste Phase war eingeläutet, als Netanjahu einen Pakt mit ihnen schloss, der sie davon abhalten sollte, künftig zwischen den Blöcken hin- und herzuwechseln, und sie zu einer Art Nibelungentreue gegenüber dem rechten Lager verpflichtete – zumal sie erkannten, dass diese Positionierung ihnen auch potenzielle Wähler versprach. Folgerichtig verbannten sie aus ihren Reihen Frauen, Homosexuelle und Nichtjuden und profitierten davon, Hass und Antipathie zwischen westlichen und orientalischstämmigen Israelis zu befeuern. In den Netanjahu-Jahren, die sich vor allem durch einen allgemeinen Verlust jeglicher Scham auszeichnen, fielen die Masken, und die gewählten Vertreter der Charedim sahen bald gar keine Notwendigkeit mehr, zu verschleiern, dass ihre Aufgabe nach eigenem Verständnis schlicht darin besteht, die öffentlichen Kassen im Interesse der eigenen Wählerschaft zu plündern. Ja, sie brüsteten sich dessen sogar, jetzt, als die Verlockungen der Macht jeden Anstand verbannt hatten. Und während die Rechte danach strebte, einer Stärkung der Religiosität höchste Priorität zu sichern, hielt die Linke das Banner gegen einen Glaubenszwang in die Höhe, plädierte dafür, den Unterricht säkularer Kernfächer wie Mathematik, Naturwissenschaften und Fremdsprachen auch an den Schulen der Ultraorthodoxen verpflichtend vorzuschreiben, um deren Kinder nicht in der Gefangenschaft der Unbildung zu belassen und aller Möglichkeiten zu berauben. Gleichzeitig aber warnte die Linke: Auch wenn die Charedim sich mehr für Neuerungen und Technologie öffnen und sich gesellschaftlich stärker integrieren sollten, würde sich ihr grundlegender, nichtdemokratischer Wertekanon nicht ändern. Ihre demografische Wachstumsrate hingegen würde zu einer Zukunft führen, die das genaue Gegenteil der Vision der Staatsgründer bedeutete.

Zorn

In ebensolchem Maße, wie die jungen Mizrachim, die arabischstämmigen Juden, aufbegehrten und nicht länger bereit waren, sich mit einer Diskriminierung gewaltigen Ausmaßes abzufinden, brach sich auch regelrechter Zorn bei ihnen Bahn über die Erniedrigung, die ihre Eltern erfahren hatten, darüber, dass ihre Großeltern stets schamvoll den Kopf gesenkt hielten. Die einzige politische Bewegung, die sich für sie einsetzte, war in den Siebzigerjahren die radikale Linke. Die «Schwarzen Panther», die erste revolutionäre Bewegung, die für die Rechte der Mizrachim auf die Straße ging, inspiriert vom Kampf der Schwarzen in den USA, agierte tatsächlich von ihrer Position innerhalb des linken Lagers aus. Die arabisch-muslimische Solidarität litt unter demselben Rassismus wie die arabisch-jüdische, sie speiste sich aus denselben Wurzeln und sah die europäischen Juden als fremde Macht in diesem Teil der Welt, sah diese als das Problem an sich.

In den Armenvierteln Jerusalems spielten die Kinder der jüdischen Neueinwanderer, deren Muttersprache Arabisch war, in den Gassen zwischen den Blechbaracken mit den palästinensischen Kindern. Dieses Miteinander hätte, vielleicht, eine Brücke sein können, um Israel zu helfen, sich im Nahen Osten zu integrieren. Doch leider bestand sie nur für sehr kurze Zeit. Denn ausgerechnet Menachem Begin, der Führer der Rechten, der seine ganze Gemeinde im Holocaust verloren hatte, ein begnadeter Redner und Demagoge, der als junger Mann eine der jüdischen Untergrundorganisationen befehligt hatte, die Terroranschläge gegen die Briten und Araber verübte – Begin also sollte es sein, der als Erster die Mizrachim dazu brachte, ihre Macht an den

Wahlurnen zu erkennen. Immerhin bildeten sie die Hälfte des Volkes. Begin fachte ihre Rachegelüste gegen die seit der Staatsgründung an der Macht befindliche Regierungspartei an und schwang sich dazu auf, ihr Abgesandter und Sprachrohr zu sein. Seine Partei, der Likud, später die Bastion Netanjahus, wurde zur Brutstätte des Zorns der Mizrachim, obgleich der Likud niemals einen Mizrachi als Anführer an seine Spitze wählte, während es die linke Arbeitspartei war, die gleich zweimal einen Mizrachi, einen gebürtigen Marokkaner, in das Amt des Parteivorsitzenden brachte. Drei Generationen sind ins Land gegangen, doch den Enkeln der aschkenasischen Staatsväter haftet das Kainsmal der Sünde der Gründergeneration weiter an, was letztlich die gesamte Linke für Israelis mit orientalischer Herkunft unwählbar macht.

Die Revolution der Mizrachim sollte die Kultur nachhaltig prägen. Sie ließ nicht nur die Musik arabisch klingen, mit der Zeit wurden auch unterschiedliche Vorbilder, Role-Models für Mode und Schönheit, für Humor und Stolz von Mizrachim besetzt. Auch die Küche Israels ist heute vor allem eine nahöstlich-mediterrane. Der Unterschied zwischen den Ethnien – den Aschkenasim und den Mizrachim – bestimmt längst das Primetime-Programm, und bei allen Realityformaten, von «Big Brother» bis zu musikalischen Talentshows, folgen die Publikumsabstimmungen den Herkunftslagern.

Doch trotz des stärkeren Nebeneinanders in der Öffentlichkeit ist die Kluft zwischen den Bevölkerungsgruppen nach wie vor weit davon entfernt, sich zu schließen. Während etwa in Frankreich aus Marokko stammende Juden zu der Gruppe mit dem weltweit höchsten Anteil von Nobelpreisträgern wurden, waren in Israel auch im zurückliegenden

Jahrzehnt noch fast neunzig Prozent der Lehrenden an den Universitäten und Hochschulen Aschkenasim. Zwar hat sich eine große Schicht von Mizrachim in den Führungsebenen von Wirtschaft, Justiz und Medien etabliert, und derjenige in unserer Familie, der es an eine US-amerikanische Ivy-League-Universität geschafft hat, ist mein Lebensgefährte und nicht etwa ich. Doch die unterprivilegierten Mizrachim der Peripherie beschuldigen diese Aufsteiger im Gegenzug, sich «aschkenasiert» zu haben und eine europäisch-westliche Lebensweise mit all ihren Codes zu pflegen.

Die Linke hört derweil nicht auf, voller Überheblichkeit zu fragen: Wie kann es sein, dass die arme Peripherie blind für die kapitalistisch orientierte Rechte stimmt, die sie bloß ausnutzt und an der Nase herumführt, und nicht ihr, die für sie kämpft, die Stimmen gibt? Aber in den Augen eines Mizrachi in den Vorstädten oder der Peripherie stellt die Linke eine Bedrohung für seine traditionell jüdische Geisteswelt dar. Diese bildet nichts weniger als seine Identität, die ihn als einziges exklusives Merkmal vom muslimischen Palästinenser im Nachbardorf unterscheidet, dem er ansonsten in jeglicher Hinsicht ähnlich ist, weshalb er betont stolz auf jenes Erbe ist und seine Kraft daraus schöpft. Die Eliten der erfolgreichen Hightech-Branche in den Straßen Tel Avivs dagegen, die gerne leicht bekleidet zum Meer streben, sehen sich schon seit geraumer Zeit als «Weltbürger» und gehen zunehmend auf Abstand zu jeder Art von nationaler Symbolik.

Was der Kampf der Mizrachim seit seinen Anfängen in den 1970er-Jahren bis heute nicht hervorgebracht hat, ist eine alternative Vision, eine Hoffnung und eine inhaltliche Ausrichtung, die über Opferpolitik hinausgeht. Was für ein Israel könnte dies sein, in ihrem Zeitalter? Die Enkel jener Zuwanderer aus den arabischen Ländern haben eine Schicht von Künstlern hervorgebracht, deren Identität und Schaffen nicht mehr vom Leitmotiv der Benachteiligung bestimmt wird, sondern vom Hass auf Aschkenasim, von einem rassistischen, giftigen Abgesang auf ihre Bräuche und Gewohnheiten und ihre angeblich gefühlskalten, entfremdeten Familien. Als bei Demonstrationen und in den sozialen Netzwerken wiederholt Unsägliches zu hören und zu lesen war – «Schade, dass Hitler nur sechs Millionen vernichtet hat, er hätte den Job zu Ende bringen sollen» –, taten wir alle, wie üblich, dies bloß als Entgleisungen fanatischer Randfiguren ab.

Aber die Frage blieb: Was für eine Nation wollen sie sein? Nur sehr wenige von ihnen haben aus der Geschichte so etwas wie arabische Solidarität abgeleitet, indem sie sich beispielsweise sagten: «Wenn die Aschkenasim schon meine jüdische Großmutter so behandelt haben, malt euch aus, wie sie erst mit der Großmutter eines jungen Palästinensers umspringen.» Stattdessen wird die zynische Haltung der meisten Mizrachim gegenüber den Palästinensern selbstsicher mit dieser Behauptung begründet: «Ihr Europäer versteht die Muslime nicht. Aber wir haben unter ihnen gelebt. Ihre Sprache ist allein Härte.» Daher ist die Vision der allermeisten Mizrachim auch nicht eine harmonische Eingliederung im Nahen Osten.

Im Unterschied zu den USA, die sich als Flickenteppich unterschiedlicher Identitäten stets bemühen, gemeinsame, fundamental universale Werte zu betonen, tut sich Israel schwer, gemeinschaftlich zu definieren, was das Land sein möchte. Das Lager derjenigen, die es mit Netanjahu halten, weiß darauf nur eine Antwort zu geben: jüdisch. Doch das ist noch keine vollständige Antwort, denn an sie schließt sich die herausfordernde, riskante Frage an, vor der viele Staaten auf der Welt stehen: «Was ist Demokratie?» Ein Schüler mag darauf antworten: «Dass die Mehrheit bestimmt.» Was er noch nicht weiß, ist, dass Demokratie viel mehr bedeutet als das, eine ganze Welt aus Werten und Rechten, und dass die Mehrheitsentscheidung nur eines der fundamentalen Instrumente ist, um diese Werte und Freiheiten zu verteidigen. Staaten im Taumel aber versinken in einem lautsprecherischen, unversöhnlichen und martialischen Diskurs, bei dem die bestimmende Mehrheit zu einer Gefahr wird.

Frieden

«Kein Krieg hat etwas gebracht außer den Folgekrieg», schrieb der israelische Schriftsteller S. Yizhar, doch der Krieg 1973 schuf Frieden. Der Friedensvertrag mit Ägypten, dem vormals erbittertsten Feind, dem Anführer der arabischen Welt, wurde im Winter 1979 unterzeichnet. Er ist die größte Errungenschaft des Zionismus überhaupt. Ausgerechnet Menachem Begin, Verfechter eines «Großisrael», verblüffte alle und stimmte einem vollständigen Rückzug von der Sinai-Halbinsel zu. Und das nach fünfundzwanzig Kriegsjahren und fünf Kriegen. Dazu kam es dank Anwar as-Sadat, der großen Führungsfigur, die zum Erstaunen der muslimischen beziehungsweise arabischen Welt zustimmte, nach Jerusalem zu kommen, vor der Knesset aufzutreten und sich dem Frieden zu verpflichten.

Sogar noch als sein Flugzeug im Landeanflug war, herrschte in der israelischen Armee die Überzeugung, es handle sich um ein weiteres Täuschungsmanöver und die Ägypter würden voll bewaffnet aus dem Flugzeug steigen, neben der Landebahn die Elite des Landes für den Empfang vorfinden und im Kugelhagel niedermähen. Woraufhin die israelische Armee unverzüglich wieder an die Grenze zu Ägypten vorrücken würde. Sadat war jedoch unter anderem deshalb in den Jom-Kippur-Krieg gezogen, damit Israel mit ihm in Friedensgespräche eintreten würde. Er glaubte gar nicht daran, dass er Israel erfolgreich erobern könnte, sondern wollte lediglich mit Panzern so tief wie möglich ins Land vordringen, so lange, bis die Weltmächte den Kriegsparteien eine Feuerpause und Gespräche aufoktroyieren würden. Sadat war bereits zu Beginn des Jahrzehnts fest entschlossen gewesen, einen Frieden durchzusetzen, sowohl um den Sinai für Ägypten zurückzugewinnen als auch um engere Beziehungen zu den USA aufzubauen, was eine Sanierung der ägyptischen Wirtschaft ermöglichen würde. Innerhalb Israels gab es zu Anfang des Jahrzehnts große Zweifel, ob man ihm glauben könne; man verweigerte sich dem Frieden, der Krieg brach aus, dem Tausende zum Opfer fielen, und erst dann wurde der Friedensvertrag unterzeichnet.

Sadat wurde dafür in der muslimischen Welt als Verräter gebrandmarkt, sein Land aus der Arabischen Liga ausgeschlossen. Am 6. Oktober 1981 verübten radikale Muslime ein Attentat auf ihn und vollstreckten damit eine Fatwa, die Religionsführer ausgesprochen hatten. Laut dem ägyptischen Nachrichtendienst hatte der Iran das Attentat geplant, finanziert und begleitet. Der Iran versuchte in der Folge, eine islamische Volksrevolution in Ägypten anzustacheln, die scheiterte. Der Frieden hält bis heute an.

Umsturz

Zu Beginn der Achtzigerjahre erschütterte der erste Golfkrieg, in Israel Iran-Irak-Krieg genannt, die Region. Er forderte rund 1,38 Millionen Opfer und brachte erstmals chemische Waffen in diese Weltgegend – hauptsächlich Senfgas – sowie gegen Zivilisten gerichtete Langstreckenraketen. Die Iraner schickten Kinder in den Selbstmord, indem sie sie im Kampfgebiet als Minenräumer einsetzten. Manche Kinder stellten sich sogar Panzern entgegen, um sie am Vorankommen zu hindern. Die eingesetzten Kinder der Basidschis aus der Revolutionsgarde hatten Plastikschlüssel für die Pforte zum «Paradies» erhalten und trugen sie auf ihrem Weg in den Kampf um den Hals. Ab dem vierzehnten Lebensjahr wurden Kinder als Kämpfer der Armee zugeführt, auch ohne Wissen ihrer Eltern. Bei Kriegsende verliefen die Grenzlinien genau wie vor dem Krieg, nichts hatte sich verändert.

Das fundamentalistische Regime des Ajatollah Chomeini im Iran war bei Kriegsausbruch seit einem Jahr an der Macht. Chomeini hatte ein Land übernommen, dessen Institutionen und dessen Armee auf dem säkularen Fundament des Schah-Regimes gründeten, das er gestürzt hatte, und die er «säubern» musste, um sich Loyalität zu sichern. Der Notstand im Schatten des Krieges ermöglichte Chomeini die vollständige Machtübernahme. Und die Solidarität des Volkes während der acht Jahre, in denen Teheran unter irakischem Raketenbeschuss stand, gewährte dem neuen Regime genug Zeit, um die Zügel seines rigiden Totalitarismus noch fester anzuziehen. Während die Armee mit der Front befasst war, stellte Chomeini eine zusätzliche, parallele Armee auf, «die Wächter der Islamischen Revolution», kurz: Revolutionsgarde, um mit ihrer Hilfe sicherzustellen, dass die Revolution unumkehrbar sein würde. Ihre Aufgabe war der Schutz des Regimes, und sie bestand aus Luft- und Landstreitkräften, Raketeneinheiten, Polizeimilizen und speziell der Sittenpolizei. Es gab auch ein internationales Organ, das für «den Export der Revolution» zuständig war, die Durchsetzung des Radikalismus in anderen Staaten.

Die Bürger – Sozialisten, Frauen, Akademiker –, die auf die Straße gegangen waren, um die autokratische Monarchie des Schahs zu stürzen und Freiheit zu bringen, hatten gehofft, Chomeini würde einen neuen, repräsentativen Geist symbolisieren oder sogar eine Volksherrschaft ermöglichen. Von Tag zu Tag wurden die religiösen Gesetze strenger, die Menschenrechte schrittweise beschnitten, man verfolgte Minderheiten, Angst griff um sich.

Der Iran erklärte die USA öffentlich zum großen Satan, Israel zum kleinen Satan, und aus den freundschaftlichen iranisch-israelischen Beziehungen begann sich zu dieser Zeit eine hochgefährliche Konfrontation herauszubilden, wie es sie in der Region in dieser Art noch nie gegeben hatte. Die große geografische Entfernung zwischen den beiden Ländern sollte der Iran durch die Aktivierung eines weiten Netzes von Stellvertretern in den an Israel angrenzenden Staaten überwinden, durch Bündnisse und Marionetten in Form von ausführenden Organen des Iran sowie durch die Finanzierung von Terrororganisationen in der ganzen arabischen Welt.

Beirut

Der Libanonkrieg war der erste in der israelischen Gesellschaft umstrittene Krieg. Bis dahin hatte über die Kriege Konsens geherrscht: Sie waren Israel durch Angriffe aufgezwungen worden, und die Armee hatte Solidarität genossen. Diesmal wurde der Riss in der Gesellschaft deutlich, und erstmalig entlud sich die Stimmung. Die Hälfte des Volkes beschuldigte den israelischen Staat, in einem «optionalen Krieg» zu versinken, den man hätte vermeiden können und sollen. Der Jom-Kippur-Krieg hatte auf einem gemeinsamen Nenner beruht; da galt es, die Heimat zu retten. Beim Libanonkrieg hingegen zerbrach etwas im Land, und wir stürzten in eine Identitätskrise. Misstrauen und Verschwörungsideen griffen um sich. Fortan sollte es ein emotional aufgeladenes Gegeneinander geben.

Der Libanon galt als die Schweiz beziehungsweise gar als das Paris des Nahen Ostens. Beirut ähnelte Tel Aviv, und die Libanesen hatten auf faszinierende Weise viel gemein mit den Israelis. Seit 1975 aber steckte das Land in einem ununterbrochenen, von Massakern geprägten Bürgerkrieg, der aus Spannungen zwischen den einzelnen Religionsgemeinschaften einer Gesellschaft herrührte, die sich aus vielen Stämmen zusammensetzte, ohne dass es eine echte Mehrheit gab. Die katholischen Maroniten, die schiitischen und sunnitischen Muslime, daneben zahlreiche Minderheiten wie Drusen, Alawiten, Griechisch-Orthodoxe, Syrer, Armenier, Kopten gerieten in eine Spirale des andauernden Kampfes um den Charakter des Staates sowie den Weg, den dieser einschlagen würde. Hunderttausende kamen dabei zu Tode, Hunderttausende ergriffen die Flucht. Zu dieser Instabilität traten noch die Palästinensische Befreiungsorganisation (PLO) und die bewaffneten palästinensischen Organisationen hinzu. Sie ließen sich im Libanon nieder, nachdem sie infolge des «Schwarzen Septembers» 1970 aus Jordanien vertrieben worden waren, wo sie einen Umsturzversuch unternommen hatten, ein Attentat auf den König, woraufhin dieser 3500 Palästinenser töten ließ.

Manche von ihnen richteten sich in den Dörfern des Südlibanon ein, brachten Stützpunkte der libanesischen Armee unter ihre Kontrolle und stellten einen der Hauptgründe für den Ausbruch des Bürgerkrieges dar. Der Libanon war nun zerrissen: Es gab Gebiete unter der Kontrolle der Palästinenser, Gebiete unter der Kontrolle christlicher Milizen und solche unter der Kontrolle Syriens, das sich einmischte.

Die Palästinenser entführten vom Libanon aus eine Reihe israelischer Flugzeuge, verübten weltweit Terroranschläge, schossen Tausende Raketen auf israelische Ortschaften an der nördlichen Landesgrenze ab. Die PLO schickte kleine Einheiten, die auf israelischem Boden Geiseln nahmen, so beispielsweise im April 1980 mit dem Überfall auf das Kinderhaus des Kibbuz Misgav Am, der das Ziel hatte, palästinensische Gefangene freizupressen.

Im April 1982 beendete Israel im Rahmen des Friedensvertrages mit Ägypten seinen Rückzug von der Halbinsel Sinai, während die Augen der Welt auf den Norden gerichtet waren und das Gefühl vorherrschte, dass ein Krieg unausweichlich wurde. Als ein Palästinenser Schüsse auf den israelischen Botschafter in London abfeuerte, war der Casus Belli eingetreten. Die israelische Luftwaffe bombardierte, die israelische Armee marschierte in den Libanon ein, die Palästinenser nahmen die Ortschaften im Norden Israels unter Beschuss. Die Regierung in Jerusalem versicherte der Öffentlichkeit, dass die «Operation Frieden für Galiläa» von kurzer Dauer und nur darauf angelegt sei, die bis zu vierzig Kilometer im Landesinneren gelegenen terroristischen Infrastrukturen zu zerschlagen. Doch innerhalb von wenigen Tagen war die israelische Armee bereits auf dem Weg zum Präsidentenpalast in Beirut. Die ohnehin schon schweren Kämpfe nahmen weiter zu und gingen in direkte kämpferische Auseinandersetzungen mit der syrischen Armee über. Wir verloren den Bruder meiner Mutter, sein Name war Chaim.

Die israelische Gesellschaft war vereint in diesen Krieg eingetreten, hatte an einen gerechten Kampf geglaubt, an die Wirkung der ersten Reaktion auf die erfolgte Provokation. Doch bald regte sich Protest – der erste öffentliche Protest, der gegen die israelische Armee bis dahin aufgekommen war. Soldaten, Kommandeure, Eltern gefallener wie kämpfender Soldaten standen auf gegen diesen Krieg und die Opfer, die er forderte. Zum ersten Mal kam es zu Verweigerungen des Militärdienstes, auch vonseiten ranghoher Offiziere. In den Augen der Rechten bedeutete diese Verweigerung Verrat und existenzielle Gefahr, weshalb sie gegen die Friedensbewegungen zu hetzen begannen. Manche israelischen Fantasien spannen sich um die Idee, dass die israelische Armee dem Anführer der Christen zur Präsidentschaft im Libanon verhelfen würde, um so die Grundlage für friedliche Beziehungen mit dem Nachbarn zu legen und die palästinensischen Milizen aus dem Libanon zu vertreiben. Für einen Moment hatte es den Anschein, als könnte das gelingen. Ende August liefen die palästinensischen Milizen aus dem Hafen von Beirut aus und steuerten Tunesien an. Es war die Folge einer Vereinbarung über eine Feuerpause, und der Christ Bachir Gemayel wurde zum Präsidenten gewählt.

Drei Wochen vergingen, dann fielen der neue Präsident und mit ihm eine Gruppe von Mädchen, vor denen er einen Vortrag hielt, einem vom syrischen Geheimdienst verübten Attentat zum Opfer. Die erwartbaren Verwicklungen nahmen ihren Lauf, die israelische Armee rückte nach West-Beirut vor. Die christlichen Phalange-Milizen drangen in der Zwischenzeit in die palästinensischen Flüchtlingslager ein und rächten sich aus Zorn über das Attentat mit einem Massaker an den Bewohnern. Die Zahl der dabei Ermordeten ist umstritten, sie schwankt zwischen achthundert und dreitausend. Der israelische Untersuchungsausschuss stellte fest, dass Offiziere der israelischen Armee im Verlauf jener Nacht Berichte über Massaker und Folter unter den Bewohnern der Flüchtlingslager erhalten hatten, allerdings nicht eingeschritten waren und erst in der Morgendämmerung Befehl gegeben hatten, die Christen aus den Lagern herauszuholen. Ende September zog die israelische Armee aus Beirut ab.

In Jerusalem kam es in der Zwischenzeit zum ersten politischen Mord an einem linken Aktivisten. Die Bewegung «Schalom Achschaw», «Frieden jetzt», forderte bei ihrer Demonstration den Rücktritt des Verteidigungsministers Ariel Scharon wegen der in den Flüchtlingslagern verübten Massaker. Ein Mann, angestachelt von der Hetze des rechten Lagers, das die Linke des Verrats beschuldigte, warf eine Handgranate auf die Demonstranten und tötete Emil Grünzweig, einen Friedensaktivisten, Sohn einer Schoah-Überlebenden, Mathematiklehrer und Vater einer fünfjährigen Tochter. Es würde nicht der letzte Mord sein.

Zwar hatten die säkular-nationalistischen Palästinenser nun den Libanon verlassen, doch wuchs recht zügig ein Feind heran, der um ein Vielfaches radikaler und grausamer war. Einige Hundert Offiziere der iranischen Revolutionsgarde hatten sich in der Bekaa-Ebene im Osten des Libanon niedergelassen, um Milizen des revolutionären Dschihad aufzustellen und im Land eine islamische Republik zu gründen. Die Hisbollah, die «Partei Gottes», auch «Al-Muqawama», «der Widerstand», genannt, sollte sich von da an zu einer der professionellsten, stärksten und am besten finanzierten Guerilla- und Terrormilizen innerhalb der schiitischen Parteien sowie der Welt entwickeln. Nicht nur der Westen, sondern auch die Mehrheit der Staaten der Arabischen Liga stufen sie als Terrororganisation ein.

Israel sollte die nächsten achtzehn Jahre in diesem libanesischen Sumpf waten, während es zur Terrorabwehr eine Pufferzone errichtete, die zehn Prozent des libanesischen Staatsgebiets umfasste und in der israelische Kräfte verblieben, um die Hisbollah von der Grenze fernzuhalten. Die achtzehn Militärstellungen standen unter Dauerbeschuss des neuen Feindes und waren Ziel von Guerillaangriffen, die zunehmend raffinierter ausfielen.

Laut Schätzungen verfügt die Hisbollah heute über einen Bestand von etwa zweihunderttausend Raketen. Den Libanon jedoch – ein im Auseinanderfallen begriffenes Land, in dem die Bevölkerung erschöpft ist von der inneren Spaltung und den Kriegen, in großer Zahl abwanderte und in der ganzen Welt verstreut lebt – kann man als warnendes Beispiel betrachten, das Israel vor Augen führt, welche Entwicklung es im eigenen Land geben könnte, wenn die verschiedenen Strömungen und Identitäten nicht in Frieden miteinander leben. Die Ähnlichkeit ist erschreckend.

Der Prophet

Jeschajahu Leibowitz, ein religiöser Jude, Professor für Biochemie und Neurophysiologie, der bedeutendste Philosoph in der Geschichte des Landes, geboren in Riga, verbrachte ein prägendes Jahrzehnt im Deutschland der Weimarer Republik, das ihm eine Zeit lang zur geliebten Zuflucht wurde. Er war am Kaiser-Wilhelm-Institut in Berlin tätig wie an der Universität Köln, bewegte sich unter Nobelpreisträgern. Dennoch fiel die Gestapo auf der Suche nach ihm ins Haus seiner Schwiegereltern ein; er ging nach Basel. 1936 wechselte er an die Hebräische Universität Jerusalem.

Als er den Film «Shoah» (1985) von Claude Lanzmann sah, meinte er: «Es ist ein gewaltiges Dokument in menschlicher Hinsicht, doch uns Juden sagt es nichts. Der Film zeigt, was uns angetan wurde.» In seinen Augen sollten sich diejenigen mit der Schoah befassen, sie erforschen, die sie begangen hatten – oder Ähnliches begehen könnten. Dennoch prägte die Schoah Leibowitz' religiöse und politische Philosophie. Als er irgendwann äußerte, in Israel gebe es «Judo-Nazis», ging eine Erschütterung durch das Land. In jedem Staat könne sich eine nationalsozialistische Mentalität herausbilden, meinte Leibowitz, die Prüfung bestehe darin, ob das Volk und das Establishment sie verurteilen und aus der Gesellschaft verbannen würden oder nicht.

Im Frühjahr 1967 schlossen die Armeen von sechs arabischen Ländern ihre Kriegsvorbereitungen ab und griffen Israel an drei Fronten mit einer halben Million Soldaten an. Sie nahmen Israel in ökonomischer Hinsicht in den Würgegriff, indem sie den Zugang zum Roten Meer versperrten. Israel begann Vorbereitungen zu treffen und auf der Kikar Ha-Medina, dem größten Platz in Tel Aviv, Zehntausende Gräber auszuheben, damit man all die Toten irgendwo begraben könnte. Das Land stellte sich auf seine Vernichtung ein, auf den Beginn einer zweiten Schoah. Die israelische Luftwaffe zog ihren Überraschungsangriff zeitlich vor und schlug die arabischen Luftstreitkräfte, die sich noch am Boden befanden, vernichtend, eroberte innerhalb von sechs Tagen Judäa und Samaria sowie Ostjerusalem von Jordanien, von Ägypten die Sinai-Halbinsel und von Syrien die Golanhöhen. Die Euphorie, die Israel erfasste, wirkte wie ein Vorzeichen der Erlösung, die Armee wurde mit Lorbeeren überschüttet.

Unmittelbar nach der Besetzung schrieb Amos Oz, einer der bedeutendsten israelischen Schriftsteller: «Es ist an uns, den Bewohnern der besetzten Gebiete einfache und klare Worte zu überbringen: Wir begehren nicht euren Grund und Boden. Wir sind nicht gekommen, um euer Land mit Juden zu besiedeln. Wir werden hier bleiben und regieren bis zur Unterzeichnung eines Friedensvertrags. Ein Jahr, ein Jahrzehnt oder eine Generation lang, und wenn der Tag naht – dann werdet ihr die Wahl haben. Wir sind nicht auf die Welt gekommen, um uns als Herrenvolk aufzuführen. Vielmehr um ‹ein freies Volk zu sein›, wir werden diesen Wunsch in unserem Herzen tragen, solange wir unsere Menschlichkeit nicht verloren haben.»

Die Rückkehr zum Land der Bibel entfachte bei den Religiösen allerdings geradezu Begeisterung, und Leibowitz warnte das Volk mit einer Prophezeiung: «Der nationale Stolz und die Euphorie werden vorübergehen, und sie werden uns von wachsendem Nationalismus zu radikalem messianischem Nationalismus tragen. Die dritte Phase wird die Verrohung sein und die letzte Phase das Ende des Zionismus.» Die Besetzung von 1967 war der Moment, in dem in Leibowitz' Augen Israel aufhörte, demokratisch zu sein, in dem Israel sich dazu hinreißen ließ, die Herrschaft über Millionen von Menschen auszuüben, die unter der Besetzung ohne bürgerliche und politische Rechte lebten.

1987 sagte er den Israelis: «Wenn wir den Weg fortsetzen, den wir beschreiten, ist die Zerstörung des Staates Israel innerhalb von Jahren, nicht einmal von Generationen gewiss. Von innen her (...) mit Konzentrationslagern für Menschen wie mich; und nach außen wird Israel sich mit der arabischen Welt von Marokko bis Kuwait in den totalen Krieg verstricken. Das ist die Perspektive für die nicht allzu ferne Zukunft (...). Solange der Staat Israel weiter der entsetzlichen Dummheit anhängt, zu glauben, die amerikanische Unterstützung hielte für die Ewigkeit an, ist er am Frieden nicht interessiert. Daher wird er enden wie Südvietnam, das sich ebenfalls für die Ewigkeit auf die amerikanische Unterstützung verließ.»

Leibowitz betrachtete den Zionismus als den Rahmen für die Erneuerung der staatlichen Unabhängigkeit des jüdischen Volkes, doch er fürchtete ihn zugleich, da das Volk von ihm angetan war. Der Nationalismus und die Umwandlung des Landes und seiner Symbole in einen *Wert* anstelle eines *Mittels* sowie die Beherrschung eines anderen Volkes – dies würde seiner Auffassung nach zur Zerstörung führen.

Was ihn zu der Äußerung «Judo-Nazis» bewegte, war die Tatsache, dass der ehemalige Präsident des Obersten Gerichtshofs dem Inlandsgeheimdienst Schabak die Genehmigung erteilt hatte, bei den Vernehmungen zur Terrorvereitelung «ein Mittelmaß an physischem Druck auszuüben, wenn bei einer intensiven Vernehmung gewaltfreie psychologische Druckmittel und Tricks nicht zum Ziel führen sollten». Es kam einer Genehmigung zur Folter gleich.

Das Volk sah in Leibowitz einen verrückten Greis oder

ein unartiges Kind. Seine Äußerungen hörten sich derart realitätsfern an, dass sie keinerlei Auswirkung hatten. «Vergessen wir nicht, dass die Nazis nicht nur den Juden Schaden zufügten», mahnte er die Israelis, «sondern auch Deutschen, Menschen des eigenen Volks. In der ersten Phase von Hitlers Herrschaft, die ich mit eigenen Augen verfolgt habe, befanden sich nur wenige Juden in den Konzentrationslagern – und die waren dort als Kommunisten. Tatsächlich waren die Lager voll mit ‹arischen› Deutschen, die Regimegegner waren, und so etwas kann sich in nicht allzu ferner Zukunft auch unter uns ereignen (...). Die Besatzungspolitik ist eine nationalsozialistische Politik.»

1987

Die erste Intifada brach aus. Zwanzig Jahre einer trügerischen Ruhe waren zwischen dem Sechstagekrieg ab dem 5. Juni 1967, als Israel die Gebiete von Jordanien und Ägypten erobert hatte, und dem Moment vergangen, in dem nun der palästinensische Volksaufstand losbrach. Die PLO agierte aus dem Ausland. Sie würde durch Anschläge wie den auf die israelischen Sportler bei den Olympischen Spielen in München 1972 in Erinnerung bleiben. Die Bewohner der Dörfer und Städte der besetzten Gebiete aber schienen nicht Teil dieses Kampfes zu sein. Am 8. Dezember 1987 erfasste ein israelischer Lkw-Fahrer zwei Fahrzeuge mit Palästinensern, die von ihrer Arbeit aus Israel zurückkehrten. Vier der Insassen verunglückten tödlich. Der Fahrer, den bald eine Menschenmenge umringte, flüchtete und wurde von einem anderen Wagen mitgenommen. Das Gerücht, er habe die Palästinenser mit Absicht gerammt, entfachte spontane

Ausschreitungen, die sich von Gaza bis in alle acht palästinensischen Städte ausbreiteten und sechs Jahre andauern sollten. Hier erhob eine junge Generation stolz ihr Haupt, zusätzlich befeuert durch hohe Arbeitslosigkeit, und weigerte sich, ihren Eltern deren Unterwürfigkeit zu verzeihen. Noch weniger verziehen sie den Uniformierten, die sie demütigten. Seit den Kriegen von 1973 und 1982 schien Israels Armee nicht mehr die Streitmacht zu sein, die Wunder wie im Jahr 1967 vollbringen konnte.

Nun zogen die Bewohner der besetzten Gebiete in den Kampf, auch weil sie Israel als angeschlagen wahrnahmen. Israel hatte mit diesem zivilen Ungehorsam nicht gerechnet, und die israelische Armee war in keiner Weise darauf vorbereitet, auf zivilem Gelände zu operieren. Es war ein Protest, bei dem zunächst Steine und Molotowcocktails geworfen wurden und der dann in Terror überging, als beispielsweise ein Attentäter auf einer Jerusalemer Hauptstraße einen Bus in seine Gewalt brachte und in einen Abgrund steuerte. Sämtliche israelische Strategien erwiesen sich als Fehlschläge: vom Einsatz von Gummigeschossen, Tränengas, Schlagstöcken und Wasserwerfern über die Verriegelung und den Abriss von Häusern gesuchter Personen bis hin zu Massenverhaftungen, Straßensperren, Ausgangssperren für ganze Dörfer sowie Vertreibung. Nichts davon konnte dem Aufstand Einhalt gebieten.

Die israelische Regierung unterhielt in den betroffenen Gebieten Kontakte mit Tausenden palästinensischer Kollaborateure. Die Jagd auf diese wurde von nun an höchstes Ziel der Aufständischen, die Verräter wurden in der Folge aufgegriffen und an Strommasten aufgehängt, ihre Leichen an Motorrädern durch die Straßen geschleift. Zwei Jahre zuvor hatte Israel 1150 palästinensische Gefangene in die Freiheit entlassen, im Gegenzug für die Rückkehr von drei im Libanon entführten Soldaten. Unter den Freigelassenen befanden sich führende Köpfe von Terrororganisationen, auch Scheich Ahmad Yasin, der nun die Hamas – eine Abkürzung für «Islamische Widerstandsbewegung» – gründen würde. Die Warnung des israelischen Nachrichtendienstes vor der Entstehung von PLO-Einheiten in den besetzten Gebieten bewirkte, dass Israel die Bildung von Flügeln der Muslimbruderschaft in Palästina tolerierte, die Israel als eine Organisation der sozialen Fürsorge und Wohltätigkeit einordnete, als Alternative zur PLO. Man nahm dabei nicht wahr, dass daraus eine fundamentalistische Terrororganisation erwuchs, die grausamer und kompromissloser als ihre säkulare Vorgängerin war. Eine ähnliche Fehleinschätzung hatte einst auch die CIA dazu geführt, ganze Bataillone für Osama bin Laden zu trainieren, sie in Kommunikationssicherheit, Munitionskunde, im Stellen von Hinterhalten auszubilden, damit sie in Afghanistan gegen die Russen kämpften. Auch hier bemerkte in Washington niemand, dass man seinen größten Feind heranzüchtete. Durch all diese Fehlschläge zieht sich die Blindheit wie ein roter Faden, das mangelnde Verständnis dafür, dass man es mit der radikalen Auslegung einer Religion und ihren grausamen Absichten zu tun hat, obwohl diese offen in Predigten beschworen werden. Doch man schien das für reine Theorie zu halten.

Die Hamas verfolgt vor allem *eine* Politik – wie es Mohammed Deif, oberster militärischer Befehlshaber, formulierte: «Wir werden siegen, denn wir lieben den Tod, so wie die Juden das Leben lieben. Wir lieben den Tod für Allah, und wir haben davor keine Angst.» Diese Gehirnwäsche, die auf islamische Quellen zurückgeht und die jedes Kind in dem Glauben lässt, dass das Leben, welches es erwartet, nachdem es im Dschihad zum Märtyrer geworden ist, besser sein wird als das Leben auf Erden, ist nicht nur eine Geheimwaffe, sondern sie bestimmt zudem das Wesen dieser Weltanschauung.

Auf den Bildschirmen weltweit erschienen unterdessen Bilder von palästinensischen Kindern in den Nachrichten, die Steine auf Panzer warfen, was als Kampf Davids gegen Goliath wahrgenommen wurde und sich in den Köpfen verfestigte. Junge Menschen aus Europa, die bis dahin zu Hunderttausenden freiwillig in die Kibbuzim des jungen Landes gezogen und der zionistischen Idee zugeneigt gewesen waren, wandten sich nun ab. Die Verwicklungen in den seit 1967 besetzten Gebieten markierten den Moment, in dem die Legitimation verloren ging.

Ein General will Frieden

Der Händedruck von 1993 in Washington: zwischen Jitzchak Rabin – befehlshabender Generalstabschef im Krieg und bei den Eroberungen von 1967, der inzwischen Premierminister geworden war – und Jassir Arafat, dem Mann, der seit einem Vierteljahrhundert an der Spitze der Palästinensischen Befreiungsorganisation stand und den Israel ein Jahrzehnt zuvor aus dem Libanon vertrieben hatte, woraufhin er nach Tunis fliehen musste. Die beiden verkündeten Frieden. Die beiden ersten palästinensischen Städte, Gaza und Jericho, wurden der Autonomiebehörde unter Arafats Führung unterstellt, die Waffen erhielt und eine Polizei gründete. In der zweiten Phase wurden die übrigen Städte – Ramallah, Bethlehem, Nablus, Kalkilya, Tulkarm, Dschenin – der palästinensischen Verwaltung übergeben, mit ihnen vierhundertfünfzig Dörfer. Die treibende Kraft hinter dem sogenannten Oslo-Abkommen war Außenminister Schimon Peres, ein Optimist, der die Vision von einem prosperierenden «neuen Nahen Osten» hatte. Peres hatte Rückendeckung von Rabin, der einsah, dass Israel nicht weiterhin über Millionen Palästinenser herrschen konnte. Das Abkommen wurde heimlich geplant, und als es veröffentlicht wurde, wusste Rabin, dass lediglich die Hälfte des Volkes hinter ihm stand.

Das Abkommen fand in der Knesset eine knappe Mehrheit, die sich auf arabische Parteien stützte. Die Israelis bangten wegen des «Stufenplans», den Arafats Organisation 1974 verabschiedet hatte und in dem sie die Absicht einer vollständigen Vernichtung Israels erkannten. Dieser Plan war aus ihrer Sicht nun aktualisiert worden, in dem Sinne, dass sämtliche Interimsabkommen und jeder kleinere Rückzug eine Stufe zum eigentlichen Ziel darstellten. Die Israelis fürchteten sich vor dem palästinensischen Wert des *Sumud* (arabisch für unbeirrbare, eiserne Ausdauer), der für sie darauf hinauslief, Israel zu vernichten.

Für die Bewohner der israelischen Siedlungen im besetzten Gebiet brach eine neue, alarmierende Realität an: Wer gestern noch Feind gewesen war und unter der Besatzung gelebt hatte, fuhr nun als Sicherheitskraft mit Gewehren die Verkehrsachsen ab, unterhielt auch noch einen Geheimdienstapparat. Die israelischen Siedler wussten zudem: Wäre der Vertrag von Erfolg gekrönt, hätte er irgendwann den Rückzug aus dem Gazastreifen, die Räumung der Siedlungen und die Rückkehr zu den Grenzen von 1967 zur Folge. Mit dem Traum von einem Großisrael wäre es vorbei, die Nationalreligiösen fühlten sich betrogen. Umfragen sollten demgegenüber in den kommenden Jahren belegen, dass eine stabile Mehrheit der israelischen Gesellschaft nach Frieden dürstete und an einer Zweistaatenlösung Interesse hatte.

«Was wollten wir?», fragte Rabin in seiner Rede während der Fortsetzung des Oslo-Friedensprozesses 1994 in Kairo. «Wir wollten ins Land unserer Väter zurückkehren, in das biblische Land. Wir wollten eine Heimat, wir wollten ein Zuhause. Eine Zuflucht, um zur Ruhe zu kommen. Wir wollten leben wie jeder Mensch, wie alle Völker. Wir wollten leben. Der Krieg um das Land unserer Väter entriss uns unsere besten Söhne und Töchter. Kostete uns immense geistige und körperliche Kräfte und lenkte unsere ganze Seele und all unsere Kraft in ungewollte Bahnen, in Bahnen des Schmerzes. Wir bedauern dies sehr. Auch in den bittersten Momenten wussten wir, dass die Tränen einer israelischen Mutter, die durch den Krieg ihres Kindes beraubt wurde, sich nicht von den Tränen einer anderen Mutter, die durch den Krieg ihres Kindes beraubt wurde, unterscheiden, und in jeder Familie sind sie schmerzhaft und salzig, und was ein gebrochener Mensch von sich gibt, sind stets die gleichen kummervollen Schreie, mögen sie auch in verschiedenen Sprachen geäußert werden. Wir haben entschieden, dieser schrecklichen Spirale der Gewalt ein Ende zu setzen. Wir haben entschieden, einen neuen Weg, ein neues Leben zu beschreiten. Ich wende mich an unsere palästinensischen Nachbarn: Hundert Jahre Blut haben diese gegenseitige Feindseligkeit in uns verankert. Das israelische Volk wünscht sich, dass Sie uns nicht enttäuschen. Die Vergangenheit zu vergessen, fällt uns nicht leicht. Aber wir werden versuchen, einen neuen, einzigartigen Horizont zu entdecken, eine historische, nicht wiederkehrende Gelegenheit. Millionen Menschen, die ein Verlangen nach Leben haben, blicken nun auf uns. Gott sei mit uns.»

Die Organisationen der Hamas und des Islamischen Dschihad zogen gegen Arafats Annäherung an Israel in den Krieg. Terrorwellen erschütterten das ganze Gebiet, alles mit dem Ziel, bei den Israelis Zorn und Rache auszulösen, die israelische Armee dazu zu bringen, mit unnachgiebiger Härte zu reagieren und das Scheitern des Abkommens herbeizuführen. Es konnte dieser Auffassung nach kein Abkommen mit einem Staatsgebilde geben, das nach eigener religiöser und moralischer Ansicht vernichtet werden sollte. Jeder Verzicht in Hinblick auf ein vollständiges Palästina – «From the River to the Sea», wie ihre Parole schon damals lautete – und hinsichtlich der Rückkehr von Millionen Flüchtlingen und deren Nachkommen wurde als Verrat aufgefasst. Man glaubte, ein solcher Verzicht würde sich in den Köpfen festsetzen und den großen Krieg schwächen.

Hier liegt der Ursprung eines Vierteljahrhunderts des Terrors mit Schusswaffen, Selbstmordattentätern und einer militärischen Spirale des Blutvergießens. Aus israelischer Sicht ist er einfach zu erklären: Die mit dem Abkommen an die Palästinenser ausgegebenen Waffen wurden gegen die Israelis gerichtet; in den Städten, die in ihre Verwaltung übergeben wurden, kam es zum Aufbau einer terroristischen Infrastruktur, wodurch das «Pilotprojekt» scheiterte, an dessen Ende ein unabhängiger palästinensischer Staat hätte stehen sollen.

Israel fällt es schwer zu verinnerlichen, dass dieser fragile, komplexe, gefährliche, trotz allem bedeutende Versuch keinerlei Chance erhielt, im Keim erstickt wurde, woran die israelische Rechte ebenfalls große Schuld trägt. Mag sein, dass in jedem Fall ein Krieg ausgebrochen wäre – ich erinnere mich an einen Abend in Ramallah Ende der Neunziger, ich saß mit einem Freund zusammen, einem palästinensischen Professor, der Arafat näher kannte, und er sagte zu mir, Arafat komme um einen Unabhängigkeitskrieg nicht herum; der schmerzhafte Verzicht, der den Palästinensern abverlangt werde, verpflichte ihn auch dazu. In einen solchen Krieg zog Arafat tatsächlich, das war im September 2000. Davor hatte die israelische Rechte mit gewaltigen Anstrengungen jede Chance auf Frieden zunichtegemacht – und sie tat es auch danach.

Angeblich sind für die beiden größten Katastrophen zwei Einzeltäter verantwortlich, die von der Führung der Rechten verurteilt wurden. Ein israelischer Arzt und Siedler in Hebron betrat im Februar 1994 die Machpela-Höhle, das Grab der Patriarchen, eröffnete das Feuer und ermordete neunundzwanzig betende Muslime. Es war das schlimmste Ereignis in der Geschichte des jüdischen Terrors. Seine Kameraden argumentierten, dass er dem Wahnsinn verfallen sei, weil ihm als Arzt so viele Gemeindeangehörige aufgrund palästinensischer Angriffe unter den Händen weggestorben seien. Indem diese Kameraden ihn reinwuschen, erhoben sie ihn geradezu zur rechtsradikalen Ikone und sein Grab zur Pilgerstätte. In Wahrheit war der Mann seit dem Oslo-Abkommen aus Protest mit einem Judenstern wie in der NS-Zeit herumgelaufen und in einer illegalen Partei aktiv gewesen, die Terror befürwortete.

Unmittelbar nach Ende der muslimischen Trauerzeit für das Massaker verübte die Hamas einen Selbstmordanschlag auf einen großen Bus auf israelischem Territorium, eine Woche darauf einen zweiten Anschlag – und von da an war ein Damm gebrochen, der der Grausamkeit freien Lauf ließ. Arafats junger Geheimdienstapparat versuchte anfangs noch, dem israelischen Inlandsgeheimdienst dabei zu helfen, Anschläge der Hamas zu vereiteln. Rabin setzte den Rückzug aus den palästinensischen Städten fort, auch dann noch, als Busse im Tel Aviver Stadtzentrum in die Luft gesprengt wurden und größte Verzweiflung auslösende Bilder von Leichen unschuldiger Zivilisten in den israelischen Medien zu sehen waren.

Rabin unterzeichnete in der Zwischenzeit auch den Friedensvertrag mit Jordanien. Während die Rechte, an ihrer Spitze der junge Netanjahu, ihn und die Linke systematisch als Verräter beschimpfte, die angeblich eine Katastrophe herbeiführen wollten, erklärten orthodoxe Rabbiner die Bekämpfung Rabins zur religiösen Angelegenheit, zur messianischen Mission. In den Synagogen der illegalen Siedlungen debattierten sie ernsthaft die Frage, ob sie auf Rabin die uralten religiösen Gesetze *Din Rodef* und *Din Moser* anwenden sollten. Ein *Rodef* ist jemand, der danach strebt, eine andere Person umzubringen, und es ist eine *Mizwa*, eine religiöse Pflicht des Bedrohten, zur Selbstverteidigung zu greifen, auch um den Preis, dass er den Angreifer töten muss. Ein *Moser*, ein Denunziant, war in der Zeit der Diaspora ein Jude, der das Leben vieler anderer Juden in Gefahr brachte, indem er sie beispielsweise bei der Inquisition anschwärzte, oft mit dem Tod als Folge. Deshalb lautet ein Gebot unter Gemeindemitgliedern: «Denunziere niemanden.» Tut ein Mitglied der Gemeinde es dennoch, ist es eine *Mizwa*, ihn zu töten. In der modernen Zeit ist diese spitzfindige Debatte über das *Din Rodef* beispielsweise dazu bestimmt, einer religiösen Frau Rechtsschutz für eine Abtreibung zu gewähren, wenn der Fötus ihr Leben gefährdet. Nun schuf sich die Politik der israelischen Siedler mit ihrer Hilfe den Vorwand, es drohe eine Katastrophe biblischen, historischen Ausmaßes, und die bloße Tatsache, dass Jeschiwa-Schüler theoretisch über die Fragen debattierten: «Ist es eine religiöse Pflicht,

Rabin zu ermorden? Ist es erlaubt zu morden?», ließ eine Katastrophe erwarten. Rabin wurde auf Fotomontagen als SS-Offizier, als Judenmörder präsentiert. Die Demonstrationen für wie gegen den Frieden wirkten bereits, als stünden sich zwei Armeen in einem Bruderkrieg gegenüber.

Am 4. November 1995 wurde Jitzchak Rabin am Ende einer historischen, von Optimismus beflügelten Friedenskundgebung im Zentrum von Tel Aviv mit drei Schüssen in den Rücken getötet. Sein Personenschutz war unzureichend, es war eine Schande, dass das israelische Sicherheitssystem sich nie ein Szenario ausgemalt hatte, bei dem ein Jude ein Attentat verüben würde. Der Täter, ein Student der Rechtswissenschaften, Sohn jemenitischer Einwanderer, der alles versucht hatte, um sich der Gemeinschaft der aschkenasischen Siedler zugehörig zu fühlen, litt unter einem Größenwahn, in den sich Minderwertigkeitsgefühle mischten. Seine Persönlichkeit wies typische Merkmale politischer Attentäter auf, beispielsweise des mutmaßlichen Kennedy-Mörders Lee Harvey Oswald. Auch hatte er eine krankhafte Beziehung zu seiner Mutter; hauptsächlich jedoch leitete ihn das Gefühl, das er bei den Demonstrationen und auf dem Campus der religiösen Universität, an der er studierte, aufgesogen hatte: dass Millionen Israelis weinend die Ankunft des Erlösers herbeisehnten. Als Kind einer armen Familie in enger Nachbarschaft zu einem Luxusviertel, mit Eltern, die aus der Diaspora kamen, wurden die biblischen Gestalten Samson und Judas Makkabäus zu seinen Helden, zu denen er in seiner Fantasie flüchtete. Seine Mutter hatte von seiner Kindheit an zu ihm gesagt: «Du wirst uns erlösen, du wirst größer als andere sein.» Es sollte ihm nie gelingen, eine Liebesbeziehung einzugehen, doch als er, noch auf dem Campus, den radikalen Führer markierte, umringten die jungen Frauen ihn und waren ganz Ohr. Als er die auf Rabin gerichtete Waffe abdrückte, tat er das, um in dem endlosen, hysterischen Lärm der anstiftenden Politiker, die Rabin einen Verräter schimpften und die Katastrophe für Israel beschworen, sollten seine Friedensbemühungen Erfolg haben, einen Schlussakkord zu setzen.

In der Trauer und Lähmung, die Israel am Tag nach dem Mord erfasste, gab die Nation sich das Versprechen: «Nie wieder! Wir sind besser.» Im Sinne dieses Gebots, die Gräben zu überwinden, reichte die Regierung den nationalreligiösen Rabbinern die Hand – und verzichtete darauf, sie für ihren Anteil an der Hetze juristisch zu verfolgen. Gänzlich erlogene Verschwörungstheorien, wonach der Inlandsgeheimdienst beschlossen habe, die nationalreligiöse Rechte juristisch zu belasten und daher einen Attentats*versuch* organisiert habe, der dann außer Kontrolle geraten sei, verbreiteten sich unter jenen, die dem Glauben schenken wollten. Es waren nicht wenige.

Netanjahu

Der US-Amerikaner Arthur J. Finkelstein, Berater der Republikanischen Partei und international tätiger Spindoktor, sagte einmal: «Auf meinem Grabstein soll stehen: ‹Er hat das Wort liberal auf drei Kontinenten zu einem Schimpfwort gemacht.›» Im hohen Alter bekannte er dann reuevoll: «Ich hatte gesagt, dass ich die Welt verändern will, und das habe ich auch getan. Ich habe sie aber zum Schlechten verändert, was keineswegs meine ursprüngliche Absicht war.» Finkelstein hat nicht nur bei den etwa ein halbes Jahr nach dem Mord an Rabin stattfindenden Wahlen Netanjahu zum

Premier gemacht – er hat den gesamten politischen Diskurs in Israel verändert.

Finkelstein setzte blitzschnelle Videoclips von Sekundenlänge ein, und zwar lange vor dem Tiktok-Zeitalter, und bei seinen Kampagnen setzte er ganz darauf, Angst zu verbreiten, er schwärzte an und verleumdete. Er wusste um die Bedeutung von Mathematik und Statistik, hatte mit Kampagnen für Nixon und Reagan angefangen, und es war deutlich zu erkennen, dass er die hinter den Zahlen versteckten Emotionen verstand. Netanjahus Wahlkampfslogan gegen seinen Konkurrenten lautete etwa: «Peres wird Jerusalem teilen.» Doch was wirklich zum Wahlsieg führte, war etwas Tieferliegendes. Die wahre Botschaft, die Israel erobern würde, sagte Finkelstein zu Netanjahu, sei die Frage: «Was bist du zuerst – Jude oder Israeli?» Laute die Antwort Israeli, heiße das, dass jemand Linker und damit im Grunde gegen das Judentum sei. Netanjahus gesamte politische Existenz wurde von jenem Tag an von dieser Frage getragen. Eine Kamera zeichnete auf, wie er dem kabbalagelehrten Ältesten der Sephardim ins Ohr flüsterte: «Diese Linken haben vergessen, was es bedeutet, Jude zu sein.»

Netanjahu verpflichtete sich zu einem weiteren Rückzug aus den besetzten Gebieten, freilich unter der Bedingung der Gegenseitigkeit: Die Palästinenser sollten sich ihrerseits an ihre Verpflichtungen halten. Das stellte sich als kompliziert heraus, denn kurz darauf spitzten sich die Dinge zu. Im Herbst 1996 weihte Netanjahu in Jerusalem den Zugang zum Klagemauertunnel ein, der zu einer unterirdischen Anlage führt, die teils aus der Zeit des Zweiten Tempels, teils aus dem Mittelalter stammt und die Touristen auf eine Zeitreise durch die jüdische Geschichte mitnimmt, in Gängen, die zum Teil vor zweitausend Jahren angelegt wurden. Das frisch eingeweihte Bauwerk, dessen Ausgang nur wenige Schritte vom Tempelberg entfernt liegt, löste Unruhen unter Muslimen aus. Sie behaupteten, der Tunnel würde unter dem Tempelberg verlaufen und damit die Heiligtümer des Islams verletzen, auch wenn die Grabung nicht unter diesen erfolgt war. Tausende demonstrierten, und bei diesen Kundgebungen schossen erstmals palästinensische Polizisten auf israelische Soldaten – mit jenen Waffen, die ihnen aufgrund des Friedensabkommens ausgehändigt worden waren.

Präsident Clinton intensivierte seine Bemühungen, wollte eine Eskalation verhindern, und Netanjahu zeigte sich zu weiteren Verhandlungen über einen Rückzug bereit. Über Arafat sagte er: «Ich habe einen wahren Freund gefunden», und setzte die Zusammenarbeit mit dem palästinensischen Sicherheitsapparat fort. In der Folge sollte er auch für die Zweistaatenlösung plädieren. Er übergab Hebron in palästinensische Verwaltung, eine der vier heiligen Städte des Judentums, «die Stadt der Väter», wo laut der Tradition Adam und Eva, Abraham und Sara, Isaak und Rebekka, Jakob und Lea begraben sind. Anschließend ging er im Zickzackkurs vor: Er besänftigte die Rechten mit Baugenehmigungen in den israelischen Siedlungen – was die Region in Brand stecken sollte –, und er sprach mit Clinton über einen israelischen Rückzug aus dreizehn Prozent des Westjordanlandes. Er hielt sich nur an einen von drei geplanten Rückzügen.

Im nationalreligiösen Lager jedoch wuchs der Appetit. Radikale Rabbiner begannen Fragen wie die der «heiligen jüdischen Rache» zu debattieren; gemeint war eine «legitime» Erwiderung palästinensischer Anschläge. Und sie träumten von einer Zukunft, in der die Demokratie sich dem Reich des Himmels beugen, der Dritte Tempel errichtet und die rabbinische Gerichtsbarkeit im Land eingeführt würde.

Diese Radikalen – und mit ihnen Fanatiker des jüdischen Terrors, die für die Welle der Hetze verantwortlich waren, die dem Mord an Rabin vorausging – sollten siebenundzwanzig Jahre später Netanjahus Koalition am Vorabend des Massakers bilden.

Mütter

Die Unruhen zwischen dem Krieg von 1973 und den drei Schüssen in Rabins Rücken schafften es nicht, das «Erste Israel» – überwiegend aschkenasisch – zu Fall und die Israelis von ihrem Verlangen nach Frieden abzubringen. «Das Zweite Israel» war überwiegend sephardisch. Im neuen Israel wurden die Eliten der Gründerväter nun durch Außenseiter und vorwiegend durch Juden aus arabischen Ländern ersetzt. Im Juli 1999 setzte sich wieder eine Führungsfigur der Linken, Ehud Barak, an die Spitze der Regierung. Netanjahu, Spitzname «Bibi», hatte die Wahlen verloren, und im Anschluss wurde die Äußerung seiner Frau Sara aufgenommen, die sagte: «Soll das Land doch abfackeln, Bibi ist groß, es ist sowieso zu klein für ihn.» Das war ein erstes Anzeichen für den vulgären Stil, der seine Amtszeit prägen sollte, als er wieder an die Macht kam.

Barak zog die israelische Armee nach achtzehn Jahren aus dem Südlibanon ab. Dies war das Verdienst von «Four Mothers», einer von Müttern, deren Söhne im Libanon dienten, gegründeten Protestbewegung, vorwiegend von Kibbuz-Angehörigen aus dem Norden Israels. Die Mütter verstanden nichts von Militär und Strategie. Ihre Söhne aber wollten kämpfen, manche von ihnen brachen aus Zorn über die Proteste den Kontakt zu ihren Müttern ab, beschuldigten sie, ihnen zu schaden, sie zu gefährden. Die Mütter sahen es jedoch anders: Um ihre Söhne zu retten, nahmen sie sogar in Kauf, den Kontakt zu ihnen zu verlieren. Anfangs standen sie allein auf entlegenen Kreuzungen und wurden beschimpft, später zogen sie in die große Stadt und kamen bis in die Primetime-Studios. Schließlich konnten sie das ganze Land für ihre Sache begeistern, die zu Baraks Wahlversprechen wurde. Er vollzog einen einseitigen Abzug ohne einen Vertrag mit der libanesischen Regierung oder der Hisbollah, einfach deshalb, weil ein solcher Vertrag gar nicht für möglich gehalten wurde.

Die Erfahrung von Eltern, wenn ihre Kinder Soldaten werden, ist eine die israelische Kultur prägende Tragödie. Man bringt das eigene Kind im Auto ans Tor des Militärstützpunktes und übergibt es den Kommandeuren, die selbst noch Kinder sind. Es lebt plötzlich das Leben eines Erwachsenen, an dem man keinen Anteil hat. Es lässt einen nichts von seinem Alltag wissen, um die Eltern davor zu schützen, es ist sich auch sicher, dass sie nichts davon verstehen würden, vor allem, wenn sie selbst nicht in der Armee gedient haben. Die Eltern wissen nicht, ob das eigene Kind Menschen getötet hat oder gerade tötet, ob die Armee die gesamte Erziehung auf den Kopf stellt, die sie ihm haben angedeihen lassen. Mal hat es viel zu wenig Angst und manchmal viel zu viel, es ist ein Welpe mit einem umgehängten Löwenfell, und es kann sich überhaupt nicht vorstellen, was für tiefe Sorgen es seinen Eltern bereitet. Nicht nur, wenn es im Krieg ist.

Die linke Bewegung rückte diese kollektive Erfahrung ins Zentrum und sie tat das mit Erfolg. Obwohl ich selbst überzeugt bin, dass der Abzug bereits Jahre früher hätte erfolgen müssen, räume ich ein: Nach wissenschaftlichen wie nachrichtendienstlichen Einschätzungen stand fest, dass die Bilder vom Abzug der israelischen Armee auch als riesiger Erfolg und Beweis für die Ausdauer der Hisbollah in dieser ganzen gewalttätigen Konfrontation interpretiert und für Propagandazwecke genutzt werden würden, um die Palästinenser zu weiteren militärischen Konfrontationen anzustacheln. Mehr noch: Die Palästinenser würden keinen Kompromiss eingehen können, solange die Hisbollah im Libanon die Israelis mit Waffen in die Flucht schlug.

Die Regierung unter Barak vollendete den Rückzug, zu dem Netanjahu sich verpflichtet hatte, ließ palästinensische Gefangene frei und richtete einen sicheren Durchgang für palästinensische Einwohner zwischen Gaza und dem Westjordanland ein. Mit dem Sommer kam die schwierigste Phase von allen: Die Friedensgespräche in Camp David im Juli 2000 befassten sich mit den Kernthemen eines dauerhaften Abkommens, nämlich dem zukünftigen Status von Jerusalem, den Grenzen eines unabhängigen palästinensischen Staates und dem Rückkehrrecht der Flüchtlinge. Zwei Monate nachdem diese Gespräche geplatzt waren, vier Monate nach dem Abzug aus dem Libanon, brach die zweite Intifada aus. Aus Sicht Arafats war das der palästinensische Unabhängigkeitskrieg. Unruhen und Schüsse auf Armeeangehörige gingen über in das Lynchen von Soldaten, in Kämpfe zwischen palästinensischen Polizisten und israelischem Militär, Morde an israelischen Siedlern und dann in Terror innerhalb Israels. Präsident Clinton setzte die politischen Gespräche allerdings fort, und die Zusammenkunft im Januar 2001 in Taba, Ägypten, sollte zur letzten Chance werden. Clinton beschrieb sie im Nachhinein folgendermaßen: «Ich habe mir ein Bein ausgerissen, um den Palästinensern einen Staat zu geben. Ich habe ihnen einen Deal vorgeschlagen, und sie haben abgelehnt. Sie hätten den vollständigen Gazastreifen bekommen, 96 bis 97 Prozent des Westjordanlandes, Gebiete als Entschädigung (...). Barak hatte das Angebot angenommen, ich war dort, als das Fax in meinem Büro einging, unterschrieben von Israels Premierminister.» So ist es auch in das kollektive israelische Gedächtnis eingegangen. Die israelischen Verhandlungsführer und führenden Köpfe konnten nicht nachvollziehen, warum Arafat es ablehnte.

Die Realität ist komplexer. Zwar waren Arafat 89 Prozent des Westjordanlandes angeboten worden, im Gegenzug aber sollte das Territorium, in dem 80 Prozent der israelischen Siedler lebten, an Israel angegliedert werden. Dafür hätte es einen Gebietstausch gegeben, bei dem Arafat nur ein Prozent israelisches Territorium innerhalb der Grünen Linie erhalten sollte, also den Grenzen von 1948. Der Tempelberg sollte unter israelische Souveränität und zugleich unter palästinensische Obhut gestellt werden, unter Erlaubnis des jüdischen Gebets. In Jerusalem sollte Arafat die Kontrolle über das muslimische und christliche Viertel erhalten, während die Mehrheit der muslimischen Stadtteile in Ostjerusalem unter israelischer Kontrolle bliebe. Ein Viertel des Jordantals, ein 1967 besetztes Gebiet, sollte für ein paar Jahre unter israelischer Kontrolle sein, um den Grenzübergang zu Jordanien zu überwachen. Aus Arafats Sicht hätte er damit einen großen Verzicht geleistet, nämlich auf 78 Prozent des «historischen Palästina», einhergehend mit der Errichtung des Staates Palästina auf nur 22 Prozent der Fläche, während Israel das übrige Gebiet behalten sollte.

Auch menschlich war es schwierig. Die distanzierte Kälte Baraks gegenüber Arafat, die von einem leicht autistischen Charakterzug Baraks herrührte, verletzte Arafat schwer in seiner Ehre. Arafat machte einen Gegenvorschlag: eine Landkarte mit dem Verzicht auf 2,34 Prozent des Gebietes, auf dem die großen israelischen Siedlungen und die dahin führenden Straßen bei Israel verblieben. Er forderte nach wie vor die Rückkehr von 150 000 Flüchtlingen pro Jahr über einen Zeitraum von zehn Jahren hinweg. Die Gespräche scheiterten.

In den darauffolgenden Monaten navigierte die Regierung vergeblich zwischen zwei Polen. Da war einerseits der Glaube, dass sie sich mitten in der letzten Verhandlungsrunde zu einem dauerhaften, historischen Friedensabkommen befand, und andererseits ein Krieg in dem Gebiet, um das es ging, mitsamt einer Armee, die überzeugt war, dass nur massive Gewalt unmittelbar am Anfang eines jeglichen Aufstandes abschreckend wirken und eine Eskalation verhindern kann, die sich andernfalls über Jahre hinziehen würde. Die Armee war traumatisiert von den Unruhen am Klagemauertunnel vier Jahre zuvor, wo sie von den Schüssen von Arafats Sicherheitsapparat auf die israelischen Soldaten kalt erwischt worden war. Nun reagierte sie aggressiv. Kommentatoren, die sich auf die Seite der Armee schlugen, propagierten in der Öffentlichkeit eine radikale Dichotomie, einen Kampf der Söhne der Dunkelheit gegen die Söhne des Lichts.

Arafat ritt bei diesem Volksaufstand auf dem Rücken des Tigers. Er wollte durchaus eine begrenzte gewalttätige Konfrontation, an deren Ende ein Abkommen stehen sollte. Allerdings geriet das Blutvergießen während der nächsten fünf Jahre außer Kontrolle, die Spirale drehte sich immer schneller. Hier ein Beispiel, wie der Mechanismus funktionierte: Raed Al Karmi war der Kopf einer Miliz der Tanzim, Arafats Organisation vor Ort. Er ermordete mit eigenen

Händen zwei israelische Gastronomen, die er aus einem palästinensischen Restaurant entführt hatte. Er tötete auch einen Taxifahrer, indem er ihn aus dem Hinterhalt erschoss, und er war am Mord an sechs weiteren Personen beteiligt. Im Januar 2002 kamen die Verhandlungen für eine Feuerpause voran, und Karmi gab seinen Leuten die Anweisung, das Gebiet zu beruhigen und mit der Ermordung von Zivilisten in Israel aufzuhören. Als er auf dem Weg zu seiner Geliebten war, entdeckte der israelische Geheimdienst seine Position und liquidierte ihn in einer Gasse mittels eines Sprengkörpers. Daraufhin verübte Arafats Organisation Rache in Form von Selbstmordanschlägen in Israel, manchmal setzte sie sogar Frauen als Selbstmordattentäterinnen ein. Der Monat März forderte einen bis dahin nicht gekannten Blutzoll – einschließlich eines Selbstmordattentäters, der zum Pessachfest am Sederabend während des Essens im Parkhotel von Netanja erschien und dreißig Zivilisten tötete. Als Reaktion darauf drang Israel zum ersten Mal seit den Friedensverträgen in die palästinensischen Städte ein, um sie zu besetzen. Wieder sahen palästinensische Kinder Soldaten von Haus zu Haus gehen, wieder sahen sie Panzer auf den Straßen. Erschrockene Soldaten in bebautem Gelände, inmitten von Menschenmengen, zitternde Finger an Gewehrabzügen, tote Kinder. Die Tore zur Hölle öffneten sich.

Ich sehe mich noch zwischen den Leichen stehen, wenige Minuten nachdem der Terrorist Saeed Hotari im Sommer 2001 inmitten einer Menschenmenge aus Gymnasiastinnen und Gymnasiasten, die am Strand von Tel Aviv vor einem Club Schlange gestanden hatten, einen Sprengstoffgürtel zündete. Einundzwanzig Tote lagen auf der Straße, spitze Metallgegenstände aus dem Sprengkörper steckten noch in ihren Körpern. Der Sprengsatz enthielt zweieinhalb Kilo Sprengstoff, der aus reiner Grausamkeit mit Metallsplittern vermengt worden war, um die tödliche Wirkung noch zu verstärken. Ich beugte mich zu einigen der Verletzten hinunter, um ihnen zu helfen, bevor ich mich wieder an meine journalistische Arbeit machte. Ich war voller Blut.

Tel Aviv war nicht zornig, es war nur verzweifelt und müde, und nun hatte die Stadt mehrere Jahre des immer weiter durchsickernden Misstrauens gegenüber jedem fremd aussehenden Menschen vor sich; dazu Angst bei jedem Gang ins Café, beim Einstieg in den Bus, manchmal der donnernde Widerhall einer alltäglichen Explosion; und auf den Bildschirmen mit den Nachrichten wimmelte es nur so von Horrorgeschichten.

Wochenlang konnte ich nicht einschlafen, der Anblick der toten Jugendlichen nagte an mir, ich suchte nach Hoffnung, rang mit der Frage, ob es eine Chance gäbe, die Kräfte des Hasses auf beiden Seiten in den kommenden Generationen zu überwinden. Ich fragte mich, was ich aus jener Liebe lernen könnte, die mein Pariser Onkel Deutschland entgegengebracht hatte, oder ob die Politik, die die USA nach ihrem Sieg in Japan betrieben hatten, auch die Zukunft des Nahen Ostens hätte retten können. Auf den Straßen demonstrierten erneut Mütter und versuchten, jene Bewegungen wiederaufleben zu lassen, die während des Libanon-Einsatzes erfolgreich waren, doch sie verschwanden, wurden an den Rand gedrängt. Die Bilder mit Leichen von Kindern, die auf dem Weg zur Schule gewesen waren, von Babys, Frauen, Greisen überschwemmten die Medien, zeitweise Tag für Tag.

In Meinungsumfragen sprach sich bei den Palästinensern eine große Mehrheit für die Selbstmordattentate aus –

und doch unterstützte ebenfalls eine Mehrheit die Zweistaatenlösung. Auch in Israel war eine Mehrheit für die Zweistaatenlösung sowie für eine Politik, die Liquidationen und das Einrücken der Armee in die Städte vorsah. Je länger das Morden anhielt, desto mehr Friedensbefürworter änderten ihre Meinung, und im israelischen Wahlkampf wurde zur verborgenen, allerdings an der Wahlurne entscheidenden Frage: «Bist du für die Araber?» Genauer: «Wenn du auf die Palästinenser wütend bist wegen der grausamen Selbstmordattentate, die unschuldigen Kindern das Leben rauben, ist die Schlussfolgerung: Du solltest rechts wählen», denn: «Die Linke ist für die Araber.» Das Kernstück des Konflikts war nach wie vor: Sollte Israel sich aus den im Jahr 1967 besetzten Gebieten zurückziehen, über die es die Kontrolle ausübt, ohne dabei den Einwohnern gleiche bürgerliche Rechte zu gewähren? Dass für Israel die Grenzen von 1948 galten, daran bestand in den Augen der Welt und der Mehrheit der Palästinenser kein Zweifel.

Der vollständige israelische Rückzug aus Gaza erfolgte nach fünf Jahren Intifada. In der Hitze des August 2005 evakuierten Soldatinnen und Soldaten mit Gewalt religiöse jüdische Siedler, die in Tränen aufgelöst waren und unbedingt in ihren Häusern bleiben wollten, welche nun in den einundzwanzig Siedlungen zerstört wurden. Das hinterließ im nationalreligiösen Lager, das sich mehr denn je vom eigenen Volk verraten fühlte, eine schwere Narbe. Zudem beschloss dieses Lager, Rache zu nehmen an der Linken, den Journalisten, allen, die Frieden wollten. Zwei Jahre später warf die Hamas säkular eingestellte Palästinenser von den Dächern, um Arafat ein deutliches Zeichen zu senden. Die Hamas errang den Wahlsieg und erfreute sich weiterhin breiter öffentlicher Unterstützung.

Die übrige Welt zog sich in der Zwischenzeit in Abgründe zurück, von denen wir gedacht hatten, dass sie nicht mehr existierten. Es handelt sich um eine Realität, in der sich beispielsweise das russische Volk bewusst ist, dass seine Regierung Attentate auf Journalisten und Oppositionelle verübt, und dies akzeptiert, den Totalitarismus bevorzugt, weil es enttäuscht ist von der Schwäche der Demokratie. Die säkulare Türkei, ehemals enger Verbündeter Israels, durchlebte eine religiöse Transformation, in der 2003 die Erdoğan-Zeit ihren Anfang nahm. 2010 brach der «Arabische Frühling» aus, der als positive Befreiungswelle begann, später jedoch den fundamentalistischen Teufel entfesselte. Libyen und der Jemen wurden von Bürgerkriegen zerrüttet, mit Hunderttausenden Opfern, die durch Schusswaffen oder auch Hunger starben. Ägypten fiel in die Hände der Muslimbruderschaft und war auf dem Weg, wie der Iran zu werden, bis ein Militärputsch das Rad zurückdrehte. Der syrische Präsident setzte Chemiewaffen gegen sein eigenes Volk ein. Die iranische Tyrannei erstickte die Chance auf Demokratie im Libanon und katapultierte das Land mit den Methoden der Hisbollah zurück ins Mittelalter. Die Instabilität im Irak führte zum Aufstieg des Islamischen Staates. Diese Negativspirale verdrängte das palästinensische Problem von der Tagesordnung und stärkte die Beziehungen Israels zu den arabischen Staaten, die von Vernunft geleitet waren. In jener anfänglichen Befreiungswelle des «Arabischen Frühlings», in der Völker ihren Abscheu gegenüber Korruption und Unterdrückung kundtaten, erkannte Russland ein Warnsignal, wodurch es sich aufgefordert sah, die Unterdrücker zu fördern.

Während Saudi-Arabien, die Emirate und Ägypten mit harter Hand vorgingen, um den Aufstieg der Muslimbruderschaft zu verhindern, entschied sich Katar für die Strategie, eine Art Sicherheitsgarantie zu erwerben. Es gewährte der Muslimbruderschaft und der Hamas Unterschlupf, und zwar unter der Bedingung, dass sie ihre Ideologie nicht innerhalb von Katar verbreiten würden, sondern nur außerhalb – freilich im gesamten Nahen Osten – die Verbreitung des islamischen Rechts propagierten. Parallel dazu beherbergt Katar den größten amerikanischen Armeestützpunkt im Nahen Osten und ist enger Partner des Iran, was ihm die Vermittlerrolle verschafft.

Im Gazastreifen brachten die Hamas-Jahre ökonomisches Wachstum, Gaza selbst wirkte wie eine florierende Stadt, mit Nachtleben, blühenden Gärten, neuen Bürotürmen, luxuriösen Villenvierteln mit Swimmingpools und deutschen Luxuskarossen, Badestränden – an denen man natürlich das T-Shirt nicht ausziehen durfte; all das dank Hunderter Millionen Dollar vonseiten der EU, des Hilfswerks der Vereinten Nationen für Palästina-Flüchtlinge im Nahen Osten, der USA sowie von Katar und dem Iran, der sichergehen wollte, hier vor Ort eine Stellvertreterarmee zu unterhalten. Was ihre Privatkonten angeht, sind die führenden Köpfe der Hamas zusammen reicher als Donald Trump. Auf der anderen Seite haben sich die Israelis mit einer neuen Lebensroutine abgefunden: In jedem Haus gibt es einen hässlichen Sicherheitsraum, von Zeit zu Zeit heulen die Sirenen wegen Raketeneinschlags, und man rennt um zwei Uhr nachts mit einem Baby oder älteren Verwandten in den gemeinschaftlichen oder privaten Schutzraum. Als die Hamas 2014 mehr als viertausend Raketen aus Gaza auf israelische Städte abschoss, begann Israel, seine Maßnahmen gegen den Nachbarn zu verschärfen.

Das Facebook-Zeitalter ist das Religionszeitalter

Seit den Neunzigerjahren hat Israel sich als Hightech-Land und «Start-up-Nation» etabliert und einen wirtschaftlichen Aufschwung erlebt. Im selben Zug entwickelte die Armee eine große Technologiegläubigkeit und schwor auf die fehlerhafte Auffassung: Je mehr Daten man hat, desto mehr Verständnis und Wissen hat man. Der Nachrichtendienst versank mehr denn je in einem Ozean aus Informationen, das wirkliche Wissen über die andere Seite jedoch schwand. Der Nachrichtendienst war davon überzeugt, dass er dank technologischer Spionage stets mindestens achtundvierzig Stunden vor einem Überraschungsangriff eine klare Warnung erhalten würde, und vertraute beim Grenzschutz auf elektronische Kriegsführung.

Die Technologieflut machte die Menschen einsamer, wodurch sie sich mehr an die Religion klammerten, die eine Rückkehr zum Wahren, Einfachen verspricht. Ähnlich wie in der gesamten muslimischen Welt hielt sich auch in der Westbank, wo eine gemäßigt religiöse Bevölkerung lebte, ein Großteil der Menschen immer stärker an diese religiösen Wurzeln.

Für meine muslimischen Freunde ist die Religion wie eine schöne Meditation, die Trost und Seelenfrieden bringt, Sinn stiftet, Angehörigen verschiedener Ethnien und Glaubensrichtungen eine Orientierung gibt, um in Bruderschaft und Frieden miteinander zu leben. Allerdings gibt es auch andere. Der Nachrichtensender Al Jazeera, der in Doha, der Hauptstadt von Katar, gegründet wurde, bescherte dem in Katar lebenden ägyptischen Scheich Yusuf al-Qaradawi vierzig bis sechzig Millionen Zuschauer und machte ihn zum Star. Al-Qaradawi, eine muslimische Autorität, veröffentlichte eine Fatwa, eine von ihm erteilte Rechtsauskunft, die seinen gläubigen Anhängern Angriffe auf Juden weltweit erlaubte, mit der Begründung, dass zwischen Judentum und Zionismus kaum ein grundlegender Unterschied bestehe und Allah die Juden seit jeher der Korruption beschuldige. Die letzte Bestrafung habe Hitler vollzogen, und nun sei es die Aufgabe der Muslime, sie in die Schranken zu weisen. Al-Qaradawi predigte, Selbstmordattentäter, die Terroranschläge ausführen, seien Heilige, und in Unterstützung des «gemäßigten Islams, der Verstand und Gefühl miteinander zu kombinieren» suche, stellte er in Aussicht, dass der Islam als Eroberer und Sieger nach Europa zurückkehren werde, nachdem er zweimal von dort vertrieben worden sei. Diesmal würde die Eroberung nicht durch das Schwert erfolgen, sondern durch das Predigen und die Verbreitung der Ideologie, die besagt, die Zukunft gehöre dem Islam, und die Verbreitung des Islams bis zu dessen Eroberung der gesamten Welt, des Ostens wie des Westens, sei der Auftakt zur Wiederbelebung des Kalifats. So der Scheich.

Im Gegensatz zum Judentum, das andere nicht zum Übertritt bewegen und sich nicht ausbreiten will, besteht das Ziel des Islams in seiner politischen Form in der Einführung der islamischen Herrschaft und der Gesetze der Scharia auf der ganzen Welt. Das schließt an Dinge an, mit denen ein Mensch, dessen Geist von einer aufgeklärten humanistischen Erziehung geprägt ist, unmöglich zurechtkommt: Die Hamas begründet ihre methodische Grausamkeit nicht als bedauerlichen Zwang, der ihr von der Not aufgebürdet wird, sich der Unterdrückung zu widersetzen, sondern als Quelle des Stolzes – Grausamkeit ist hier Ausdruck von Stärke, Grausamkeit zeigt Überlegenheit und Mut, und nach ihrer

Weltanschauung ist sie ein wirksames Mittel, um Angst zu schüren. Die Hamas sagt nicht, dass die Grausamkeit vorübergehen wird, wenn sie ihr Ziel erreicht hat, vielmehr ist sie Teil einer Lebensweise, die mit der tiefen Sehnsucht nach einer imaginären, «uralten» Welt spielt, die ihrer Auffassung nach besser war: die Zeit des Propheten Mohammed, die großen Eroberungen des islamischen Imperiums, die Herrschaft des Kalifats.

Kurz vor Anbruch des Smartphone-Zeitalters, als ich bei einer großen Zeitung die Nachrichtenredaktion leitete, erhielten wir Berichte von Gräueltaten aus dem Irak, etwa von einer Miliz, die auf einer Hochzeit eine Massenhinrichtung beging, Frauen vergewaltigte, Kinder in den Fluss warf – das Ganze hörte sich an wie eine brutal verzerrte Geschichte aus Tausendundeiner Nacht, wir Journalisten wollten es kaum glauben. Dann kam die Zeit der Smartphones und von Social Media, die dem Anschein nach alles veränderte. Tatsächlich aber veränderte sie gar nichts, denn die neuen Kameras vermochten die im Verborgenen stattfindenden Gräuel nicht etwa zu zügeln, die Kameras entpuppten sich vielmehr als Waffen, die die Quellen des Bösen stärkten und es leichter machten, den Terror unter den Menschen zu verbreiten. Die neue Sichtbarkeit durch Smartphonekameras half dem IS dabei, Demoralisierung und Verwirrung zu säen und Millionen Flüchtlinge in die Welt zu schicken.

Eine weitere revolutionäre Entwicklung kam bei der Hamas in den letzten Jahren hinzu, sie ergibt sich aus der Beobachtung des IS und seines Untergangs: Botschaften werden in den weltweiten Medien auf eine Weise verteilt, dass sich das Image des Freiheitskampfes ergibt. Der IS formte in den sozialen Medien eine Ästhetik, in der sich Stolz und Grausamkeit mischten, übertrug in die Welt Bilder von

Menschen in brennenden Käfigen, von wie am Fließband abgeschlagenen Köpfen, von Kindern, die Massenhinrichtungen ausführen, von Frauen und Mädchen, die auf einem riesigen Sklavenmarkt als Sexsklavinnen verkauft werden, das Ganze von professioneller Hand als kinotaugliche Choreografie gestaltet, mit Branding und Farbgebung, mit eigener Sprache und Soundtrack. All dies erwies sich als erfolgreich, um kranke, verlorene Seelen in den Bann und in die Reihen ihrer Kämpfer zu ziehen.

Für ein solches System, das es dem Menschen erlaubt, seiner Grausamkeit freien Lauf zu lassen, finden sich bereitwillige Jünger. Es bietet die Möglichkeit einer Zeitreise in ein imaginäres religiöses Reich. Von der Minderheit der Jesiden im Irak beispielsweise nahm der IS dreitausend Frauen und Mädchen als Sexsklavinnen in Geiselhaft und verübte ein Massaker, dessen Ziel in der vollständigen Auslöschung dieses Volkes bestand, nur wegen ihrer Herkunft und ihres Glaubens, ohne jegliche strategische Überlegung. Jener IS, der sich von der Organisation Osama bin Ladens, die das World Trade Center in New York zum Einsturz gebracht hatte, abspaltete, verlautbarte die Errichtung des islamischen Kalifats im Irak und in der Levante, und im Jahr 2014 verkündete er sein Streben nach einem weltweiten Kalifat. Er legte ideologisch fest, dass sein Krieg gegen jene Muslime, die keine Fundamentalisten seien, oberste Priorität habe, daran schließe sich der Krieg gegen die Westmächte an; Israel, hieß es, stehe derzeit nicht auf der Tagesordnung. Der IS baute in Europa, Australien, Asien und Afrika Infrastrukturen auf. In einer im Lärm versinkenden Gegenwart, in der es äußerst schwer ist, ins Rampenlicht zu kommen, gelang es dem IS durch seine furchtbaren Innovationen, die die Anhänger mit Stolz erfüllte, die Welt in Aufruhr zu versetzen – doch die weltweite Erschütterung aufgrund dieser Grausamkeit brachte die entschlossene internationale Koalition zustande, die den IS nachhaltig schwächte. Seine Ideologie aber ist nicht ausgemerzt.

Die Hamas übernahm das Branding-Paket des IS wie ein Lehrbuch für Kreative, um gefilmte Brutalitäten in den sozialen Medien effektiv einzusetzen. Parallel dazu baute sie aber auch eine umgekehrte mediale Infrastruktur für die demokratische Welt auf. Die Hamas dokumentiert einerseits mit ihren Kameras, wie ein kleines Kind im Disney-Schlafanzug abgeschlachtet wird, und ruft damit zur Errichtung eines religiösen Imperiums auf, tritt Schädel ein und reißt – in Nachahmung von Praktiken alter Religionen – innere Organe heraus. Andererseits und mithilfe anderer Kamerabilder stellt sie sich als Opfer dar und als Verfechterin der Humanität. Die Hamas hat starke Netzwerke an den wichtigsten Universitäten der USA etabliert, und mit finanzieller Unterstützung vom Persischen Golf, von russischen und iranischen Vertretern des «Bewusstseinsengineerings», lernte die Hamas, ihr Spiel auf die Schwächen und Empfindlichkeiten jedweden Publikums auszurichten. In ihrem Inneren ist die Todeslust von frühester Kindheit in die Erziehung eingebettet: Der Traum, Märtyrer, Selbstmordattentäter zu werden, wird in den Kindergärten und Schulen eingepflanzt, von Lehrbüchern über Theateraufführungen und die Heldenverehrung der Selbstmordattentäter, die Zivilisten ermordeten, bis hin zum praktischen Waffentraining. Schon ein Kind lernt auf diese Weise: Begeht es bei einem Terroranschlag Selbstmord, werden seinen Eltern finanzielle Unterstützung und höchste Ehre zuteil, und sie werden stolz auf ihr Kind sein. Übrigens ist in Gaza *Mein Kampf* – das in der Verlagsausgabe der Muslimbruderschaft *Mein Dschihad* heißt – nach wie vor ein Bestseller.

Netanjahu waren inzwischen sechs genau geplante Operationen zur Liquidation von Yahya Sinwar präsentiert worden, die er allesamt ablehnte. Er sah in Sinwar, dem ranghöchsten Hamas-Führer in Gaza, einen pragmatischen Akteur, der fließend Hebräisch spricht, bewandert ist in der Geschichte Israels und daher den Eindruck erweckt, man könne mit ihm reden. Sinwar seinerseits umgab sich bei öffentlichen Auftritten stets mit kleinen Kindern als menschlichen Schutzschilden, denn er wusste, so würde Israel ihn niemals bombardieren. Der chirurgisch präzise arbeitende Geheimdienst schlug schließlich vor, ihn zu Hause in seinem Büro zu liquidieren.

Der 7. Oktober, als die Hamas beispielsweise auch Dutzende thailändische, nepalesische, philippinische Gastarbeiter hinrichtete, war keineswegs ein Zornesausbruch, sondern genauestens kalkuliert. Nicht nur die technologische Flut, sondern natürlich auch die Verzweiflung hatte die radikalen Religiösen auf allen Seiten gestärkt.

Die Rückkehr zu 48

Meine Großmutter Malka starb im ersten Jahr der zweiten Intifada. Sie war eine reflektierte, werteorientierte Frau, eine Sozialistin und Minimalistin, die sanft, optimistisch und stark blieb auf ihrem Weg, der von persönlichen Katastrophen gepflastert war. Ihr Tod hinterließ in mir eine Leerstelle, und sie hat noch immer großen Einfluss auf die Person, die ich gern sein möchte. Jeden Abend, wenn ich meine Tochter zu Bett bringe, singe ich ihr Lieder, die ich auf dem Schoß meiner Großmutter vernommen habe, und am Morgen wecke ich meine Tochter mit jenen Liedern, unter denen mich meine Großmutter morgens umschlungen hielt. Die Erkenntnis, dass sie ihren Kindern ein Leben hinterließ, in dem ohne Unterlass Krieg und Terror herrschten, schmerzte sie tief. Dennoch beschloss sie ihre Tage in der Gewissheit, dass Frieden nur eine Frage der Zeit sei. Niemals hätte sie sich vorstellen können, dass das Israel des Jahres 2023 in verschiedenster Hinsicht auf das Israel des entscheidenden Jahres 1948 zurückfallen würde.

Die Geschichte des Konflikts beginnt so: 1917 legte die britische Regierung ihre Unterstützung für die Schaffung einer nationalen Heimstätte für das jüdische Volk fest. Die USA, Frankreich und Italien folgten hierin, und die britische Regierung erhielt 1922 das Mandat des Völkerbundes, diesen Beschluss umzusetzen. Auch den muslimischen Königreichen machten diese Länder Zusicherungen. Das künftige jüdische Heim sollte sich über weniger als ein Prozent des arabischen Raums erstrecken. Während der vierhundert Jahre, in denen die Türken über das Gebiet des heutigen Israel herrschten, gehörte es teils zum Vilâyet (Verwaltungsbezirk) Damaskus und teils zum Vilâyet Beirut.

Hussein, der König des Hedschas, der der haschemitischen Dynastie vorstand und die Arabische Revolte anführte, um die Türken zu vertreiben und ein panarabisches Imperium zu errichten, veröffentlichte eine Erklärung, in der er seine Bereitschaft zur freundlichen Aufnahme «eurer jüdischen Brüder, die nach Palästina zurückkehren», zum Ausdruck brachte. Und sein Sohn Emir Faisal unterzeichnete ein Abkommen mit der zionistischen Bewegung zur Zusammenarbeit und Förderung der jüdischen Einwanderung. Die Zionisten hatten Grund zur Zuversicht, dass sie freundlich empfangen würden. Faisal rief bald das große arabische Königreich mit der Hauptstadt Damaskus aus, doch recht schnell zerschmetterten Frankreich und Großbritannien den Traum von einer arabischen Unabhängigkeit, übernahmen die Macht und teilten das Gebiet im Sykes-Picot-Abkommen von 1916 unter sich auf. Der Emir musste sich mit dem Irak zufriedengeben. Die Briten erkannten auch die Unabhängigkeit von Hedschas und Nadschd (später Saudi-Arabien) sowie das Königreich Jordanien an. Palästina wurde zur separaten politischen Einheit im britischen Mandatsgebiet.

Die Juden bildeten seit dem 4. Jahrhundert in diesem Gebiet keine Mehrheit mehr, die meisten von ihnen waren vertrieben oder im ganzen Römischen Reich versklavt worden. Die Araber kamen im 7. Jahrhundert im Zuge der islamischen Eroberung ins Land. Hier versammelten sich nun also Juden, die zum Islam konvertiert waren, Nabatäer und Griechen, Samariter wie auch Kreter, die aufgrund des knappen landwirtschaftlichen Bodens dorthin gezogen waren.

Die bedeutende Einwanderungswelle, welche die Anzahl von Muslimen und Christen binnen kurzer Zeit verdreifachte, ereignete sich erst Ende des 19. Jahrhunderts und ging auf die wirtschaftliche Modernisierung zurück, welche die Briten wie auch Juden aus Europa ins Land brachten. Dieser Aufschwung schuf Bedarf an Hunderttausenden Einwanderern, man brauchte sie als Arbeiter im Hafen, in den Industrien, auf den Obstplantagen und im Bahnwesen. Die Briten richteten sogar eine Fluglinie von London mit Landung auf dem See Genezareth ein, die dann über Indien nach Australien weiterführte. Die Einwanderer waren hauptsächlich Ägypter und Sudanesen, Jemeniten und Syrer, aber auch

Afghanen und Tscherkessen, Bosnier, Tataren, Armenier, Perser und Kurden, Algerier, Kopten, Maroniten, Georgier. Eine Mischung ähnlich wie bei den Juden, die bald darauf kamen.

Die nationale Identität der Muslime war arabisch. Anfangs erzürnte der Name «Palästina» sie, man empfand die alte lateinische Bezeichnung als kränkend. 1937 erschien die palästinensische Führungsfigur Awni Abd al-Hadi vor der britischen Peel-Kommission, die den arabischen Aufstand dieser Jahre untersuchte, und empörte sich: «Palästina gibt es nicht. Palästina ist ein Name, den die Zionisten erfunden haben. Das Land war Hunderte Jahre Teil von Syrien und der arabischen Welt. Der Name ‹Palästina› ist uns fremd.» Dass ich diese Dinge zitiere, spricht keinem einzigen Palästinenser seine Verbindung zu diesem Land und sein Recht auf den Grund und Boden ab. Das muss ich betonen, denn tatsächlich sagen auch viele Israelis: «Palästina hat es nie gegeben» – und wollen damit den Palästinensern das Recht auf den Boden absprechen, das «Palästina» implizieren würde (nicht so das ursprüngliche Judäa). Es ist eine dumme Begründung, ohne Menschlichkeit.

All das sind Wortgefechte. Ein Mensch ist mit seiner Stadt und seinem Zuhause aufs Engste verbunden, selbst wenn es dort weder Fahne, Hymne noch Armee gibt. Seine tiefe Liebe und seine Loyalität gelten seiner Großfamilie und der Erde, auf der er lebt. «Syrien-Palästina» lautete der Name, den die Römer der Provinz gaben. Das war bereits eine gegen die Juden gerichtete Strafmaßnahme: Als diese rebelliert hatten, wurde der Name Judäa abgeschafft. Die Bezeichnung Palästina ist vermutlich abgeleitet von den Philistern, offenbar ein Volk von Seefahrern aus der griechischen Region, das 604 v. Chr. ausgelöscht wurde. Die hebräische Wurzel aus den Konsonanten Pe-Lamed-Schin ergibt die Bedeutung «plischa», «feindliches Eindringen» oder «Invasion».

Nun also, im 20. Jahrhundert, zwangen die vielen zionistischen Ankömmlinge die Araber auf diesem Gebiet zu einer Gegenreaktion. So kristallisierte sich eine nationale Bewegung heraus, die sich von derjenigen in Syrien abspaltete. Ihre Führung lehnte sämtliche Pläne einer Teilung in zwei Staaten ab, die ihr in den darauffolgenden Jahrzehnten unterbreitet wurden, auch einen jüdischen Staat, der nur zwanzig Prozent des Gebiets umfassen sollte. Sie sahen das etwa so: «Du bist in mein Haus eingedrungen – und nun erklärst du dich großzügig dazu bereit, über die Zimmeraufteilung zu verhandeln.» Ebenso lehnten die national gesinnten Araber einen gemeinsamen, binationalen Staat ab. Es gab unter ihnen durchaus säkulare, feministisch oder sozialistisch orientierte Eliten, der Mufti jedoch stachelte schlichte religiöse Triebe an.

Dies war das Jahr null im Kreislauf der Gewalt, der Ursprung, an dem alles seinen Anfang nahm. Beim allerersten entsprechenden Vorfall, 1929, stürmten arabische Massen im ganzen Land in einer koordinierten Aktion jüdische Häuser, vierundneunzig Jahre und einen Monat vor dem Angriff der Hamas. Damals vergewaltigte eine große Männergruppe ein Mädchen vor dessen Eltern in deren Haus und hackte der Mutter die Hände ab, woran sie verblutete. Dieselbe Gruppe enthauptete einen Zweijährigen, kastrierte Männer, verbrannte Zivilisten bei lebendigem Leib, entkleidete ein junges Mädchen, zerschnitt ihren Bauch mit Dolchen und zündete ihre Organe an. Stach das linke Auge eines alten Mannes aus, zermalmte sein Gehirn. Schlug Hände ab, um Schmuck zu stehlen. Ein Teil der Leichname wurde zu Dokumentationszwecken fotografiert.

Hebron, eine achthundert Jahre alte Gemeinde, hörte auf zu existieren. In den Altstädten wurden sephardische Juden ermordet, die seit vielen Generationen dort gelebt und nichts mit dem Zionismus zu tun gehabt hatten, was die Sephardim von nun an dazu zwang, unter den Schirm der zionistischen Aschkenasim zu treten und sich von deren bewaffneten Organisationen schützen zu lassen, wobei sie auf diese Weise notgedrungen deren Überlegenheit akzeptieren mussten. Es war kein Konflikt zwischen jüdischen Ansiedlern und im Lande Geborenen, und doch brachte er zwei nationale jüdische Lager hervor. Der Ansporn der wie besessenen Angreifer war religiöser Art. Es waren nicht zuletzt Forderungen nach einer neuen Gebetsordnung für die Juden an der Klagemauer, die sich zu Füßen des Tempelbergs und der Moschee befindet – also genau die gleiche Lunte, die auch heute noch entzündet wird, genau am selben Ort. Jerusalem wird im Koran übrigens nicht ein einziges Mal erwähnt, unter keinem seiner Namen (im Alten Testament hingegen 656-mal), und doch löst es immer wieder religiöse Begierden aus.

Entzündet hatte die Lunte der Mufti von Jerusalem sowie vielfältige Rufe – «Abschlachten!» – von den Moscheen. Diese religiöse Sprengladung wurde auch zu einer nationalen. Ihre Grundlage war die Frustration über die Expansion des jüdischen *Jischuv*, der Besiedlung Palästinas. Die Juden wurden damals in ihren Häusern ermordet, unbewaffnet. Die arabischen Todesopfer dieser Tage hatten sich beinahe alle aus Reaktionen der britischen Polizei ergeben, während der Unruhen, die infolge des Angriffs ausbrachen.

Den entscheidenden Sündenfall, von dem die Geschichte ihren Ausgang nimmt, vermittelt jede Seite ihren Kindern in einer eigenen Version. Ein israelischer Lehrer zum Beispiel wird im Unterricht an das furchtbare «Hadassah-

Konvoi-Massaker» von 1948 erinnern: Achtzig Ärzte und Krankenschwestern sowie deren Begleitung wurden von Palästinensern ermordet, die ihren Konvoi auf dem Weg zum gleichnamigen Jerusalemer Krankenhaus überfielen. Der Lehrer wird auch mahnend die 127 Soldatinnen und Soldaten in Kfar Etzion erwähnen, die sich, eine weiße Fahne schwenkend, ergaben und dennoch hingerichtet wurden. Ein palästinensischer Lehrer würde ihm erwidern, all dies seien Racheakte gewesen für das «Massaker von Deir Yasin» fünf Tage vor dem Hadassah-Vorfall, bei dem rechte jüdische Milizen ein Dorf nahe Jerusalem überfallen, Häuser samt den darin lebenden Familien brutal gesprengt, Kinder, Greise und Frauen ermordet hatten. An die hundert Tote. Der israelische Lehrer würde ihm antworten, dass vom Dorf Deir Yasin aus Scharfschützen ununterbrochen die Bewohner der jüdischen Viertel Jerusalems beschossen hätten, was die Stadt hungern ließ, daher sei man eingedrungen, um es zu besetzen und den Weg zur Stadt zu öffnen; ferner, weil in den Wochen zuvor Palästinenser eine Reihe mit Sprengstoff beladener Lkws in die Luft gejagt und den Einsturz jüdischer Gebäude in Jerusalem verursacht hätten ... Und auf diese Weise würden die beiden Lehrer die folgenden Jahrzehnte aufrollen. Immerhin gibt es in diesem Beispiel noch die beiden Seiten der Geschichte. Kinder, die heute eine Bildungseinrichtung verlassen, wissen nicht einmal, welches Bild die Gegenseite eigentlich hat.

Frankreich gewährte Syrien und dem Libanon Unabhängigkeit. Diese Länder wurden neu definiert. Bisher waren sie von Imperien geprägt gewesen – hier lebten Drusen, Alewiten, Sunniten, Maroniten, Schiiten unter einer Herrschaft. Großbritannien gab seine Bestrebungen bald auf und erkannte an, dass es darin gescheitert war, zwischen dem

Jordan und dem Meer zwei Staaten zu schaffen. Man gab das Mandat an die UN zurück, die den Völkerbund inzwischen abgelöst hatte. Diese genehmigte nun einen Teilungsplan und abermals die Gründung zweier Staaten. Die Palästinenser lehnten ab. Von Jaffa aus, wo Großmutter Dina wohnte, schossen palästinensische Scharfschützen pausenlos auf Tel Aviver Häuser und Busse, griffen Stadtteile an. Es begann als Bürgerkrieg, Zivilisten töteten Zivilisten. Dann aber fielen fünf Armeen arabischer Staaten ein, um die Gründung des Staates Israel zu verhindern. Der Sekretär der Arabischen Liga, Azzam Pasha, verkündete auf einer Pressekonferenz in Kairo: «Das wird ein Vernichtungskrieg und Massaker, es wird sich für Generationen einprägen ... ähnlich den Massakern der Mongolen und den Kreuzzügen.» Die jüdischen Untergrundbewegungen fielen in Jaffa ein, belagerten es, sprengten das Rathaus, dann feuerten sie drei Tage lang Mörsergranaten auf die Stadt ab.

Hier begann die palästinensische Katastrophe. Wir Israelis sind so erzogen zu glauben, es gefährde unser Existenzrecht, wenn wir über die Katastrophe reden, sie anerkennen. Das arabische Jaffa wurde gleichsam ausgelöscht. Über neunzig Prozent der arabischen Einwohner verließen die Stadt, die Mehrheit über den Seeweg nach Beirut und Gaza. Auch die muslimischen Intellektuellen und Akademiker flohen, um ihre Haut zu retten. Alle wollten zurückkehren, sobald die Lage sich beruhigt haben und Israel besiegt sein würde. Würde es nicht besiegt, sahen sie keine Möglichkeit, in Israel weiterzuleben. Ihr Besitz wurde geplündert. Wenige Menschen kehrten in den darauffolgenden Monaten zurück. Die arabischen Straßennamen wurden durch hebräische ersetzt. Es blieben hauptsächlich arabische Einwohner, denen es körperlich schwerfiel, ihr Zuhause zu verlassen.

So war es im ganzen Gebiet. In manchen Ortschaften, beispielsweise in Furaidis, unterzeichnete man eine Kapitulation, auf Arabisch «sallim li-rabika wa-taslam» («Unterwirf dich deinem Herrn, und du wirst wohl sein»), anders gesagt: Hände hoch, und wir tun dir nichts. So blieben die Bewohner in ihren Häusern. In vielen Orten aber kämpften die Männer bis zum Tod, der Erdboden war blutgetränkt, und die Frauen flüchteten mit den Kindern.

Von den knapp 900 000 Palästinensern im gesamten Land verblieb bei Kriegsende eine Minderheit von nur etwa 156 000 Menschen innerhalb der Grenzen Israels. Fünfundachtzig Prozent des palästinensischen Grundbesitzes wurden enteignet beziehungsweise in staatlichen Grund umgewandelt. Die palästinensischen Großmütter, die aus Angst davonrannten, nur mit Decken und Kindern in den Armen, redeten in den folgenden Jahrzehnten nicht über dieses Trauma, so wie unsere Großmütter die Schoah verdrängten. Erst in den letzten Jahren hat sich der Brauch etabliert, dass die erste Generation der *Nakba* der dritten Generation von ihren Erinnerungen an die Flucht erzählt. Sie erzählen von der Sehnsucht nach den Feigenbäumen, den Terrassenfeldern und Gärten, die sie bewirtschafteten, und von der Katastrophe.

Zwar ist Jaffa heute wieder eine arabisch bevölkerte Stadt, und ihre muslimischen Bewohner sind israelische Staatsbürger mit gleichen politischen Rechten, doch die Stadt bleibt für die Kinder der Flüchtlinge ein Sehnsuchtsort unter dem Banner des Wortes «Rückkehrrecht». Es gibt Familien, die seit fünfundsiebzig Jahren den Wohnungsschlüssel der Großmutter aufbewahren.

Dass die Vereinten Nationen auf Antrag der arabischen Staaten die Definition für «Flüchtling» änderten und diese nun Menschen mit einschloss, die für eine Dauer von nur zwei Jahren auf dem Gebiet des späteren Staates Israel gelebt haben, spiegelt die Tatsache wider, dass ein großer Teil der Araber ebenfalls neu im Land war. Zudem legten die Vereinten Nationen fest, dass der Flüchtlingsstatus dieser Palästinenser – im Gegensatz zu den Rechten aller anderen Geflohenen in der Welt – an alle nachfolgenden Generationen vererbt wird.

Bei Kriegsende wurden Israels Grenzen im Waffenstillstandsabkommen von Rhodos von 1949 festgeschrieben – eine Vereinbarung mit den Nachbarn Ägypten, Jordanien, Syrien und Libanon. Die Grenzen wurden von der Mehrheit der Staaten weltweit anerkannt, selbst von den meisten arabischen Staaten, wie beispielsweise die Saudische Friedensinitiative 2002 bewies. Sie alle erkannten den Kontext an, in dem die palästinensische Entwurzelung sich ereignet hatte, parallel zur Vertreibung der 860 000 Juden aus den islamischen Ländern. Hierin spiegelt sich auch, dass sich in den Abgründen des Weltkrieges die tektonischen Platten verschoben hatten, dass Menschen überall auf der Erdkugel zu Flüchtlingen gemacht worden waren. Staaten auf der ganzen Welt sind auch zu finanzieller Unterstützung bereit, um die Existenz der Nachkommen jener Flüchtlinge, einschließlich der Palästinenser, zu sichern. Den Israelis wurde im gleichen Zuge die Verantwortung aufgetragen, den Verlust und den Schmerz anzuerkennen, und damit auch, dass die Entwurzelung der Palästinenser es Israel erst ermöglicht hatte, sich 1948 als demokratischer Staat und jüdische Heimat zu gründen.

Blickt man vor diesem Hintergrund auf die vergangenen Jahrzehnte, ging es in dem Konflikt im Kern also um folgende Herausforderungen: die zusätzlichen, 1967 eroberten

Gebiete zurückzugeben, das Militärregime zu beenden, das Israel in der Westbank aufrechterhält, und ebenfalls die Restriktionen, die Israel und Ägypten dem Gaza der Hamas auferlegen. Die territoriale Frage war für die Palästinenser zentral, und der Frage der Flüchtlinge kam dabei eine entscheidende Bedeutung zu.

Bis zu Netanjahu ging es genau darum. Bis dahin hatten alle israelischen Premierminister ihr oberstes Ziel so definiert: ein jüdischer demokratischer Staat, Mitglied in der Gemeinschaft der Völker, die sich auf ein moralisches Fundament beruft, auch um den Preis des territorialen Verzichts. Der Definition des Staates als «jüdisch» lag weder Rassismus noch Überheblichkeit zugrunde, sie war schlicht daraus abgeleitet, dass das Judentum eine Nationalität, nicht nur eine Religion ist. Auch wenn ich mich persönlich niemals als Angehöriger einer «jüdischen Nationalität» betrachtet hatte, sondern als Israeli und Angehöriger der jüdischen Religion, habe ich die Definition des Judentums als eine Nationalität, der sich Millionen zugehörig fühlen, verstanden und akzeptiert. Heute, während wir uns in dieser tiefen Krise befinden, wird mir klar, dass ich mich geirrt habe. Meine Nationalität ist jüdisch. So stand es in den Ländern der Diaspora auch in den Geburtsurkunden unserer Väter: «Nationalität: jüdisch».

Das wichtigste Projekt der Rechten besteht seit dem Attentat auf Rabin darin, in das Bewusstsein der Öffentlichkeit einzubrennen, dass eine politische Lösung kaum machbar sei. Die Begründung lautete, dass der nächste Schritt der Palästinenser nach einer Verwirklichung der beiden Staaten darin bestehen werde, Israel zu vernichten. Die Rechte sagte dem Volk in Anlehnung an 2. Samuel 2, 26: «Für die Ewigkeit soll das Schwert fressen, das ist unser Schicksal.»

Die Öffentlichkeit begann sich damit abzufinden, dass die Friedenslieder, die wir seit der Kindheit gesungen hatten und die immer so etwas wie ein heller Horizont waren, der direkt vor uns lag, nie wahr werden würden. Um aber auch ein politisches Programm beizusteuern, das Hoffnung versprach, schlug die Rechte vor, «den zwischenmenschlichen Frieden» – die wirtschaftlichen Beziehungen – in den Fokus zu rücken.

Als folgten sie dem Todestrieb, beerdigten Netanjahu und die Hamas das Konzept von zwei Staaten. Im gleichen Zug ließen sie eine Frage wiederauferstehen, die man bereits vor langer Zeit überwunden geglaubt hatte, die Frage nach der Legitimität Israels in den Grenzen von 1948. Sie legten einen Revolver auf den Tisch, wie beim Russisch-Roulette, und es hieß: «Nur ein Land wird überleben. Welches wird es sein?» Stellt man diese Frage der Öffentlichkeit, lautet die einfache, ausweichende Antwort meist: «Nur ein Staat für alle Bürger, die völlig gleichberechtigt sind, ist moralisch das Richtige.» Ein solcher fiktiver Staat «From the River to the Sea» würde aber die säkulare Mehrheit Israels, die beispielsweise fest gewillt ist, Homosexuellen zu erlauben, Kinder großzuziehen (in den Augen der Fundamentalisten eine kriminelle Häresie, die die Todesstrafe verdient), mit einem großen Bevölkerungsanteil vereinen, der sich dem Geist des Korans mit seinen starren Sittengesetzen unterwirft, der Unterdrückung der Frauen und der Menschenrechte, wie man sie vom Iran kennt. Dies ist also keine Möglichkeit. Und ohnehin versichern die Dschihad-Organisationen, die Vernichtung der nichtmuslimischen Bevölkerung anzustreben; auch bei diesem Plan ist «From the River to the Sea» die traditionelle Parole. Dies würde für Millionen Israelis bedeuten, im besten Fall gerade noch rechtzeitig entkommen zu können.

Eine Ironie liegt darin, dass auch ein Wähler der israelischen Rechten gegen eine Separation von den Palästinensern ist und die Annektierung der besetzten Gebiete unterstützt. Dieser Wähler gleicht einem Menschen, der sagt: Ich kann meinen Nachbarn nicht ausstehen, ich habe Angst vor ihm und pflege eine gänzlich andere Lebensweise – und genau deshalb zwinge ich ihn dazu, mit mir in einer gemeinsamen Wohnung zu leben. Damit der Nachbar leidet, bin auch ich bereit zu leiden.

Zwischen dem Jordan und dem Meer leben vierzehn Millionen Menschen, die Hälfte Juden und die Hälfte Palästinenser. Israel stellt eine souveräne demokratische Regierung in einem Teil dieses Gebiets dar, in dem neun Millionen mit gleichberechtigten Religionen leben. Während es parallel, in den 1967 von ihm besetzten Gebieten, fünf Millionen Menschen eine vorübergehende militärische Besatzung auferlegt, in zwei voneinander getrennten Enklaven, der Westbank und dem Gazastreifen, in Erwartung eines künftigen Abkommens. Dieser temporäre Zustand währt nun schon fünfzig Jahre, in den besetzten Gebieten leben bereits ungefähr sechshunderttausend jüdische Siedler, angeleitet von den Religiösen, und die Grüne Linie, die Israel und das besetzte Gebiet trennt, verwischt zunehmend. Gaza wurde geräumt, aber die Religiösen rufen zur Rückkehr dorthin und zur erneuten Besiedlung auf. Ginge es nach dem Plan der Rechten, würden die Gebiete annektiert, und dann wäre eine jüdische Herrschaft über die Palästinenser endgültig besiegelt. In den Gebieten von 1967 genössen die Palästinenser nicht das demokratische Recht, zu wählen und gewählt zu werden, es wäre ihnen untersagt, vom Flughafen Ben Gurion abzufliegen, und sie bräuchten eine israelische Genehmigung, um zum Flughafen in Jordanien zu fahren. Die unbebauten Grundstücke würden vorrangig den Juden überlassen. Ihre Kinder überquerten militärische Straßensperren, wenn sie von Dorf zu Dorf gingen. Ein solches vereintes Land wäre ein Apartheidsregime – und es würde nicht lange überleben. Ein solches Land könnte nur das Ende einer nationalen jüdischen Heimstätte bedeuten.

Die Rechte macht ihren Wählern weis, dass viele Palästinenser sich dafür entscheiden würden, in eines der anderen neunundvierzig muslimischen Länder oder gar nach Europa, in den Westen auszuwandern. Oder dass sie demütig die Tatsache akzeptieren würden, nur geduldete Gäste in einem kleinen jüdischen Staat zu sein. Während das neue Israel sich Mühe gibt, das palästinensische Anrecht auf das Land zu leugnen, argumentieren die Palästinenser mit der Gegendarstellung: Sie würden seit sechstausend Jahren im Land leben, seit der frühen Zivilisation, sie seien das alte Volk der Kanaaniter, der Jebusiter und der Aramäer, Jesus sei ein Palästinenser gewesen, auch wenn er der jüdischen Religion angehört habe, während die heutigen Juden eine Erfindung ohne jegliche historische, religiöse oder rechtliche Beziehung zum Land seien. Sie stützen sich auf einen radikalen israelischen Forscher, der tatsächlich die Position vertritt, dass die Palästinenser die ursprünglichen Juden und niemals aus dem Land vertrieben worden seien, während die heutigen Juden in Wahrheit fremden Völkern entstammen würden, die später zum Judentum konvertiert seien. Zwar hätten auch sie in Richtung Jerusalem gebetet und seien überall als Minderheiten verfolgt worden, doch hätten sie von ihrer Ethnie her kein Anrecht auf das Land. In beiden Völkern ist also auf verschiedene Weise die inhumane Vorstellung im Umlauf, die Debatte um den heutigen

Schmerz werde wegen der zurückliegenden Jahrtausende geführt.

Am Vorabend des 7. Oktober, als Netanjahu an der Schwelle zu Verurteilung und Gefängnis stand, einen Bürgerkrieg entzündete und von einer radikalen Koalition abhing, sah er davon ab, der religiösen nationalistischen Partei «Otzma Jehudit» («Jüdische Stärke») Einhalt zu gebieten. Dazu hätte es allen Grund gegeben: Israelische Siedler und die militante «Hilltop Youth» aus der Siedlerbewegung provozierten Palästinenser in der Westbank, waren mit Waffen auf palästinensischem Grundbesitz unterwegs, reagierten auf Terrorangriffe, indem sie Rache und Selbstjustiz verübten, sie beteten an Orten, wo das Ärger auslösen musste. Sie waren wie im Rausch. Die Siedler hatten das Gefühl, dass die Palästinenser gerade im Hintertreffen wären und eine gewalttätige Konfrontation genau das sei, was den Status quo zugunsten der rechten Agenda durchbrechen könnte.

Die Rechte, genau wie die Hamas, wartete auf einen Religionskrieg. Netanjahu selbst, der ganz und gar säkular ist, hatte sich jedoch zum Gefangenen der Religiösen gemacht und musste nach ihrer Pfeife tanzen. In deren Augen sind meine Großmutter, meine Mutter oder ich «die inneren Verräter» und schlimmer als die Palästinenser. Die Armee flehte darum, dass die Rechten gezügelt würden. Und sie musste aufgrund der besagten Vorfälle den Großteil ihrer Kampfkraft in die Westbank verlagern und die Grenze zum Gazastreifen im Stich lassen.

Israel war ausgelaugt und verzweifelt angesichts der inneren Spaltung und Netanjahus juristischen Umsturzversuchs. Das Land wurde unter Netanjahus sechster Regierung quasi zu einem Dritte-Welt-Staat. Auch die Polizei war erschöpft. Ganz im Gegensatz zu Israels Ruf, was das

Streben nach Sicherheit betrifft, legte Netanjahu eine neue Zurückhaltung gegenüber den Angriffen, den Sprengstoffballons und den Raketen der Hamas als Standard fest.

Am 24. Juli, als Netanjahu jenes Gesetz vor die Knesset brachte, das den Obersten Gerichtshof blockieren sollte, saßen auf den Gängen seines Amtssitzes Offiziere, darunter der Chef des Nachrichtendienstes, Aktenordner mit Dokumenten in Händen. Sie baten um ein Treffen, wollten ihn warnen, dass sich im Schatten des politischen Chaos die Organisationen des Dschihad darauf vorbereiteten, Israel einen Schlag zu versetzen, weil sie es als höchst geschwächt sahen. Netanjahu lehnte ein Treffen ab, wollte auch keines mit dem Generalstabschef. Dann ereignete sich das Massaker. Die Hamas erklärte, dass alle Israelis des Todes seien, ohne Ausnahme. Die Israelis, die ihren Kindern amerikanische Namen geben und sich als Weltbürger und als Teil der Hightech-Community wahrnehmen, die überzeugt sind, dass ein Krieg schon bald von Robotern und KI geführt wird, wurden zu Boden geworfen.

Am Tag nach dem Angriff vom 7. Oktober, mit schauerlichen Ähnlichkeiten zu den Tagen, die 1948 vorausgegangen waren, fanden sich Tausende Ortschaften in allen Landesteilen in der Situation wieder, «Bereitschaftseinheiten» aufzustellen. In den frühen Morgenstunden gingen Mütter wie Väter auf Patrouille, voller Angst vor einem plötzlichen Überfall und Massakern, genau wie damals. Wieder waren sie kleine verfolgte Gemeinden, wieder war da kein Staat. Israel wurde überflutet mit Tausenden Gewehren und Pistolen, viele davon erhielten die Siedler.

Nach dem Überfall sind die Palästinenser mehr denn je der Überzeugung, dass Israel eine Episode sei, die vorübergeht.

Die existenzielle Bedrohung

Im dritten Monat des Gazakrieges veröffentlichte die Hamas auf Englisch ein achtzehnseitiges Dokument – «Unser Narrativ, die Al-Aqsa-Flut», so der Titel –, in dem es um Menschenrechte und Freiheit geht, während sie das von ihr verübte und mit den eigenen Kameras aufgenommene Massaker gänzlich leugnet. Zudem stellte sie entschieden klar, es sei «moralische und religiöse Pflicht, zu der die Angehörigen der Hamas erzogen sind, zu vermeiden, dass Zivilisten, insbesondere Frauen, Kindern und Älteren, Leid zugefügt wird». In der arabischen Version des Dokuments dagegen wird ununterbrochen die Fatwa von Yusuf al-Qaradawi zitiert, jene Rechtsauskunft, die Selbstmordattentätern etwa gestattet, Busse mit Frauen und Kindern in die Luft zu sprengen. Das englische Dokument sagt auch nichts über die Weltauffassung der Hamas, die von sich glaubt, sie sei nicht nur die Speerspitze des bewaffneten palästinensischen Kampfes gegen Israel, sondern auch die Vorhut der umfassenden islamischen Nation auf dem Weg zur Verwirklichung des neuen Kalifats, die mit der Vernichtung Israels beginnen werde.

Ausgerechnet dem iranischen Regime gefiel der 7. Oktober so, wie er abgelaufen war, gar nicht. Dabei hatte es die Hamas trainiert und mit Waffen ausgerüstet sowie mit jener nachrichtendienstlichen Technik versorgt, mit der der Überfall in allen Einzelheiten geplant wurde. Der Effekt, dass das saudisch-israelische Abkommen zur Normalisierung der Beziehungen gestoppt wurde, kam dem Iran zwar gelegen. Doch aus seiner Sicht war die Schaffung der besagten Infrastruktur nur als ein Teil der gänzlichen Vernichtung Israels vorgesehen, im Kontext eines zukünftigen

Überfalls in Koordination mit weiteren Staaten der «Widerstandsfront». Dieser sollte dann mit stündlich Tausenden Raketen, vierundzwanzig Stunden am Tag, aus dem Libanon, aus Gaza, Syrien, dem Irak und dem Jemen beginnen – einem Angriff, dem das israelische Abwehrsystem niemals gewachsen wäre. Israels Vorrat an Abwehrraketen würde zur Neige gehen, sodass Hunderte Hochhäuser samt ihrer betonierten Sicherheitsräume zerstört werden würden. Der Plan umfasst ferner das Durchbrechen der Grenzen und einen Ansturm auf Ortschaften im Norden, Süden und Osten sowie auf Jerusalem. Vom Ausbruch des Kampfes an würden zielgenaue Raketen aus dem Libanon die Startbahnen der israelischen Luftstreitkräfte beschädigen und nach und nach das ganze Korps ausschalten. Nach diesem iranischen Plan würde Israel innerhalb von drei Tagen zusammenbrechen. Der Iran selbst müsste nicht einmal sein Gesicht zeigen, alles würde durch Stellvertreter geregelt.

Der iranische General Qasem Soleimani, der von den USA 2020 in der Nähe von Bagdad liquidiert wurde, war Kommandeur jener Spezialkräfte der Revolutionsgarde, die für Geheimoperationen im Ausland und für den Export der «Revolution» zuständig sind. Ihm war es gelungen, einen geregelten militärischen Versorgungskorridor zu errichten, über den Waffen zur Hisbollah und in den syrischen Golan geschafft werden konnten. Aus seinem langfristigen Plan der Vernichtung Israels machte er keinen Hehl. Den Großteil seiner Bemühungen konzentrierte er auf Judäa und Samaria (Westjordanland), wo palästinensische und israelische Ortschaften dicht beieinander liegen und die Spannungen schnell zu einem vollständigen Zusammenbruch führen können.

Das Regime in Teheran weiß: Sollte dies zu einem Zeitpunkt passieren, zu dem es bereits Atomwaffen hat, wären die Reaktionsmöglichkeiten von Israel und den USA erheblich minimiert. Während ich diese Zeilen schreibe, sagt der Iran unumwunden, dass er über ausreichend angereichertes spaltbares Material von hoher Qualität für zumindest einige Bomben verfüge. Das Regime wird mit einem Atomwaffentest abwarten, bis die innenpolitische Lage in Washington ihm dafür den richtigen Augenblick bietet und die USA Schwierigkeiten haben werden, eine internationale Koalition gegen den Iran anzuführen. In der Zwischenzeit reagiert es zurückhaltend auf alle Morde des Mossad an seinen Nuklearwissenschaftlern, prahlerische und demütigende Operationen auf seinem Territorium. Denn der Iran ist sich sicher, dass die Atomwaffe in jedem Fall kommt – und dass seine Rache bevorsteht.

Israel ist winzig. Zu dem Zeitpunkt, da Israel mit einem Atomschlag auf Angriffe reagieren könnte, so die Logik des Iran, würde es sich bereits im Zusammenbruch befinden und auf jeden Fall vom Gegenschlag zerstört werden. Nach iranischer Einschätzung würde Israel die Atomwaffe aber gar nicht erst einsetzen. Die israelische Atompolitik war lediglich als abschreckende Antwortmöglichkeit im Konflikt mit feindlichen Armeen vorgesehen, nicht aber als Strategie gegen Terror- und Guerillaorganisationen. Die Atomwaffen wurden hauptsächlich als beschränktes taktisches Mittel für das Schlachtfeld entwickelt, nicht für eine Bombardierung der Größenordnung von Hiroshima.

Dem extremen Szenario, in dem Israel Gebrauch von der Atomwaffe machen würde, während es sich an der Schwelle zur physischen Vernichtung befände, wurde der Name «Samson-Option» gegeben, nach dem legendären biblischen Helden, der sterbend die Säulen des Philistertempels zerstörte und ihn so zum Einsturz brachte. Theoretisch könnte Ähnliches passieren, wenn die israelische Luftwaffe vernichtet würde, der Feind die Grenzen der Grünen Linie überschritte und das Ende unausweichlich schiene. Nach der Logik Teherans würde sich Israel aber dennoch gegen den Einsatz der Atomwaffe entscheiden – in der Überzeugung, dass seine Bürger dann eine Chance hätten, davonzukommen und vielleicht im Exil, entwurzelt, weiterzuleben. Es würde die Kapitulation der Option vorziehen, im atomaren Gegenschlag vernichtet zu werden.

Die Hamas, die weniger Geduld aufbringt als ihre iranischen Patrone, drang mit ihrem eigenmächtigen Überraschungsangriff nach Israel ein und gab damit Einblick in diesen Zukunftsplan ebenso wie in ihre Fähigkeit, die Grenzzäune und das Beobachtungssystem Israels stillzulegen, sowie in die siebenhundert Kilometer des Tunnelsystems, die «Metro» des Krieges, und in eine Vielzahl weiterer Geheimnisse.

Und so existierte zum ersten Mal seit der Gründung Israels ein reelles Szenario für seine Vernichtung, bei dem nur amerikanische und deutsche Rückendeckung das Land absichern konnten. Vom 7. Oktober an gerechnet hätte der israelische Munitionsbestand innerhalb von zehn Tagen zu Ende gehen können, obwohl die Hamas als Terrororganisation weder über Flugzeuge noch Panzer verfügt. Nur die zweihundertfünfzig Frachtflugzeuge aus amerikanischen Notbeständen ermöglichten es, die Funktionsfähigkeit der israelischen Armee aufrechtzuerhalten, dazu unzählige Frachtschiffe. Die USA waren es auch, die den Libanon und den Iran davor warnten, in den Kampf einzutreten, und sie verlegten Flugzeugträger und ein Atom-U-Boot in die Region. Biden könnte der letzte Präsident sein, der gegenüber dem Zionismus derartige Loyalität beweist. Er ist auf jeden Fall der Letzte in Washington, der der Generation von 1973 angehört und die Auffassung vertritt, dass der Bund für beide Seiten äußerst wichtig ist. Biden war damals schon in Washington, als Israel im Jom-Kippur-Krieg angegriffen wurde, er weiß deshalb, dass das Land auf amerikanische Hilfe angewiesen ist. Die Wellen des Separatismus, des Zweifels und der Entfremdung, die seither über Israel hereinbrachen, wirken sich jedoch auch auf das Verhältnis zu den USA aus. Die israelische Diplomatie hängt darüber hinaus von der Unterstützung Berlins ab, und die israelische Wirtschaft ist gänzlich von der Welt abhängig.

Ganz Israel deklamiert immer schon: Als wir das letzte Mal in der Geschichte unseren unabhängigen Staat verloren haben, an den Rand der Vernichtung gebracht und vertrieben wurden, war dies dem «ungerechtfertigten Hass» innerhalb des Volkes geschuldet. Das ist eine Beschönigung, die verschleiert, dass das jüdische Königreich zerstört wurde, weil Gruppen fanatischer religiöser Minderheiten die Kontrolle darüber erlangt und es in ihrer Blindheit zerstampft hatten. Sie waren es, die gegen die unbesiegbare römische Macht rebellierten, und sie zogen die gemäßigte Mehrheit in den Aufstand hinein – und damit in die Zerstörung. Der kollektive Selbstmord auf dem Gipfelplateau von Masada ist ein Symbol der viel größeren Selbstzerstörung des damaligen Israel. Die radikalen Religiösen töteten seinerzeit die nichtfanatischen Angehörigen ihres Volkes. Sie schätzten ihre Chancen gegen die Weltmacht Rom völlig falsch ein, glaubten dann aber tatsächlich, Gott würde Wunder wirken, um ihnen den unmöglichen Sieg zu schenken. Auch das neue Israel überlebte und gedieh, solange es die Weltmachtordnung berücksichtigte. Doch in der derzeitigen Koalition regiert eine Minderheit, die abermals von göttlichen Vorstellungen geleitet wird. Sie vermag nicht einmal die Parallele zur Zerstörung des alten Tempels zu erkennen, gleichwohl sie selbst darin die schwerste Tragödie in der Geschichte Israels sieht, mit Auswirkungen bis heute.

Deshalb ist die Bedrohung von innen ebenfalls eine existenzielle. Welcher zukünftige Staat zeichnet sich hier ab? Die demografische Entwicklung droht aus Israel einen armen, gescheiterten Dritte-Welt-Staat zu machen, isoliert und von Gewalt geprägt. Die Ultraorthodoxen, die den demokratischen Werten feindlich gegenüberstehen, werden irgendwann die größte Gruppe bilden. Ein großer Teil von ihnen geht nicht arbeiten, lebt von staatlicher Beihilfe, und sie durchlaufen ein Bildungssystem, das ihnen vor allem die Rezitation der Thora beibringt. Israel und seine Bewohner werden auch nicht überleben, falls ein radikales rechtes Regime, basierend auf jüdischen Überlegenheitsgefühlen, etabliert wird, das versucht, Apartheidlösungen umzusetzen.

Das Absurde ist: Wenn die Hamas ihr Ziel erreichen und Israel verschwinden sollte, würde auch Palästina und seinen Nachbarn widerfahren, was in der umliegenden Region schon längst passiert. Wenn Völker sich in Bürgerkriegen derart gegenseitig abschlachten, liest die Welt nicht einmal mehr in den Randnotizen der Presse oder in den sozialen Medien darüber. Weit südlich von Gaza, im Sudan, genau während jener Kriegstage nach dem 7. Oktober, wurden Tausende ermordet, es kam zu Massakern und Gruppenvergewaltigungen, und zwar unter miteinander konkurrierenden muslimischen Milizen. Im Gegensatz zu den vorangegangenen Bürgerkriegen im Sudan – und dem Völkermord in Darfur mit 450 000 Todesopfern, als die arabisch-muslimischen Kräfte versuchten, die im Süden lebenden afrikanischen Einheimischen davon abzuhalten, sich abzuspalten und in die Unabhängigkeit zu gehen – hat der Krieg diesmal gar kein Ziel. Es geht nur um die persönliche Rivalität zweier Generäle, die früher kooperierten und nun von unterschiedlichen arabischen Ländern unterstützt werden. Acht Millionen Menschen wurden entwurzelt, aus ihren Häusern vertrieben, und selbst die arabische Presse berichtet kaum darüber, die Vereinten Nationen sind unsichtbar, und die russische Gruppe Wagner, mittlerweile umbenannt in «Afrikakorps», kann in Ruhe Gold aus dem Sudan rauben. Ähnlich ist es bei den Massakern in Nigeria, einschließlich der an den Christen verübten. Bis zum Angriff der jemenitischen Huthi auf Israel in der Folge des 7. Oktober wusste die Weltöffentlichkeit kaum, dass die Huthi überhaupt existieren, doch hatte das von ihnen verübte Blutbad im Jemen 150 000 Todesopfer gefordert, und weitere 230 000 Menschen starben an Hunger und anderen Folgen des Bürgerkrieges. Die Türkei ist die prominenteste Stimme am Tisch der ehrenwerten Nationen, die die Hamas unterstützen – während sie zugleich den kurdischen Unabhängigkeitskampf als Terror definiert und mit eiserner militärischer Faust bekämpft: Die türkische Regierung verbietet der kurdischen Minderheit, ihren Kindern die Muttersprache beizubringen, und gibt Orten neue türkische Namen. Die Vereinten Nationen berichten von Folter und verschwundenen Personen, von Flucht und vielen toten kurdischen Zivilisten. In der muslimischen Welt besteht kein besonderes Interesse an diesen Geschehnissen. Auch nicht an den UN-Berichten, die besagen, dass China etwa eine Million uigurische Muslime in Konzentrationslagern interniert. Ich wünschte, wir würden aufwachen und Mitgefühl mit allen empfinden.

5. Am Abgrund

Mein Krieg

Am neunundneunzigsten Tag ihrer Geiselnahme veröffentlichte die Hamas einen Videoclip, in dem zum ersten Mal Itai, mein Cousin, zu sehen war. Mager und blass zeigte sein Gesicht all die Angst und Empfindsamkeit, die wir von ihm kannten. Den traurigen, panischen Ausdruck in seinen Augen nahmen wir wie einen Schrei wahr, auch wenn Itai leise sprach und mit zitternder Stimme um seine Freilassung flehte. Mit ihrer gewohnten grausamen Methode der «Realityshow» blendete die Hamas, um die Dramatik zu steigern, am Ende des Clips den Satz ein: «Morgen offenbaren wir euch sein Schicksal.» Die Schlagzeile in den Nachrichten lautete: «Ein Lebenszeichen von Itai». Wir wussten, dass das ein Todeszeichen war, denn welches gute Schicksal könnte uns schon offenbart werden?

Im selben Clip waren noch zwei weitere Geiseln zu sehen. Noa Argamani, fünfundzwanzig Jahre alt, die einzige Tochter einer aus China stammenden Frau, welche sich zu diesem Zeitpunkt im Endstadium ihrer Krebserkrankung befand. Wir alle hatten die Hoffnung, dass die Mutter ihre Tochter lebend wiedersehen würde. Noa, die auf dem Musikfestival verschleppt worden war, kennen inzwischen viele von den Kameraaufnahmen der Hamas während ihrer Entführung, als sie ihrem Partner entrissen wurde, auf einem Motorrad sitzend schluchzte und schrie: «Bringt uns nicht um!» Und auch Yossi Sharabi, der entführt wurde, nachdem seine minderjährigen Nichten zu Tode gefoltert, seine Schwägerin ermordet und sein Zwillingsbruder entführt worden war. Zwölf Stunden später stellte die Hamas einen weiteren Clip ein: «Na, was denkt ihr, was mit ihnen passiert ist?» Sie bot drei Optionen an. «A: *Alle wurden umgebracht.* B: *Ein Teil wurde umgebracht, die anderen sind verletzt.* C: *Sie sind am Leben.* Morgen Abend werdet ihr es erfahren.»

Meine Mutter erhielt dieses Lebenstodeszeichen von Itai, als sie gerade erschöpft von einer 24-Stunden-Demonstration anlässlich des hundertsten Tages der Geiselnahme zurückkam. Merav, Itais Schwester, stand bei der zentralen Kundgebung auf der Bühne. Als eine der Wortführerinnen gegen die Regierung forderte sie unentwegt eine Kampfpause zur Aushandlung eines umfassenden Deals, dessen oberstes Ziel die sofortige Rückführung aller Geiseln wäre, auch wenn es bedeuten würde, den Krieg zu stoppen und alle palästinensischen Häftlinge, seien sie auch Terroristen oder Mörder, freizulassen. Merav ist Künstlerin und Designerin, baut Tanz und visuelles Theater in ihre Werke ein, die sich meist mit den philosophischen und ideologischen Prägungen der Beziehungen von Individuum und Gemeinschaft beschäftigen. Sie engagiert sich schon ihr ganzes Leben für linke Belange und die Solidarität mit den Palästinensern, und nie hätte sie gedacht, dass sie mal im Rampenlicht stehen würde. Der Kampf um Itai brachte sie jeden Tag in die Hauptsendezeit, sie sah sich Ministern und Militärkommentatoren gegenüber, die ihr darlegten, warum ein Deal nicht möglich sei. Da es keine Eltern gab, die um das Leben ihres Sohnes kämpfen konnten, weil beide selbst ermordet worden waren, lastete auf Meravs Schultern eine schwere Bürde. Die weitere Familie hatte sich aufgeteilt. Die eine Hälfte reiste um die ganze Welt, um Unterstützung dafür zu finden, auf die Hamas Druck auszuüben; um Itai Medikamente zukommen zu lassen, auf die er angewiesen war; um das Rote Kreuz dazu zu bringen, ihn besuchen zu können – vergeblich: Allen Geiseln wurden Besuche verweigert. Die andere Hälfte der Familie hielt Stellung in den Protestzelten vor dem Haus des Premiers, vor dem Hauptquartier des Generalstabs, an der Grenze zu Gaza und bei den Straßenblockaden, wo Itais Gesicht auf T-Shirts prangte.

Merav hatte zugleich Befürchtungen, dass ihre prominenten Auftritte in den Medien, die Itais Situation bekannt machen sollten, die Hamas dazu bringen könnten, ihn noch größerem psychischem Terror auszusetzen. Die meisten Familien der Geiseln harrten schweigend aus, sie hatten auch Bedenken, Netanjahu anzugreifen, den Mann, der auf das Schicksal ihrer Lieben Einfluss nehmen könnte. Die Familien wussten zudem, dass die Hamas nicht nur verlangte, den Krieg gänzlich abzubrechen, sondern auch, Tausende Häftlinge freizulassen. Nicht zuletzt wollte die Hamas die Garantie, dass sie an der Macht bleiben könne. Ein solches Paket an Forderungen fand in der israelischen Öffentlichkeit keine Unterstützung. Die Militärkommentatoren erklärten, dass der Druck der Öffentlichkeit (und der Familien der Geiseln) auf die Regierung den Preis der Hamas nach oben treiben würde, und die herrschende Logik war: Wenn man den Forderungen der Hamas nachgibt und ihr ermöglicht, an der Macht zu bleiben, werden langfristig noch viel mehr Zivilisten getötet. Die Forderung, den Krieg zu stoppen, wurde in den Augen vieler Israelis als Aufforderung zur Kapitulation wahrgenommen, während im selben Moment auf sie geschossen wurde – so wie es die Forderung einer Feuerpause kurz nach dem Angriff auf Pearl Harbor gewesen wäre.

Die Politiker erzählten der Öffentlichkeit, dass die Sorge um das Leben der Geiseln zum Tod vieler Soldaten führe. Merav gehörte zu den wenigen Menschen, die weiterkämpften, und ihre Reden spornten andere an. Sie war sich darüber im Klaren, dass die Zeit knapp wurde. Mit jedem Tag, der verstrich, kehrten weitere Geiseln als Leichname aus Gaza zurück, jede versuchte Aktion von Befreiungskommandos endete mit Toten. Die Beteiligung an den Demonstrationen war gering, die Straßen blieben leer, es war nicht wie kurz zuvor beim Kampf gegen den juristischen Staatsstreich. Ich empfand Wut auf meine Freunde, die nicht mit uns kämpften, denn ich wusste, sie würden es tun, wenn ihr eigenes Kind über eine lange Zeit in Foltergefangenschaft wäre.

Netanjahu war in seinem Kriegskabinett hauptsächlich mit seinem eigenen politischen Überleben befasst. In dieser Runde saßen drei erfahrene Minister, umgeben von einem Zirkus aus vulgären Figuren, die einfach mit ihren Schmutzkampagnen in den sozialen Medien weitermachten. Die Knesset-Mitglieder der Koalition hielten es wiederum für dringlicher, Verschwörungstheorien über linke Verräter zu verbreiten, die der Hamas angeblich geholfen hätten, und dem Obersten Gerichtshof mit der Lüge zu schaden, er würde die israelische Armee in ihrer Kampfkraft schwächen. Andere Minister wurden dabei ertappt, wie sie während des Krieges Social-Media-Likes kauften.

Als ich nach dem 7. Oktober begann, für ein israelisches Publikum zu schreiben, für die Titelseite der meistverbreiteten Zeitung Israels und für die großen Nachrichtenportale, war das keine einfache Aufgabe. Die Chefredakteure der Medien und die Geschäftsführer der Fernsehsender gingen von der Prämisse aus, dass das israelische Publikum mitten in einer Depression steckte und kurz vor dem Zusammenbruch stünde. Deshalb sei es ihre Aufgabe, die Moral zu stärken und eine Botschaft der Einigkeit zu verbreiten. Kritik sollte nur in Maßen vorgebracht werden. Ich hoffte, sie überzeugen zu können, dass meine Artikel nicht davon beeinflusst waren, dass ein Angehöriger meiner Familie entführt worden und in größter Not war, sondern dass es sich bei folgender Warnung um eine objektive Analyse handelte: Wenn Zivilisten aus ihren Betten entführt werden und ihre Rettung für Israel nicht die höchste Priorität hat, dann ist dies eine moralische Bankrotterklärung und ein Bruch mit der eigenen Identität, mit dem, was wir sein wollen. Es ist überdies ein Vertragsbruch zwischen Staat und Bürgern, und die Schuld und Schande werden uns lange verfolgen. Die Gesichter der zweihundertvierzig Geiseln werden uns verfolgen, sie werden die Israelis in den nächsten Jahrzehnten bei jeder wichtigen Entscheidung anblicken. Die Gesichter der Frauen, die zu Sklavinnen gemacht wurden, der alten Menschen, die allein dahinstarben.

Anders als bei dem Massaker, das uns wie ein Blitzschlag traf, sind wir hier zu einem aktiven Entscheidungsprozess gezwungen. Er wirft Licht auf eine beispiellose Ohnmacht. Und auf moralische Prioritäten. Israel hatte stets behauptet, es würde, um auch nur einen Bürger seines Landes in Not zu retten, bis ans Ende der Welt gehen, ein ganzes Soldatenregiment würde sein Leben riskieren, und das sei das Geheimnis unserer Stärke. Nun sitzen Geiseln, die zu Fuß erreichbar wären, in der Falle, werden gefoltert. Wer auch immer von ihnen wieder nach Hause kommt, wird nach der langen Geiselhaft nur noch ein Schatten seiner selbst sein. Im Nachhinein werden wir unseren Fehler erkennen. «Auch wenn Israel diesen Krieg in seinen Augen gewinnen wird, wird Israel doch verlieren», schrieb ich. «Wir haben sie im

Stich gelassen, die Hamas hat gesiegt, sie hat uns verändert. Ihre Ideologie wird sicherlich nicht verschwinden. Solange die Geiseln nicht zurückkommen, wird unser Zuhause nie wieder ein Zuhause sein.»

Die Pressekommentatoren versicherten anfangs, dass es nur einige Wochen dauern würde, die Hamas zu Fall zu bringen. Später sprachen sie von Monaten, dann hieß es mehr als ein Jahr, danach zwei Jahre und am Ende vielleicht ein Jahrzehnt. Die Wahrheit ist, dass sie von Anfang an wussten, dass es unmöglich ist, die Hamas vollständig zu besiegen, und dass ein Aufschub der Befreiungsversuche heißt, die Geiseln sich selbst zu überlassen. Was für eine verkehrte Welt: Die Demokratie sollte ein moralisches Projekt sein, bei dem der Staat für die Bürger existiert, nicht die Bürger für den Staat.

Details aus Itais Geiselhaft kannten wir von einem achtjährigen Mädchen und einer Jugendlichen, die in den ersten fünfzig Tagen mit ihm zusammen waren, bis sie im Austausch für palästinensische Gefangene und eine Feuerpause freikamen. Sie wurden teils in Wohnungen von Familien in Gaza festgehalten, teils tagelang in Tunneln in völliger Dunkelheit, wo es feucht und heiß war, teils in einer Schule, aus der Raketen abgeschossen wurden. Die Terroristen hatten eine Jugendliche in islamische Kleider gesteckt und verlangten von ihr, permanent auf den Boden zu starren, sie gaben ihr einen anderen Namen, teilten ihr mit, sie würde einen einheimischen Moslem heiraten, sie ließen sie nur einmal alle paar Wochen duschen, forderten sie auf, Gebete aus dem Koran zu rezitieren. Eine andere Jugendliche, die einige Tage bei ihnen war, wurde jeden Tag geduscht, während der Geiselnehmer eine Pistole auf sie richtete und ihren nackten Körper missbrauchte.

Die Kinder wurden am Bein mithilfe eines Motorradauspuffs mit einer Brandwunde gekennzeichnet, sodass sie im Fall einer Flucht identifiziert werden konnten. Manchmal wurden sie im Tunnel alleingelassen, weil es dort nicht ausreichend Sauerstoff gab, dann sagte man ihnen: Ruft uns, wenn ihr etwas braucht. Wenn sie dann glaubten zu ersticken und schrien, kam niemand. Wurden sie von einem Ort zum anderen gebracht, begegneten sie anderen verletzten und amputierten Geiseln. Sie sahen eine Dreijährige, die allein auf dem nackten Fußboden gehalten wurde, ohne Matratze, in der Wohnung einer palästinensischen Familie, in der keiner ihre Sprache sprach. Eine Sechsjährige, die tief unter der Erde in einen Käfig gesperrt leben musste.

Wir haben den Emir von Katar angefleht, als Vater von dreizehn Kindern (von drei Frauen) Mitgefühl mit diesen Kindern in Isolationshaft zu haben und seinen Einfluss geltend zu machen. Itai, so berichteten die Freigekommenen, litt unter Angstattacken, hatte heftige Bauchschmerzen, und als sie freigelassen wurden, bat er sie, sich Meravs Telefonnummer zu merken, sie anzurufen und zu bitten, sie möge mit aller Kraft für seine Rettung kämpfen. Er wusste nicht, wer von seinen Geschwistern und der weiteren Familie noch am Leben war, er wusste nur, dass seine Mutter in seinen Armen ermordet worden war und Merav in einem gewissen Sicherheitsabstand zum Kibbuz lebte.

Am einhundertundersten Tag erhielten wir den letzten Videoclip. Wir erfuhren, dass Itai und Noa zusammen als Geiseln gehalten wurden. Und dass ihr Wärter Angst hatte, seine Aufgabe allein nicht zu schaffen. Als die israelische Armee in der Nähe des Verstecks bombardierte, beschloss er, mit ihnen nach draußen und von Haus zu Haus zu gehen. Dann fesselte er Itai an den Händen und ermordete ihn, im Stil des IS. Nicht wenige Medien der Welt schrieben danach: «Getötet durch die Bomben der israelischen Armee auf Gaza» – obwohl Itais gefesselte Leiche im Clip und auf Fotos von seiner Erschießung zu sehen war und obwohl nicht einmal die Hamas behauptete, von den Bombardierungen getroffen worden zu sein. Die Hamas selbst gab an, er «wurde beim Wechsel des Verstecks erschossen», ohne zu sagen, wer ihn getötet hatte. Dies ändert nichts an der Tatsache, dass viele Geiseln ermordet wurden, als die israelische Armee sich den Orten näherte, wo sie festgehalten wurden, sodass es letztlich der Kampf um die Geiseln war, der diesen den Tod brachte.

Wir nahmen von Itai mit einer Zeremonie unter Zypressen Abschied, bei der allen das Herz blutete, umgeben von Menschen, die ihn sehr geliebt haben, Menschen, von denen die Mehrheit nun Flüchtlinge sind, deren Häuser und Seelen zerstört wurden. Eine Zeremonie ohne seinen Leichnam, neben den frischen Gräbern seiner Eltern, auf einem fremden Friedhof, weit weg von zu Hause, vom zerstörten Kibbuz, aber umgeben von einem Weinberg und Rosenbüschen, dazwischen kleine Haine, als wäre alles als Bild der friedlichsten Stille gemalt.

Ich war dabei wütend auf mich, weil mein Bauchgefühl mir vorgegaukelt hatte, es würde gut ausgehen, und wenn es zwei Jahre dauern würde. Ich hatte mir vorgestellt, wie es sein würde, wenn er wieder da wäre, Itai mit seinem unprätentiösen, mitfühlenden Blick, und mich gefragt, ob er die Kraft haben würde, sein halbes Lächeln wiederzuerlangen, von dem ich nie gewusst hatte, ob es ironisch oder schüchtern war. Wir hatten ihm im Haus seiner Tante schon ein Zimmer eingerichtet, neben Großmutter Aviva, die überlebt hatte und mit der er aufs Engste verbunden gewesen war.

Damit er sich beschützt fühlen würde, wenn er zurückkäme, wieder genesen würde. Warum hatte von allen Menschen in meinem Leben ausgerechnet seine sanfte Seele das Böse und die Folter monatelang aushalten müssen? Dieser neugierige und freundliche Mensch praktizierte Ju-Jutsu, hatte nach seinem Psychologiestudium als Coach für Patienten gearbeitet. Er mochte kreatives Schreiben, besuchte jede Woche seine Großmutter, war auch als Erwachsener ein Kindskopf und verfügte über viel Geduld, Lebenslust und Empathie.

Das Wissen, dass er dort ausgeharrt, auf uns gewartet hatte und wir gescheitert sind, das Wissen, dass sein Land auf ihn verzichtet hat, brach uns das Herz. Wir bedauerten es, dass er nicht gemeinsam mit seiner Mutter Orit an jenem Schabbat getötet worden war, vor der grausamen Geiselhaft. Immer wieder sagten wir uns, wie gut, dass seine Eltern nicht mehr am Leben sind und nie erfahren werden, was er durchgemacht hat.

Als Itai hingerichtet wurde, waren noch 138 lebende Geiseln in den Händen der Hamas, unter ihnen der kleine Kfir, der in jener Woche ein Jahr alt wurde. An dem Tag zog sich die israelische Armee aus den kleinen Städten und Vierteln im Norden und Zentrum des Gazastreifens zurück. Unmittelbar nach ihrem Abzug zeigte sich, dass die Hamas bestens operieren konnte, wieder wurden Dutzende Raketen aus diesem Gebiet auf israelische Städte abgefeuert. Auf einem Markt wurde der Kopf einer enthaupteten israelischen Geisel für zehntausend Dollar zum Verkauf angeboten. Der Süden und Norden Israels waren verlassen, Geisterorte, die Straßensperren hatten gewarnt: «Sie begeben sich auf gefährdete Verkehrswege.»

Andauernd grübelte ich, welchen Beitrag ich als Autor

leisten, wie ich es durch das Schreiben erreichen könnte, Vorschläge für humane Lösungen zu unterbreiten und Hoffnung zu machen, mit Worten zu kämpfen und Menschenleben auch in Gaza zu retten. Zum ersten Mal im Leben saß ich wie gelähmt vor der Tastatur. Es fiel mir schwer, mir selbst zu vergeben.

Rawas Krieg

Ich rief meine Freundin Rawa in Gaza an. Wir hatten uns kennengelernt, als sie gerade begann, als Medienproduzentin zu arbeiten. Später flüchtete sie wie ich von den Nachrichten in die Fiktion, veröffentlichte Romane und Unterhaltungsliteratur. Alle paar Jahre sahen wir uns auf Konferenzen in Berlin oder Cannes. Jetzt fühlen sich unsere Gespräche am Bildschirm über die Vorgänge in Gaza unendlich direkter und persönlicher an als Cocktailpartys am Strand oder auf den Jachten von Schauspielern und Produzenten. Wir sehen einander an, und Rawa geht ein Stück weg von ihren Kindern, damit sie nicht mithören können. Sie gibt zu, dass sie verzweifelt ist. Am liebsten würde sie ihre Kinder voneinander trennen, damit sie nicht miteinander spielen, ihnen verbieten, dass sie eng nebeneinander auf der Straße gehen. So bestünde die Chance, dass bei einem Bombenabwurf wenigstens eines von ihnen überlebt. Sie redet viel intensiver als ich, ohne Pause. Erklärt mir, dass ihr Mann den Verstand verliert, nicht wegen all der morbiden Gedanken, sondern weil er nicht nachvollziehen kann, warum sie nicht zu der Schlussfolgerung kommt, sie vier sollten so eng wie möglich beieinanderbleiben, um wenigstens gemeinsam zu sterben. Rawa ist wütend darüber, dass er sich nur mit der Frage befasst, wie man sicherstellen könnte, dass nicht versehentlich einer von ihnen einzeln und im schlimmsten Fall unidentifiziert begraben wird. Da die Kinder nicht über Ausweise verfügen, würden sie, Gott behüte, in einem Massengrab beigesetzt werden. Er habe vom ersten Tag an gemerkt, wie sie versuchte, Abstand zu ihm zu halten. Denn es müsste ja einer der Eltern überleben, wie sonst sollten es die Kinder in diesem Chaos, auf sich allein gestellt?

Dieser Krieg bedeutete, mit einem Schlag absolut machtlos zu sein und endlose, vielleicht schicksalhafte Entscheidungen treffen zu müssen. Diese Situation war ganz und gar unpassend für die Partnerschaft der beiden, in der gern lange überlegt und mit jedem Entschluss gerungen wird. Rawas Mann würde lieber ins Haus seines Onkels nach Rafah ziehen, einer Stadt im Süden des Gazastreifens, und dort auf Matratzen schlafen, aber Rawa selbst ist zurzeit nicht in der Lage, sich zwischen vier Wänden aufzuhalten. Ist sie von Beton umgeben, so sagt sie, überkommt sie die Vorstellung, dass der Boden zu beben beginnt, in Stücke zerbricht und alles einstürzt, die Zimmerdecke auf sie herabfällt – sie verbrennt oder wird unter Trümmern verschüttet, ruft in der Finsternis um Hilfe, sie erstickt, und keiner hört sie.

Sie haben bereits viermal das Quartier gewechselt und zwei Wochen lang in der Schule von Deir al-Balah gewohnt. Aber die Trennung von Männern und Frauen dort hatte ihr noch mehr zugesetzt als das instinktive Bedürfnis, zu ihrem Mann Abstand zu wahren. Zudem war die räumliche Enge unerträglich, genau wie die Schlange vor den Toiletten. So kam es, dass sie nun lieber in einem Zelt lebt statt in einem Haus. Das Zelt erhielten sie von den Emiraten. Dazu hatten sie sich schnell entschieden, als um zwei Uhr nachts ihre

Straße von einer Bombe getroffen worden war. Binnen zwei Stunden hatten sie ihre Habseligkeiten zusammengepackt, jenes Zuhause, an dem sie vier Jahre lang gebaut hatten, verlassen und sich Richtung Süden aufgemacht. Ohne zu wissen, wie die Lage dort sein würde.

Zwar ist Rawa seitdem dreimal in den Norden zurückgekehrt, um ihre alten Eltern zu überzeugen, ihre Wohnung im Zentrum von Gaza zu verlassen, aber vergebens. «Das ist unser Zuhause, wenn wir sterben, dann sterben wir eben.» Beide betrachteten die Situation mit Gleichmut, und das erfüllte sie selbst mit einem gewissen Stolz. Dagegen half auch nicht das inständige Flehen der Kinder, Enkelkinder und Freunde.

Sie erinnern mich an meine Eltern: Auch sie schützen ihre Gefühle durch Routinen und Gewohnheiten, und obwohl sie weder einen Luftschutzkeller noch einen Sicherheitsraum haben, weigern sie sich, im sicheren Haus meiner Schwester unterzukommen, das fünf Minuten entfernt liegt. Bei meinen Eltern fängt jedoch das Abwehrsystem «Iron Dome» die meisten Raketen ab, während das Viertel von Rawas Eltern wie leergefegt ist; die Menschen sind gegangen, die meisten Häuser wurden getroffen. Sie leben dort umgeben von völlig zerstörten Straßenzügen, manchmal gibt es zwei Tage lang keine Elektrizität, und das Leitungswasser ist verschmutzt, weil auch die Pumpwerke von den Bomben getroffen wurden.

Nur ein Drittel der Getöteten sind Hamas-Leute, und bei der Mehrheit der toten Zivilisten handelt es sich um Frauen und Kinder. Wie Rawa erzählt, schrie ihre Mutter: «Ich bin nicht bereit, außerhalb meines Zuhauses zu sterben!», und hält mit ihrer ganzen Hartnäckigkeit und Frustration daran fest. Rawa bemüht sich in einer für sie untypischen Weise darum, ihre Schuldgefühle zu kontrollieren. Sie sagt sich, dass es einfach keine Möglichkeit gibt, ihre Mutter unter Zwang zu evakuieren. Und ihre Eltern sagen ihr: «Wir sind nicht deine Kinder.»

Als Rawa gegen Sonnenaufgang in den Süden fuhr, auf der Saladinstraße, die als humanitärer Korridor für die Evakuierung festgelegt ist, sah sie am Straßenrand Leichen, auch von Kindern und alten Menschen. Ich selbst kenne von der Salah al-Din jede Kurve, also will ich von Rawa wissen: Wo genau waren Leichen? Wie kann das sein? Ich verdränge die Möglichkeit, dass sie in einem sicheren Fluchtkorridor von Bomben getroffen wurden.

Als ich dort als Journalist unterwegs war, hatte es mich stets fasziniert, dass es sich um eine der ältesten Straßen der Welt handelt, genutzt seit der ägyptischen Zivilisation, von den Seevölkern, Assyrern, von Babel und Persien. Im Jahr 332 v. Chr. hatte Alexander der Große dort haltgemacht und belagerte Gaza neun Wochen lang. Am Ende ließ er alle Männer massakrieren und die Frauen und Kinder versklaven. Vierhundert Jahre später wurden hier wiederum auf dem zentralen Markt die rebellierenden Juden von den Römern als Sklaven verkauft. Unter den Byzantinern wurde das «heidnische» Gaza christlich, und als es im Jahr 634 von den Arabern erobert wurde und zum wichtigsten Hafen in der Region aufstieg, von dem aus bis nach Europa exportiert wurde, stellte Gaza das geografische Ende der Weihrauchstraße dar, über die kostbare Waren aus Asien herangeschafft wurden. Die Kreuzritter, Napoleon – alle waren hier.

Wie kann es sein, dass weder Technologie noch Bildung die menschliche Psyche verändert haben, dass die Psyche sich nicht weiterentwickelt hat, als die Evolution uns physische Veränderungen bescherte? Jahrtausendelang sind unsere Triebe unverändert geblieben. Vielleicht werden wir einst in der Lage sein, unsere DNA neu zu programmieren; bis dahin aber wird das menschliche Leid die Zivilisation bestimmen.

Ich blicke in Rawas müde Augen und höre das nicht enden wollende Summen der Multicopter-Drohnen der israelischen Armee, die am Himmel kreisen, es bohrt sich ins Trommelfell. Ich versuche, sie zu trösten, und jedes meiner Worte wird von der Angst ausgebremst, dass meine Formulierungen als unsensibel und nicht mitfühlend aufgefasst werden könnten, denn mir ist klar, dass ich das Ausmaß der Katastrophe in ihren Augen nicht ausreichend verstehe. Sie interpretiert meine Worte, noch bevor sie ausgesprochen werden. Ich bitte sie darum, mir alles zu erzählen; in solchen Situationen sagt mir mein Instinkt, dass mangelndes Wissen schädlicher ist als die schlimmste Wahrheit.

An der ägyptischen Grenze, wo sie sich gerade befinden, fließen nach Regenfällen Bäche aus Schlamm, überall liegt Müll, die Straßen sind nicht geebnet, aber immerhin sind die Bombardierungen nur von Weitem zu hören.

«Noch nie habe ich solche Verzweiflung und Müdigkeit empfunden», sagt sie unter Tränen und schildert, wie sie in einem Gebäude, das bombardiert und verlassen worden war, nach Essen gesucht hat. Nur dank ihres Einfallsreichtums ist der Hunger nicht ganz so heftig. «Die Leute haben derzeit nur eine Mahlzeit am Tag, sie sind geschwächt, ihnen ist permanent schwindlig.» Die Achterbahnfahrt ihrer Gefühle war brutal, sie wurde in sämtliche Richtungen geschleudert, bis die Gefühle nach Wochen nun wie erloschen sind. Sie antwortet ihren Kindern jetzt aufrichtig, spricht über Angst, über den Tod als reale Möglichkeit.

«Du musst schreiben», sagt Rawa, «kämpfe und schreibe überall, wo du kannst, damit man es stoppt, jetzt, damit es aufhört. Aus dieser Katastrophe wird nichts Gutes hervorgehen. Nur noch mehr Tod. Bitte, du musst schreiben.» Sie weiß, dass ich keinen Einfluss habe.

Ich werde mir weiterhin Videos wie das einer Mutter ansehen, die den Leichnam ihrer Tochter in den Armen hält, die Kleine trägt noch ihren roten Trainingsanzug, ihr Haar ist mit einem blauen Haargummi zum Pferdeschwanz gebunden, und die Mutter umschlingt sie zum letzten Abschied.

Ich werde mir weiterhin Videos wie das eines Vaters ansehen, der die Leiche seines Babys einwickelt und es noch festhält, als es bereits in dem weißen Plastiksack für die Beisetzung steckt.

Ich kann nicht mehr.

Der erschreckende, prophetische Sieg

Das gemäßigte Lager der israelischen Öffentlichkeit erhoffte sich ein Szenario der folgenden Art, damit weiteres Blutvergießen verhindert würde: Am Tag nach dem Massaker würde der UN-Sicherheitsrat die Taten verurteilen, die internationale Gemeinschaft würde die Hamas zwingen, die entführten Zivilisten freizulassen, und von Katar fordern, dass die in seinem Herrschaftsgebiet lebenden Drahtzieher des Massakers vor Gericht gebracht würden. Die Welt würde sich dafür einsetzen, in Gaza eine gemäßigte Regierung zu installieren. Es stünde in der Macht der Diplomatie, Leben zu retten und Kriege zu stoppen.

Der Sicherheitsrat verurteilte dann allerdings nicht einmal das Massaker. Die Vereinten Nationen, die nach dem

Zweiten Weltkrieg aus dem Verständnis heraus gegründet wurden, dass ein Dialog mit totalitären, mörderischen Regimen dem Bruch mit ihnen vorzuziehen sei, werden nun in der Praxis von selbigen Regimen benutzt, um die Schwächen des Westens auszunutzen. Es wirkt zuweilen wie ein schamloses, sarkastisches Spiel, wenn der Menschenrechtsrat der Vereinten Nationen unter dem Vorsitz von Staaten steht, die Jagd auf ihre eigenen Bürger machen und sie foltern, und die Resolutionen fallen auch dementsprechend aus.

So kann beispielsweise eine Person aus dem Herrschafts- und Justizapparat Ugandas Richter am Internationalen Gerichtshof in Den Haag sein, aus jenem Uganda, das 2023 ein Gesetz verabschiedet hat, das «schwerwiegende Homosexualität» unter Todesstrafe stellt und lebenslängliche Freiheitsstrafe für jene vorsieht, die sich als homosexuell identifizieren. Im UN-Plenum sind 135 Länder wirtschaftlich abhängig von chinesischen Investitionen, und in kritischen Momenten folgen sie der Linie Pekings. Wird eine der seltenen Resolutionen gegen ein Terrorregime wie die Hisbollah angenommen, zum Beispiel die Resolution 1701 aus dem Jahr 2006, die ein Waffenembargo und das Fernhalten von der Grenze anordnet, dann wird diese Resolution nie umgesetzt. Die Hisbollah ist längst erstarkt und schießt derzeit Panzerabwehrraketen in israelische Wohnzimmer. Das Palästinenserflüchtlingshilfswerk der Vereinten Nationen UNRWA steht seit einigen Jahren in der Kritik, weil an den von ihm betriebenen Schulen Lehrbücher mit juden- und israelfeindlichen Inhalten verwendet wurden. Mindestens ein der Organisation angehöriger Lehrer soll in seinem Haus ein Kind als Geisel gefangen gehalten haben, mehrere andere Mitarbeiter sollen an dem Massaker beteiligt gewesen sein.

Auch die Bedeutung der sexuellen Gewalt am 7. Oktober ist für das Verständnis der israelischen Psyche entscheidend. Drei Monate nach jenem schwarzen Schabbat veröffentliche die *New York Times* eine Untersuchung, der zufolge Vergewaltigung, sexuelle Misshandlung und die Verstümmelung von Geschlechtsorganen ein systematisches Handlungsmuster der Hamas darstellen. Auf der Grundlage von Videos, Fotos, GPS-Daten und Interviews mit hundertfünfzig Zeugen, darunter medizinisches Personal, identifizierte die Zeitung mindestens sieben Orte, an denen Frauen und Mädchen systematisch angegriffen wurden. Dreißig Leichen wurden mit gespreizten Beinen, zerrissener Kleidung und Misshandlungsspuren im Genitalbereich aufgefunden. Bereits um acht Uhr morgens, an der Schnellstraße 232, etwa sechseinhalb Kilometer südwestlich des Festivalgeländes, trieben etwa hundert uniformierte Hamas-Leute verletzte Frauen zusammen. Ein Mann zog einer Frau am Haar, nötigte sie dazu, sich nach vorn zu beugen, ein anderer vergewaltigte sie und stach ihr mehrfach mit einem Messer in den Rücken. Eine andere Frau, so eine Augenzeugin, wurde «in Stücke gehackt», während man sie vergewaltigte. Frauen wurden an Bäume gefesselt und entkleidet. Frauen jeden Alters, auch Mädchen, wurden vergewaltigt, Nägel in ihre Leisten getrieben. Der *New York Times* liegen zum Beispiel Fotos von einer Frau in einem Kibbuz vor, deren Oberschenkel und Leistengegend mit Dutzenden Nägeln durchbohrt wurden. Auch der britische *Guardian* verfügt über Berichte von Zeugen, einschließlich vergewaltigter Minderjähriger.

Entführte Frauen in Geiselhaft wurden ebenfalls vergewaltigt. Aber in den ersten drei Monaten weigerten sich große Teile der Öffentlichkeit und der Medien der demokratischen Welt, den Berichten der Augenzeugen Glauben zu schenken, und vermieden es, die Taten zu verurteilen. Es gab Videos, beispielsweise von der «Frau im schwarzen Kleid», Gal Abdush, vierunddreißig Jahre alt, Mutter zweier kleiner Kinder, die auf dem Rücken liegt, mit zerrissenem Kleid, gespreizten Beinen, entblößten Genitalien, bis zur Unkenntlichkeit verbranntem Gesicht, die rechte Hand ihre Augen bedeckend. Ihr Partner lag ermordet neben ihr. Die Welt weigerte sich, den hundertfünfzig Zeugen, den Ärzten, den Polizisten zu glauben.

«Ein weißer Pick-up hielt an, und seine Türen gingen auf, fünf Männer in Zivil kamen heraus, alle trugen Messer bei sich und einer einen Hammer. Sie schleiften eine Frau umher, sie war jung, nackt und schrie. Sie versammelten sich um sie. Sie stand auf, und die Männer begannen, sie zu vergewaltigen. Sie schrie. Ihre Stimme lässt mich nicht mehr los. Es waren wortlose Schreie. Daraufhin hob einer das Messer, und sie schlachteten sie einfach ab.» So ein Augenzeuge. Die Welt weigerte sich, es zu glauben, weigerte sich nachzuforschen. Auch in anderen Zusammenhängen entschieden sich nicht wenige westlich-demokratische Medien dafür, den Versionen der Hamas und deren Dementi nicht entgegenzutreten. Sie taten es aus einem Instinkt, sich auf die Seite der «Schwachen» zu stellen und die Hamas als ebensolche zu identifizieren. Deren Verlautbarungen wurden ungefiltert als Tatsache präsentiert, und das nicht nur einmal, auch wenn sie bekanntermaßen Teil einer Maschinerie waren, die haltlose Lügen produziert. Wurden diese als solche entlarvt, dauerte es Tage, bis dieselben Medien eine Richtigstellung herausbrachten.

Auch wenn Deutschland, Frankreich und Großbritannien Israel unterstützten, auch wenn das Europäische Parlament nach hundert Tagen Krieg mit einer Mehrheit von 312

Ja-Stimmen gegenüber 131 Nein-Stimmen einen Beschluss annahm, der besagt, dass ein dauerhafter Waffenstillstand die Zerschlagung der Hamas und die Rückkehr der Geiseln voraussetzt – so hat doch der gewaltige Hass, der Israelis auf der Straße, in den sozialen Netzwerken und in Medien entgegenschlägt, die israelische Gesellschaft radikalisiert. Die drei Wochen vom Überraschungsangriff bis zum Beginn der israelischen Bodenoffensive schufen auch bei den israelischen Wählern der Linken und der Mitte die Grundlage für die breite Unterstützung eines aggressiven Kriegs.

Was sich am 7. Oktober abgespielt hat, ist ein Menetekel. Es betrifft, noch mehr als die Zukunft des Nahen Ostens, die Zukunft der Welt. Ich blicke zurück auf die ersten Stunden des Massakers, noch bevor die israelische Armee angriff. Die Hamas-Milizen schritten in diesen Stunden kleine Häuser ab, gingen von Tür zu Tür, wie etwa im Mittelalter beim Einfall der Mongolen, um Menschen abzuschlachten und Geiseln zu nehmen, und sie hörten nicht auf, Stunde um Stunde hundertfünfzig Israelis zu töten, und das live zum Mitverfolgen. Noch bevor die israelische Armee reagierte, brachen zwei Tsunamiwellen über die sozialen Netzwerke herein. Die erste Welle bestand aus den Hinrichtungen und der Dokumentation der Gräuel, die zweite propagierte die Angreifer als Freiheitskämpfer; und es war eine akribisch geplante und methodisch ausgeführte Kampagne, zielgerichtet und genau. Sie ergriff sämtliche Zielgruppen, indem sie deren jeweiligen wunden Punkte und Gefühlslagen ansprach. Als die Luftangriffe auf Gaza einsetzten, kam ein drittes Genre hinzu, und es verfügte über alle Komponenten, um die Menschen zu bewegen: Die einflussreichsten Berichte aus Gaza an jenem Tag stammten nicht von Journalisten, sondern von digitalen Aktivisten, *Storytellers*, die mit Video-Blogs (Vlogs) ihr Leben aus einem sehr persönlichen Blickwinkel dokumentieren und als Nachrichtenmeldung präsentieren, die ihren Tränen freien Lauf lassen. Sie gewannen Hunderte Millionen Follower und wurden zur Informationsquelle mit der stärksten Überzeugungskraft. Sie sorgten dafür, dass ein Narrativ Wurzeln schlagen konnte, wonach Israel versucht, das palästinensische Volk auszulöschen.

Auch ich war gebannt von den immens starken Emotionen, die diese Kanäle übermittelten. Jedoch wird ihr Publikum, im Gegensatz zu dem der BBC beispielsweise, nie erfahren, dass bei Angriffen wie jenem, den sie herzzerreißend und mit überzeugender Detailfülle schilderten – «tausend Tote bei der Bombardierung eines Krankenhauses durch Israel» –, die tatsächlichen Verantwortlichen und Opferzahlen immer wieder ungeklärt bleiben. Sie unterliegen nun mal keinen ethischen Regeln, Berichte müssen nicht überprüft werden, und niemand merkt es eigens an, wenn Informationen nicht verifiziert wurden. Nie erwähnen sie das Massaker vom 7. Oktober oder wagen es, die Hamas auch nur andeutungsweise zu kritisieren. Denn die Hamas hat in der Vergangenheit nicht gezögert, Journalisten umzubringen. Die Vlogger präsentieren Leichenteile, blutende Babys – das Publikum sieht nur zu gern Ungefiltertes. Einige Dutzend von ihnen wurden im Krieg getötet und hinterließen Follower mit gebrochenen Herzen.

Im Vergleich zu den politisch voreingenommenen Nachrichtenkanälen sind die Vlogger eine um ein Vielfaches unglaubwürdigere Ausprägung des Journalismus. Allerdings *wirken* sie um ein Vielfaches überzeugender, was auf die große Nähe und Intimität zurückzuführen ist. Die Tatsache, dass Israel ausländischen Journalisten den Zugang zu Gaza versperrte, verschlimmerte Israels Situation lediglich. Besorgniserregend ist, was Tausende von Fake-Profilen mit Erfolg produzierten, wobei es sich teilweise um Fakes handelte, die nur wenige Monate vor dem Krieg online gegangen waren. Damit wurden von Anfang an auch Zielgruppen wie Protestorganisationen in ganz anderen Bereichen erreicht. In dem Moment, als es losging, kamen Zehntausende Bots hinzu.

Fake-Nachrichten-Websites tauchten im Netz auf, manche gaben sich als bekannte Medienportale aus. Ein ganzer Block von Influencern, die ihr Einkommen von ausländischen Staaten beziehen, gab ein Echo auf die von den Hamas-Studios produzierten Videos ab, gefakte Storys wurden verbreitet, die oft nicht einen Bruchteil Wahrheit enthielten. Sie siegten an allen Fronten und schafften es sogar, in den USA einen gewissen Hamas-Chic zu etablieren. Studenten an amerikanischen Eliteuniversitäten drehten an die Universitätsleitung gerichtete Videos, in denen sie mit verhülltem Gesicht auftraten und ihre Forderungen präsentierten, inszeniert wie Videos des IS. Darin verlangten sie unter anderem: die Beziehungen zu israelischen Universitäten abzubrechen; keine Gelder mehr von Spendern zu beziehen, die Israel unterstützen; und Erklärungen der Universitätspräsidenten, dass Israel einen Genozid begehe. Hinter den Masken steckten junge Amerikaner unterschiedlicher Religion und Herkunft. Diese Kampagne führte in rasender Geschwindigkeit zu neuen Trends: angefangen bei jungen amerikanischen Frauen, die auf Tiktok ihren Übertritt zum Islam verkündeten, weil sie einen Brief von Osama bin Laden gelesen hatten, der Verbreitung von Symbolen wie dem Palästinensertuch, das man bei den jungen Leuten aller Schichten sieht, und Bildern einer aufgeschnittenen

Wassermelone als Symbol des Kampfes in den Farben der palästinensischen Flagge – bis hin zur schneller als je zuvor vollzogenen Aneignung von Narrativen, die nicht der Wahrheit entsprechen oder sie völlig verzerren.

In dem Spiel, in das die Welt der politischen Kampagnen bereits seit Jahrzehnten verstrickt ist, ist es nur legitim, dass die Palästinenser jeder denkbaren Gruppe ihre Schilderung zukommen ließen – Aktivisten für soziale Gerechtigkeit, für die Rettung des Klimas, für die Selbstermächtigung der Frauen, für den Antikapitalismus, lateinamerikanischen, indischen und ostasiatischen Immigranten, queeren Menschen. Doch war dies ein Schrei, bei dem Israel die Rolle des Bösen zugewiesen wurde und alles genau auf diese Agenda zugeschnitten war. Man sah sich im Recht, sich an die Aktivisten von *Black Lives Matter* mit der Botschaft zu wenden, die Palästinenser seien genau wie People of Color, die gegen die weiße Unterdrückung kämpfen. Influencer versprachen, Israel würde nur den Beginn einer weltweiten Befreiungswelle darstellen.

Binnen Tagen deklamierten in jeder großen amerikanischen Stadt Massen von jungen Leuten: «Israel should be dissolved!» Ein junger amerikanischer Weißer konnte so den People of Color und Aktivisten in seiner Gemeinde beweisen, dass er ihr Verbündeter ist. Sie gingen auf die Straße, um ihrem Zorn auf das durch Weiße verursachte Unrecht Luft zu machen, was sie mit dem Ruf «Globale Intifada» taten. «From the River to the Sea, Palestine will be free», hieß es bei den weltweiten Demonstrationen auf Englisch, auf Arabisch hingegen: «From the River to the Sea, Palestine will be Arab». Während die radikale Rechte weltweit in den Juden Befürworter der Einwanderung, Propagandisten der Gender Theory und des Liberalismus sieht, sehen Progressive in ihnen reiche weiße Unterdrücker. Und alles Israelische vermischt sich in dieser Sicht vollkommen mit dem Judentum. Einiges deutet darauf hin, dass dieser Fall anders ist als alles, was wir bisher kannten. Wenn die «Content Engineers» in Moskau und Teheran ihre Knöpfe drücken, wenn sie Agenturen den Auftrag erteilen, demokratische Gesellschaften zu untergraben, schütteln sie sich vor Lachen.

Indem beispielsweise Fake-Profile eingesetzt werden, die Nutzern erklären, dass «im Staat Palästina Homoehen legal waren, bis Israel ihn besetzte und diese aus dem Gesetz strich», werden Millionen mobilisiert. Die Frage ist, ob sich die vielen queeren Menschen bewusst dafür entscheiden, mit Leidenschaft an der Seite von Regimen zu kämpfen, die sich mit der Ausmerzung der Homosexualität befassen, und zudem einen Weg der gewaltsamen Konfliktlösung zu befürworten, den sie ansonsten ablehnen würden. Umfragen lassen mitunter daran zweifeln. So sind etwa laut Harvard Caps / Harris Poll fünfundvierzig Prozent der jungen Amerikaner der Meinung, dass die Hamas Homosexuellen erlaube, offen in Partnerschaften zu leben, und einundfünfzig Prozent, die Hamas respektiere die Rechte der religiösen und ethnischen Minderheiten wie Christen und Juden. Die Befragten hätten hier antworten können, dass sie es nicht wissen, doch das taten sie nicht, sie meinen es zu wissen, es ist «ihre Wahrheit». Hauptsächlich aber basieren die Meinungen zu dem Konflikt und dem Krieg auf einer konstruierten, verzerrten Weltanschauung.

Das gewaltige Ausmaß an Einflussnahme, die Influencer, der hohe Grad an Unwissenheit und Lügen beeinträchtigen in jedem demokratischen Land Wahlverfahren und Regierung erheblich. Im Nahen Osten rückt dies auch die Chance auf eine Feuerpause in die Ferne und heizt die Konfliktparteien auf. Der Algorithmus weckt antisemitische wie islamophobe Gewalt – es handelt sich dabei um die größte Welle seit dem Zweiten Weltkrieg. Die Juden machen 2,4 Prozent der amerikanischen Bevölkerung aus. Zugleich werden an ihnen laut FBI sechzig Prozent der religiös motivierten Hassverbrechen verübt, zudem werden sie von fast jeder Terrororganisation der Welt bedroht. Das alles hat nichts mit der israelischen Frage zu tun.

Ich bin viel an den amerikanischen Universitäten unterwegs. Auch außerhalb des Campus bin ich von jungen Leuten umgeben, für meine TV-Arbeit und vor allem für die Serie «Euphoria» habe ich mich jahrelang mit Menschen in diesem Alter beschäftigt. An den amerikanischen Universitäten ist man ganz offen für den Gedanken, dass die westliche Aufklärung reine Scheinheiligkeit sei. Ein interessantes Beispiel ist, in welcher Weise die Zwanzigjährigen heute vom Sklavenhandel sprechen, und es verdeutlicht, was in ihrem Diskurs fehlt. Sie betonen, dass der Sklavenhandel nicht etwa eine Abweichung von der europäischen Aufklärung gewesen sei, sondern das Gegenteil – eine logische Folge.

Über dreizehn Jahrhunderte lang führten die Araber und die Muslime den Menschenhandel auf dem «Schwarzen Kontinent» an, drei Jahrhunderte davon gab es den transatlantischen Sklavenhandel. Die Araber setzten die Versklavung hundert Jahre länger fort: In manchen Ländern in unserer Region gab es die Sklaverei bis weit ins 20. Jahrhundert hinein, in einigen Gegenden besteht sie bis heute inoffiziell fort. Die besondere Schuld der europäischen Aufklärung bestand jedoch in den Augen ihrer heutigen jungen Kritiker darin, dass sie die Sklaverei mittels «Rationalität» begründete und den Rassismus «wissenschaftlich» definierte.

Demgegenüber steht jedoch ohne Zweifel fest: Erst die Aufklärung – die Freiheit der Ideen, des Protests, das Ausüben von politischem Druck – führte das Ende der Sklaverei herbei. Das ging so weit, dass die britische Marine die Abschaffung der Sklaverei in vielen Ländern durchzusetzen begann und 150 000 Sklaven befreite. Eine vergleichbare Aufarbeitung der Sklaverei wie im Westen findet in den meisten Kulturen und Ländern bis heute aber nicht einmal ansatzweise statt. Doch werden die Grundlagen, die eine solche Aufarbeitung ermöglichen, von der neuen Rebellion gegen die Tradition der Aufklärung unterlaufen. Aus alldem resultiert eine absurde Schlussfolgerung, die ich in den Gesprächen mit Studenten heraushöre: Befinden sich auf der einen Seite die afrikanischen und muslimischen Opfer und auf der anderen Seite die Weißen, die die moderne Sklaverei erfanden, dann symbolisieren die Juden den Typus des reichen Weißen. Und daher ist es heute wieder erlaubt, dazu aufzurufen, «die Welt von den Juden zu befreien».

Eine andere parallele Wirklichkeit ist jene, die die Hamas den Palästinensern im Gazastreifen und der Sender Al Jazeera der arabischen Welt und den Muslimen weltweit vermittelt. Dessen Zuschauer sind überzeugt, dass der Angriff vom 7. Oktober lediglich auf Stützpunkte der israelischen Armee erfolgte. Falls wirklich Zivilisten zu Schaden gekommen sein sollten, so durch die israelische Armee selbst, und in den wenigen übrigen Fällen sei es ein Missgeschick gewesen. Aus dieser Sicht erscheint die Reaktion der israelischen Armee in Gaza nicht nur grausam, sondern noch viel schlimmer, so wie es in diesen Medien vom ersten Tag an hieß: Die Israelis würden «wie Nazis vorgehen» und einen «Genozid verüben».

Es gibt jedoch auch einen echten ideologischen und freien Diskurs, der nicht von anderen Regimen manipuliert ist. Jüngere Amerikaner wuchsen im Schatten des militärischen Scheiterns der USA im Irak und in Afghanistan auf. Dieses hatte in beiden Ländern einen Bürgerkrieg zur Folge, es beförderte den IS und endete mit der Rückkehr der Schreckensherrschaft in Gestalt der Taliban. All dies geschah letztlich in Reaktion auf die Anschläge vom 11. September 2001. Die jungen amerikanischen Rechten zog es zum Separatismus, die jungen Linken stellten sich gegen militärische Einmischung in den weltweiten Konflikten. Der Generation von Joe Biden, die den Kalten Krieg miterlebt hat, gelingt es nicht, die jungen Amerikaner von der Doktrin zu überzeugen, dass trotz der verfehlten Ziele im Anschluss an den 11. September das amerikanische Engagement in Übersee eine moralische Pflicht sei und entscheidend für die Aufrechterhaltung der globalen Führungsrolle der USA, ihres Einflusses, ihrer Wirtschaftskraft, ihrer Handlungsfreiheit.

Viele Angehörige der akademischen Elite weltweit schlossen sich innerhalb weniger Stunden nach Beginn des Massakers vom 7. Oktober zu einer Stimme zusammen, die sich leidenschaftlich für die palästinensische Seite engagierte. Grund dafür waren die durchaus nachvollziehbaren Bedenken, dass Israel die internationale Rückendeckung für eine ungehemmte militärische Reaktion ausnutzen würde. Für die Psyche der Nachrichtenkonsumenten, denen diese Stimme «das Massaker in seinem Kontext erklärte», lag darin etwas Tröstliches: Wenn es hieß, Israel habe die Katastrophe selbst auf sich gezogen und verantworte also den

Tod der Zivilisten irgendwie mit, dann war das alles wesentlich leichter zu verdauen. Zudem konnte man als Zuschauer aus der Ferne die Relevanz der unzähligen Beweise für das Massaker deutlich leichter bezweifeln. Ausgerechnet zu der Zeit, als die Bildschirme mit Berichten von Augenzeugen des Schreckens geflutet wurden, gelang es dieser intellektuellen Stimme mit verlockender Einfachheit, den Massen akademische Ideen zu vermitteln und sogar ein Publikum zu erobern, dessen Aufmerksamkeitsspanne acht Sekunden kaum übersteigt. Bis zu dem Tag waren diesem Publikum Ideen wie etwa die von Frantz Fanon gar nicht bekannt, schon gar nicht in Bezug auf Israel: Fanon, der Prophet des Postkolonialismus, rechtfertigte Gewalt seitens der einheimischen Unterdrückten gegenüber weißen Siedlern als notwendigen Schritt auf dem Weg zur Befreiung und sogar als entscheidend für die Wiederherstellung der Selbstachtung der Kolonisierten. Die Gewalt galt ihm als moralische Korrektur, bei der die Unterdrückten die Passivität überwinden und ihr Schicksal in die eigenen Hände nehmen würden.

Wenn ich in meinem Leben im Nahen Osten eines gelernt habe, dann, dass in einem Kult um Gewalt, die angeblich von Not befreit, kein Mensch Befreiung findet, und am allerwenigsten, wenn sie Zivilisten trifft. Die Romantisierung von Gewalt verbindet naive Theoretiker, die einen wahren Verlust noch nicht erfahren oder verursacht haben, und jene, die so viel getötet haben, bis sie abgestumpft und vollkommen selbstgerecht waren.

Judith Butler, Vordenkerin der Genderstudies und Queer-Theorie, eine Ikone und die wichtigste Philosophin auf ihrem Gebiet, die ich überaus schätze, eine jüdische Amerikanerin, befürwortet Gewaltfreiheit als höchsten Wert. 2006 allerdings meinte sie, die Hisbollah und die Hamas – wir sprechen hier von Organisationen, die offen zur Vernichtung eines Volkes aufrufen – seien «progressive gesellschaftliche Bewegungen, die der Linken angehören, Teil der globalen Linken». Butler gehört zu einer großen Gruppe amerikanischer Juden aus dem kulturellen und akademischen Bereich, die sich gegen Israel positionieren, unter Betonung ihres Judentums, um ihren Äußerungen Legitimität zu verleihen. Sie tun dies, auch wenn einige von ihnen einer buddhistischen Lebensweise anhängen und ihr Bezug zum Judentum lediglich von ihrer Herkunft herrührt. Wenn Butler öffentlich das Massaker in «dessen historischem Kontext» darstellt, ist der von ihr gemeinte Kontext der des Kolonialismus. Israel wird derzeit zur Hauptsendezeit als «das letzte kolonialistische Projekt der Welt» bezeichnet, «das aufgelöst werden muss».

Jahrzehnte sind vergangen, seit die Linke gewalttätige Untergrundorganisationen im Baader-Meinhof-Stil hervorbrachte. Doch nun gibt es wieder eine große Strömung, die das herbeisehnt. Den blutrünstigsten unterdrückerischen Systemen wird Absolution gewährt, weil sie den demokratischen Kapitalismus herausfordern, der in der Reihe der Probleme angeblich an erster Stelle steht. Dieser neue Geist sieht in brutaler Gewalt ein geeignetes Mittel für jeden Befreiungskampf, vorausgesetzt, dieser wird gegen die «weiße» Welt geführt. Israel erregt Abscheu, denn es wird als eine Vorhut dargestellt, die versucht, eine Kultur «des Westens» einer Region mit einer angeblich orientalischen Kultur aufzuzwingen. Wir sprechen von einer Region, in der zwölfjährige Mädchen per «Heiratsvermittlung» in die Ehe gebracht werden und in der Mädchen beschnitten werden, das heißt die Klitoris entfernt wird. Tatsächlich ist es so, dass Israel keinerlei weitflächige Ambitionen in der Region hat. Allerdings schreibt Israel innerhalb seiner Grenzen und auch für seine gleichberechtigten muslimischen und christlichen Bürger demokratische Rechte und die Freiheit des Individuums fest, für Frauen wie Männer, ebenso die Freiheit der Religionsausübung, der Information, der Wissenschaft. All dies sind Ideen und Werte, die aus der europäischen Aufklärung stammen und den progressiven Diskurs möglich machen. Das vergleichsweise winzige Israel hat in der Vergangenheit eine gewisse Macht hauptsächlich dann gezeigt, wenn seine Nachbarn wieder einmal den Versuch unternahmen, ihm ihr System aufzuzwingen, und Israels Kultur und Existenz für nichtig erklärten. Nun aber ist etwas aus der Bahn geraten.

Der weltweite Bund, der zwischen gutherzigen, werteorientierten Menschen aufseiten der Linken und dem islamischen Fundamentalismus geschlossen wird, ist längst nicht mehr nur eine Begleiterscheinung von Mitgefühl und Solidarität mit den Völkern, die sich in Armut und Unterdrückung befinden, sondern eine Kooperation, die in den nächsten Jahren das Gesicht der Welt prägen wird – und die Manöver von Russland und China haben es genau darauf abgesehen. Im letzten Jahrzehnt erhielten amerikanische Universitäten große Spenden aus Geldquellen, die mit totalitären Regimen verbunden sind.

Unsere Kurzsichtigkeit, die der Linken im Westen, hat auch in der Vergangenheit dazu geführt, mit der Hinwendung zur Dritten Welt die schrecklichsten Gräueltaten zu unterstützen, grausame Diktaturen, die scheinbar Vorboten einer glänzenden Zukunft waren. Wir hatten uns eingebildet, der Terror sei nur eine Zwischenphase. Die Hamas sagt nun klar und deutlich, dass er das keineswegs ist. In der Vergangenheit mochten die Linken Stalin Glauben schenken, weil er die Gräuel verbarg und von erhabenen humanen Werten, Frieden und Gerechtigkeit sprach. Nun wird öffentlich verkündet, wie muslimische Autoritäten die Unterdrückung der Frauen, den Sklavenhandel und Terror absegnen. Schon der bis heute einflussreiche Philosoph Michel Foucault zeigte anfänglich Begeisterung für die Islamische Revolution im Iran, obgleich er dort wegen seiner sexuellen Orientierung gesteinigt worden wäre. Aber die immer geringere Übereinstimmung von Realität und Diskurs erschwert eine Diskussion mehr denn je und befördert die Radikalisierung auf beiden Seiten. In der Zwischenzeit werden tragischerweise Bürgerkriege von Parteien gewonnen, die sämtliches internationales Kriegsrecht verletzen und gegenüber humanitärem Leid vollkommene Gleichgültigkeit zeigen, wie in Syrien.

Israel ist derzeit damit befasst, amerikanische People of Color daran zu erinnern, wie sehr Martin Luther King Israel verbunden war. Zudem ist es damit beschäftigt, sein Existenzrecht zu verteidigen, und steht vor der Zukunftsfrage: Welches Land will es seinen Kindern vererben und wie den Konflikt lösen? Judith Butler zum Beispiel befürwortet die Idee eines binationalen, bikulturellen Staates, wobei der Status des Geflüchtetseins die Bürger dieses Staates auf beiden Seiten zusammenhält und eint. Auf dem Papier ist diese Idylle verlockend.

Die Idee vom Tod der Wahrheit ist es, die Bürger Tatsachen ignorieren lässt. Ironischerweise trifft man auf diese Idee auch verstärkt an Orten wie Harvard, Universitäten, mit denen mich eigentlich mehr verbindet als mit Jerusalem. Als die Harvard-Präsidentin Claudine Gay bei einer Anhörung im Kongress befragt wurde, ob ein Aufruf zum Genozid an Juden einen Verstoß gegen die Grundsätze ihrer Institution darstellten, wich sie wieder und wieder einer Antwort aus. Später veröffentlichte sie eine Entschuldigung, in der sie meinte, es sei ihr nicht gelungen, «ihre Wahrheit» richtig zu übermitteln – nicht «die Wahrheit». Claudine Gay ist infolge des Skandals zurückgetreten, aber die Zersetzung des Wortes «Wahrheit» und die Entleerung des Begriffs haben gerade erst begonnen.

Und so wurde in den Augen der Israelis ein Sechsfrontenkrieg gegen sie eröffnet. Die russische, chinesische, iranische, türkische, fundamentalistische, von den südamerikanischen Diktaturen unterstützte Front; die Front amerikanischer Institutionen; die in den sozialen Medien; die Front jener demokratischen Länder Europas, die Israel aus Tradition feindlich gesinnt sind; die jener UN-Organisationen, die auf eine Kritik an der Hamas verzichtet haben; und die des physischen und psychischen Terrors der Hamas. All das verängstigt Israel zutiefst und lässt es zugleich brodeln. Der Krieg würde aufhören, wenn die Hamas die Gefangenen freiließe – jedoch fordert ein Großteil der Welt Israel auf, den Krieg zu stoppen, während die Hamas ankündigt, solche Massaker zu wiederholen.

Der Sumpf

Israel hatte den Krieg verloren, noch bevor er begann, und kein militärisches oder politisches Szenario hätte dies abwenden können. Die niederschmetternde Vermutung in den ersten Tagen war, Israel müsse sich entscheiden zwischen der Rettung der Entführten oder der Vernichtung der militärischen Infrastruktur wie dem Herrschaftsapparat der Hamas – zwei entgegengesetzte Ziele, die nicht gleichzeitig zu erreichen waren; die Entführten wurden als Hindernis für die Vernichtung der Hamas gesehen. Aber die Wahrheit ist, dass keines der beiden Ziele erreichbar war, noch nicht einmal jedes für sich genommen. Welchen Weg auch immer Israel beschreiten würde – jeder würde in eine Katastrophe führen, und jeder Schritt würde es tiefer im Sumpf versinken lassen. Es wurde deutlich, wie ratlos Israel war und wie unfähig, seine Ziele zu erreichen.

Die Hamas wusste, dass das langfristige Festhalten der Geiseln nicht nur eine Situation schaffen würde, in der Israel machtlos wäre, sondern auch eine interne Krise, die das Land vor eine Zerreißprobe stellt und in seinen Zerfall münden könnte. Hamas-Führer Yahya Sinwar hatte an einer raschen Freilassung der Geiseln keinerlei Interesse, schließlich war er sogar gegen den historischen Deal gewesen, bei dem er selbst aus dem Gefängnis freikam. 1027 palästinensische Gefangene für einen israelischen Soldaten – das war in seinen Augen kein ausreichend hoher Gegenwert. Sinwar hat nun in Gaza die Führung übernommen, und der Erfolg des Massakers hat seine Zuversicht, dass sein Plan aufgehen könnte, enorm bestärkt. Da Sinwar mit der Sensibilität der israelischen Gesellschaft in Bezug auf Geiseln vertraut ist, hielt er es für richtig, zunächst Hoffnungen zu wecken, um sie dann wieder zu zerschlagen und einen unrealistisch hohen Preis zu verlangen. Hätte Israel öffentlich verkündet, sein oberstes Ziel sei die Rückführung der Geiseln, hätte Sinwar alles in der Hand gehabt, dafür zu sorgen, dass Israel dieses Ziel nicht erreichen würde. Die von Israel im Geheimen entwickelten, einfallsreichen Kampfmethoden für solche Einsätze – wie das unterirdische Tunnelsystem mit Meerwasser zu fluten oder der Kampf in den Tunneln mit sehr kleinen unbemannten Flugkörpern – waren von dem

Moment an unmöglich, als die Hamas die Geiseln in dieser Anlage mit ihren 5700 Schächten verteilte.

Andererseits gab es keinen militärischen Weg, Sinwar zu Fall zu bringen, der sich, für Monate bevorratet, tief in der Erde vergraben hatte, unter einem menschlichen Schutzschild von Millionen von Zivilisten, und verkündete, er sei bereit, das Leben dieser Menschen, die Bewohner Gazas zu opfern, um in der Region einen Krieg zu entfachen. Israel hatte keinerlei Druckmittel.

Im Gegensatz zu den Kriegen in der Vergangenheit war bei den Kampfmaßnahmen der israelischen Armee kein heller Funke, kein Überraschungsmanöver zu erkennen, auch wenn bei der Mobilisierung der Soldaten höchste Entschlossenheit herrschte. Die israelische Armee war mit veralteten, nicht mehr greifenden Operationsplänen in Gaza eingerückt. Sie eröffnete die Kampfhandlungen der ersten beiden Monate im Norden, in Gaza-Stadt, und forderte die Bewohner auf, die Gegend zu räumen, obwohl der Nachrichtendienst erfahren hatte, dass die Geiseln im Süden des Gazastreifens festgehalten wurden, wo sich zudem die führenden Köpfe der Hamas verbargen. Denn von dort aus könnten sie leicht jene unterirdischen Tunnel erreichen, die in die ägyptische Wüste führen.

Die eine Million Menschen, die aus dem Norden in den Süden geflüchtet waren, hatten Rafah und Chan Yunis überflutet, und diese vielen Menschen vereitelten jede Chance auf Kämpfe und erleichterten es der Hamas, mitten in der Masse zu agieren. Die Hamas regierte die Bevölkerung im Süden mit eiserner Faust und nahm die Verteilung von Lebensmitteln, Benzin und Medikamenten von Zehntausenden humanitären Hilfs-Lkws selbst in die Hand. RPG-Raketen aus den Sechzigern beschossen in der Zwischenzeit hochmoderne Merkava-Panzer der israelischen Armee. Dadurch kam Sinwar zu der Überzeugung, er könne beide Kriegsziele Israels vereiteln und zudem überleben. Weitere Massaker in Israel würden bevorstehen, die die Risse in der Gesellschaft vertiefen, das Chaos verstärken und Israels Zusammenbruch herbeiführen. Die Hamas hatte Israel in ein Dilemma gebracht: Hätte Israel auf das schlimmste Massaker seit der Schoah vorsichtig reagiert, hätte dies der Strategie des Terrors, welcher Art auch immer, Rückenwind verliehen, und die Hamas hätte ihre Forderungen ins Extreme getrieben, die Verhandlungen und den psychischen Terror in die Länge gezogen. Andererseits spielte auch die aggressive militärische Reaktion der israelischen Armee der Hamas in die Hände. In den ersten hundert Tagen tötete die israelische Armee, laut Schätzungen, etwa ein Fünftel der Kampftruppen der Hamas um den schrecklichen Preis vieler unschuldiger Leben, von Tod und Verzweiflung in Gaza. Zwar zerschlug man die Organisation mit ihrem hierarchischen militärischen Aufbau, ihren Regimentern, Kompanien und ihrer Infrastruktur, machte sie zu verstreuten Kleinkriegern, die Panzerabwehrraketen abschießen und sich dann wieder in den Tunneln verbergen. Doch eine solche Guerilla kann über Jahre kämpfen und für weitere Auseinandersetzungen ihre Reihen mit Tausenden Jugendlichen auffüllen. Kinder dienten ohnehin dazu, Sprengstoffmaterial zu transportieren, in dem Wissen, dass die israelische Armee ihnen nichts antun würde. Zudem gab es rund um die Uhr in den Tunneln Kampftraining. «Derzeit sind fünfzigtausend Frauen schwanger, fünftausendfünfhundert Geburten pro Monat, innerhalb von zwei Monaten, *inschallah*, gleichen sie all jene aus, die gestorben sind», meinte der Chefredakteur der Hisbollah-Zeitung *al-Akhbar*, Ibrahim al-Amin. «Für die Hamas besteht keinerlei Notwendigkeit, Zugeständnisse zu machen.»

Als die israelische Armee in den Gazastreifen eindrang, befand sich Sinwar im Nebel des Krieges; seine Leute waren überrascht und hatten Angst, doch im Laufe der Wochen fühlten sie sich gefestigt, siegreich und waren überzeugt, dass das Ende der Operation bevorstünde.

Israels Sicherheitskonzept wurde seit Dutzenden von Jahren nicht aktualisiert. Es ist das alte Modell, das auf «Abschrecken, Warnen und Besiegen» basiert und das sich nun als nutzlos erwies. Den Feind abzuschrecken, galt stets als oberstes Ziel, da es wegen Israels geringer Größe besser schien, um ein Vielfaches stärker zu wirken, als man in Wahrheit ist; besser abzuschrecken, als in einen Krieg zu geraten und von einer nicht einschätzbaren Militärkraft überrascht zu werden. Allerdings ist es unmöglich, Terrororganisationen abzuschrecken, die nichts zu verlieren haben. Es ist auch unmöglich, sie zu besiegen, da ihre Ideen fortbestehen und immer wieder aufleben werden. Die Warnfunktion des Nachrichtendienstes ist notwendig, weil Israel es sich wirtschaftlich gar nicht leisten kann, das ganze Jahr hindurch eine große Armee zu unterhalten, die seine Grenzen zu feindlich gesinnten Ländern überwacht. Israel benötigt mindestens achtundvierzig Stunden, um die Reserve einzuberufen. Das nachrichtendienstliche Korps, eingerichtet, um vor einem Krieg zu warnen, scheiterte am Überraschungsangriff des 7. Oktober, weil es durch dauernde kleine Operationen überstrapaziert war. In der Zeit Netanjahus wachten siebzig Prozent der gesamten regulären Armee über die israelischen Siedlungen in der Westbank und nutzten sich dort ab.

Die Hamas stellte der israelischen Armee die «Genozidfalle». Schließlich haben die Zivilisten in Gaza keine Luftschutzkeller zur Verfügung, und die Kämpfer befanden sich in einem Tunnelsystem, das vierundsiebzig Prozent größer ist als das Londoner U-Bahn-Netz (dabei ist das Gebiet von Gaza nicht mal ein Viertel so groß wie London). Die Weltöffentlichkeit deklamierte das Wort Genozid unverzüglich nach Meldung der ersten Toten. Höhere UN-Beamte sprachen von einem Genozid – dieser Begriff war bis zu dem Tag für Ereignisse wie die Ermordung von anderthalb Millionen Kambodschanern vorbehalten gewesen, die geplante, organisierte Ermordung von einer Million Tutsi in Ruanda oder die Vernichtung der Mehrheit der armenischen Bevölkerung durch das Osmanische Reich.

Das Dilemma war leicht zu erkennen: Die Welt verlangte zum Beispiel von Israel, und dies zu Recht, die Einwohner Gazas vorzuwarnen, bevor die Armee Hamas-Stellungen in Wohngebieten angriff, damit die Einwohner fliehen konnten. Doch als dann die vorgewarnten Zivilisten Richtung Süden zogen, wurde Israel dafür verurteilt, dass es eine neue *Nakba*, eine Flucht der Palästinenser aus ihren Häusern, erzwungen hätte.

Herrscht in der Ukraine Krieg, öffnen weite Teile der Welt und alle Länder der EU ihre Tore für die ukrainischen Bürger. Herrscht in Gaza Krieg, ist keines der einundzwanzig arabischen und der siebenundfünfzig muslimischen Länder bereit, auch nur einem Palästinenser Zuflucht anzubieten, Ägypten mit seiner direkten Grenze eingeschlossen, auch sie blieb für die Palästinenser gesperrt. An anderen Kriegsschauplätzen übt das Leid der Zivilisten in der Regel Druck auf andere Regierungen aus, zu helfen. Demgegenüber in Gaza: Je größer das Leid der Zivilisten, desto mehr wird Israel unter Druck gesetzt.

Im Kriegsrecht hat sich über die Jahre ein Grundsatz

der Verhältnismäßigkeit herausgebildet. Danach müssen die mit den Kriegshandlungen verbundenen Ziele in einem angemessenen Verhältnis zu den verursachten Verlusten stehen, wenn beispielsweise Unschuldige getroffen werden. Kämpfe in bebautem Gebiet oder gegen Guerillaeinheiten sind von vornherein ein Sumpf, in dem man leicht scheitert. Doch die Tatsache, dass die Hamas aus Schulen, Moscheen und Krankenhäusern feuert und die Flucht der nicht involvierten Bevölkerung erschwert, hat die Kämpfe unmöglich gemacht. Darüber hinaus prallen recht oft die abstrakten Werte der Armee, laut denen Schaden an Unschuldigen zu vermeiden ist, an Soldaten ab, die anderen Vorstellungen folgen, weil sie aus israelischen Familien kommen, die den Rechten oder Siedlern angehören. Oder an Soldaten, die angesichts des Massakers voller Zorn sind oder die in bebautem Gebiet Panik erfasst. Durch all dies ergeben sich Zwischenfälle wie Schüsse auf Zivilisten, die keine Bedrohung sind. Die Aussage, die wir seit der Kindheit wiederholen – «In Kriegen gibt es keine Sieger» –, ist ungültig. Die Hamas siegte bereits bei ihrem Angriff. Ihr gelang es, das palästinensische Problem an die erste Stelle der weltweiten Tagesordnung zu bringen, den Nahen Osten neu zu gestalten, Israels Legitimation auf einen historischen Tiefstand zu versetzen, das Land in einem Dilemma gefangen zu halten, es wirtschaftlich zu schädigen, seine kollektive Seele mit toxischen Bildern, mit abgrundtiefer Angst und Drohungen zu überfluten, den Konflikt ins Jahr null zu katapultieren und die Gemäßigten auf allen Seiten dazu zu bringen, ihre bisherige Haltung aufzugeben.

Soldaten, die aus dem Kampf auf Urlaub nach Hause kamen, waren zutiefst niedergeschlagen, als sie feststellen mussten, dass sie in ein gespaltenes und von Pessimismus durchdrungenes Land kamen. In der Parallelwelt, in der sie mit ihren Einheiten in Gaza lebten, herrschte das Gefühl vor, der Sieg sei zum Greifen nahe und Israel sei einig wie nie. Die israelische Gesellschaft hatte sich selbst das Versprechen gegeben, das Massaker würde die Risse schließen und die Menschen einen, doch erneut war das Gegenteil eingetreten. Innerhalb weniger Tage wollte die «bibistische» Sekte Netanjahu von der Verantwortung für das Versagen reinwaschen; die Messianisten forderten den Siedlungsbau in Gaza – sie argumentierten, dass an einem Ort ohne Armee keine Sicherheit gegeben sei und eine Armee nicht an einem Ort überleben könne, wo es keine israelische Siedlung gebe. Die Ultraorthodoxen fuhren damit fort, Gelder aus der Staatskasse abzuzapfen; die Familien der Geiseln mussten sich «Verräter»-Rufe gefallen lassen für ihre Forderung, den Kampf zu stoppen. Im Gegensatz zum Krieg von 1973, der mit einem traumatischen historischen Versagen begann, aber mit einem Narrativ des Sieges endete, wird der Gazakrieg nicht mit einer Siegeserzählung enden können.

Auf dem israelischen Militärfriedhof, wo die Grabsteine sich gleichen wie Soldaten beim Appell, ist etwas bisher Einmaliges vorgefallen. Die Mutter des Soldaten Ron Sherman bestand auf einem Grabstein mit der Inschrift: «Mein geliebter Rontschuk, ich habe schreckliche Sehnsucht nach dir. Ich bitte um Entschuldigung dafür, dass du im Stich gelassen, dass du brutal entführt, du dem politischen Profit geopfert wurdest nach dem größten Versagen in der Geschichte unseres Landes, das du so geliebt hast. Bedauerlicherweise hat das Verteidigungsministerium das erste Schild mit der Inschrift entwendet, das ich niedergelegt hatte. Ich hab dich lieb, Mama.» Viele Säkulare fragen sich, ob wir den Berliner

Juden von 1938 ähneln, als man den Kopf in den Sand steckte, obwohl alles von der Größe der Gefahr kündete.

Trotz alldem oder gerade deshalb dachte ich, dass Israel den Kampf stoppen und die Rückführung der entführten Zivilisten als höchstes Ziel ausrufen müsse, um als Gesellschaft seine Seele zu bewahren, um seine Legitimation aufrechtzuerhalten. Auch wenn das bedeuten sollte, die Terrororganisationen zu weiteren Kreisläufen der Gewalt zu motivieren. Aber wir haben keine Führungsriege, die dies bewältigen könnte. Zudem hegen wir den Verdacht, dass Netanjahus «Bibisten» den Krieg lieber in die Länge ziehen wollen, denn solange er andauert, befasst man sich nicht mit ihrem Versagen und mit den gegen Netanjahu geführten Strafverfahren. Der Krieg schreitet ohne jegliches Ziel oder jeglichen Plan voran. Was aber soll am Tag danach geschehen? Wer wird sich um die Millionen Einwohner von Gaza nach dem Krieg kümmern, wer wird sie regieren? Die Zerstörung wird von keinerlei politischen Zielen begleitet. Und vielleicht ist dies die dramatischste Konsequenz: Dieser Krieg hat gezeigt, wie ähnlich die israelische Gesellschaft der palästinensischen wird, mit dem destruktiven Zug, der diese seit Jahren kennzeichnet, dem Ethos der Opferrolle und der Rache. Es fehlt eine positive, pragmatische Kraft als Gegengewicht.

Mit trauriger Symbolhaftigkeit sah sich das Land, dessen Volk den größten Genozid der Geschichte erleiden musste, dem Versuch eines weiteren Genozids ausgesetzt – einer Vernichtung, die bis zum Ende fortgesetzt worden wäre, hätte die israelische Armee nicht eingegriffen und dem Einhalt geboten. Und nun wird das Land dieses Volkes vor dem Internationalen Gerichtshof des Genozids beschuldigt.

Nach zwei Monaten Krieg zeigten Meinungsumfragen unter der palästinensischen Öffentlichkeit, dass zweiundachtzig Prozent der Bewohner der Westbank die Entscheidung der Hamas, ein Massaker zu verüben, unterstützten, genau wie siebenundfünfzig Prozent der Bewohner von Gaza. Die absolute Mehrheit der Palästinenser will einen führenden Kopf der Hamas und nicht der Säkularen als Präsident der Autonomiebehörde sehen. Die Unterstützung der Bevölkerung für die Hamas berechtigt aber nicht dazu, militärisch gegen sie vorzugehen. Allerdings muss man einräumen: So wie die israelische Gesellschaft Schuld trägt an den Verfehlungen ihrer politischen Führung, an deren Entscheidungen und daran, sich mit der Besetzung abgefunden zu haben, so tragen auch die Palästinenser in Gaza Verantwortung für das finstere Regime, das sie gewählt haben, das sie unterstützen; Verantwortung tragen die Zivilisten, die das Massaker bejubelten und in den Straßen Gazas Geiseln geschlagen haben, darunter junge israelische Frauen, die entkleidet wurden, und Achtzigjährige. Es ist ein Regime, das seit dem Abzug Israels aus Gaza nicht einen einzigen Tag Gelegenheit für eine gedeihliche Koexistenz geboten hat. Gaza könnte ein blühendes Gebiet am Mittelmeer sein. Aber dafür darf dort keine fundamentalistische Macht herrschen.

6. Ein Entwurf für Hoffnung, für Frieden

Was ist und was sein könnte

Obwohl meine kleine Tochter nachts zwölf Stunden durchschläft, lassen mich meine Gedanken keinen Schlaf finden. Denn zu den natürlichen Sorgen, die Eltern seit Anbeginn der Menschheit umtreiben, tritt in unserem Fall eine besondere Sorge hinzu: ob wir unsere Tochter wohl am für sie sichersten und glücklichsten Ort großziehen, auch in Anbetracht der vielschichtigen Identitäten, in die sie hineingeboren wurde? Als nicht mehr ganz junge Eltern treibt uns zudem der Gedanke um, wir könnten irgendwann schon nicht mehr da sein, wenn unsere Tochter uns noch braucht – auch dies eine Bürde. Wird sie einmal die Mittel haben, um mit den zu erwartenden Turbulenzen und Umwälzungen auf der Welt zurechtzukommen? Auf jeden Fall kennen wir, seit wir sie haben, den Quell unseres Glücks und unsere wichtigste Lebensaufgabe, das unbedingte Verlangen, auch für eine langfristige Zukunft des Planeten zu kämpfen. Jetzt ist das keine bloß intellektuell-theoretische Herausforderung mehr für uns, sondern etwas, von dem wir existenziell abhängen wie von Sauerstoff.

Meine Familie in Israel ist derweil zutiefst zerrissen: Soll man jemals wieder in Be'eri wohnen? Kinder großziehen in dieser vom Tod gezeichneten Umgebung, in der jeder jemanden verloren hat, sie in eine Schule schicken, in der Kinder und Lehrer getötet wurden? Soll man wieder in einer Gemeinschaft leben, in der plötzlich so viele Menschen fehlen? Wo man weiß, dass die Blumen im Frühjahr in Blutlachen gewachsen sind, und wo jeder Windhauch die Trauer atmet? Die Pfade, auf denen wir barfuß Fahrrad gefahren sind, werden in unserer Erinnerung immer mit Tragen und Bahren vollgestellt bleiben. Ja, im Grunde genommen ist Be'eri wie ein Brennglas für das Leben im ganzen Land, auf beiden Seiten der Grenze. Der Traum vom Frieden versinkt in den Fluten eines Hasses, dessen Ausmaß kaum zu fassen ist. Die Gefühle, die uns unsere Heimat beschert, bringen das Blut zum Sieden: Soll man kämpfen, um diese Heimat zu heilen – oder aufgeben?

Mit dem schwarzen Humor, der gleichermaßen in Gaza und in Israel gepflegt wird, sagen sich die Menschen: «Bald steht ein Weltkrieg an, und wir wurden auserwählt, die Vorrunde auszutragen.» Anfang Februar 2024 verschärfte der nordkoreanische Diktator Kim Jong-un seine Rhetorik. China schlägt derweil gegenüber Taiwan immer kriegerischere Töne an. Und der Ukraine droht mehr denn je eine Niederlage gegen Russland, nachdem der US-Kongress aufgrund innenpolitischer Machtkämpfe die Militärhilfe gestoppt hat. Taiwan, Südkorea und die Ukraine verbindet, dass sie Verbündete der USA sind, und ein großes Fragezeichen schwebt über ihrer künftigen Existenz, sollte sich Amerika demnächst aufgrund seiner tiefen inneren Krise abschotten. Der Präsident von Venezuela wiederum, ein Verbündeter der Hamas und des Iran, drohte in derselben Woche mit einer militärischen Invasion des Commonwealth-Staats Guyana. Und der Iran griff zur gleichen Zeit überraschend Ziele in Pakistan an, das daraufhin alle diplomatischen Beziehungen abbrach. Pakistan selbst ist derweil mit der Ausweisung von 1,7 Millionen Afghanen beschäftigt, die zurück in die fundamentalistische Finsternis ihrer Heimat geschickt werden.

Zu allem Überfluss wurden im Osten Jordaniens zwei amerikanische Soldaten bei einem iranischen Angriff getötet, und würde das jordanische Königreich nicht Unterstützung durch die USA erfahren, wäre es womöglich selbst längst dem Export der Islamischen Revolution aus dem Iran zum Opfer gefallen. Jordanien ist zudem mit Luftkämpfen gegen Syrien beschäftigt, wegen des Drogenschmuggels, den Syrien ganz offiziell und in Zusammenarbeit mit dem Iran über jordanisches Territorium laufen lässt. Die Droge Captagon, auch ein beliebtes Aufputschmittel der Hamas-Terroristen, ist einer der Exportschlager Syriens unter Baschar al-Assad.

Zwar haben die USA und Großbritannien inzwischen wiederholt Standorte der Huthi-Rebellen im Jemen angegriffen, als Reaktion auf Angriffe der Terrororganisation auf den Schiffsverkehr im Roten Meer. Doch die eskalierende Gewalt seiner jemenitischen Handlanger hat sich für den Iran schon jetzt ausgezahlt, da mehrere Staaten der Region, an erster Stelle Ägypten, ihre Beziehungen mit der Islamischen Republik verbessern wollen, um sicherzustellen, dass die eigenen Schiffe schadlos passieren können. Faktisch kontrolliert der Iran über die Huthis derzeit jegliche Schiffsbewegungen im Roten Meer. Doch die Geschichte hat bewiesen, dass Zurückhaltung und Appeasementpolitik gegenüber Kräften wie dem Iran bei der nächsten Gelegenheit nur ungleich verheerendere Kriege zur Folge haben.

Wenn ich nun versuche, optimistische Möglichkeiten für die Zukunft zu skizzieren, dann besteht fraglos der alles entscheidende Weg, um weiteres Blutvergießen im Großraum der afrikanisch-europäisch-asiatischen Schnittstelle zu stoppen, darin, die gewaltige, unermüdliche Revolutionsexportmaschinerie in Teheran endlich zum Erliegen zu bringen. Denn diese steckt hinter der Gewalt allerorten. Die Tragik indes will es, dass, auch wenn die Mehrheit aller Iraner nach einer Befreiung von den Mullahs und einer demokratischen Zukunft für ihr Land dürstet, die iranische Revolutionsgarde sich längst als die weltweit effektivste Armee zur Bewahrung der eigenen Macht etabliert hat. Dem Westen wiederum wird es nicht gelingen, seine Wirtschaftssanktionen gegen den Iran langfristig aufrechtzuerhalten, und selbst wenn, so stehen China, Russland und Nordkorea bereit, dies auszugleichen.

Ein Frieden zwischen Israel und den Palästinensern ist möglich. Doch das Zeitfenster, um ihn zu erlangen, ist schmal und schließt sich. Beide Seiten bedürfen eines Friedens dringender denn je, ist er doch der Schlüssel, um den Absturz in jene Finsternis aufzuhalten, aus der Völker nicht mehr zu einem Leben in Freiheit zurückkehren. Die Möglichkeit eines Friedens muss beiden Seiten Hoffnung bieten, die Hoffnung auf einen vollkommenen Neuanfang, die sogar größer ist als das erlittene Trauma. Ein Frieden, der Träume ermöglicht, an die man für sich und seine Kinder bisher nicht zu denken wagte. Diese Zukunft muss geradezu hypnotisierend wirken, sind doch in beiden Völkern zurzeit mächtige Kräfte am Werk, die die breite Masse mit einer angeblich großen Vergangenheit blenden, auf die der gegenwärtig dominierende Diskurs allein ausgerichtet ist. Eine Friedensvision darf zudem nicht nach Verzicht oder Verlust klingen. Der Frieden verlangt eine Zuversicht, die den Zynismus und die Resignation, die zur gemeinsamen Sprache dieser Weltregion geworden sind, überstrahlt.

Als Israel in den 1990er-Jahren einen «neuen Nahen

Osten» propagierte, die Vision einer wirtschaftlichen und technologischen Partnerschaft, klang das für arabische Ohren wie ein Schreckensbild, man sah es als eine hegemoniale Fantasie, in der Israel sich überheblich als die führende Kraft in der Region positionieren wollte. Als Saudi-Arabien Anfang der 2000er-Jahre Ähnliches vorschlug und die Arabische Liga diesen Vorstoß unterstützte, befand sich Israel mitten in der Intifada, war gelähmt von tiefgreifendem Misstrauen und einer politischen Krise. Seitdem sind unwirklich erscheinende Schreckensjahre vergangen – das Wüten des IS, Bürgerkriege und gescheiterte Umsturzversuche sowie der fortwährende Versuch des Iran, die sunnitischen Staaten zu unterwandern und zu destabilisieren. Andererseits aber haben die schillernde Erfolgsgeschichte der Emirate am Persischen Golf und die beeindruckende Stellung, die sie sich in der Welt erobert haben, sowie die spektakulären, wagemutigen Pläne Saudi-Arabiens unter Kronprinz Mohammed bin Salman der gesamten Region eine zukunftsweisende Vision vor Augen geführt und die Erkenntnis gebracht, dass die Tür zum globalen Erfolg weit offensteht.

Die Möglichkeiten für eine breite, revolutionäre Friedensfront erscheinen heute realer als je zuvor. Denn die Einsicht, dass Stabilität entscheidend ist für die gesamte Region, ist allgegenwärtig. Der Krieg in Gaza hat den Regierungen der arabischen Welt so deutlich wie noch nie vor Augen geführt, wie stark ihre Ökonomien und die innere Stabilität ihrer Länder von diesem Konflikt beeinträchtigt sind. Mit Ausnahme des Iran und Russlands haben sie alle Angst vor einer weiteren Eskalation. Daher stellen die kommenden Jahre eine nie dagewesene Gelegenheit dar, eine Chance indes mit beschränktem zeitlichen Horizont. Aus dieser Angst kann ein echtes Engagement erwachsen, zum einen der arabischen Staaten, zum anderen der demokratischen Achse und der Weltwirtschaft, um sowohl Investitionen als auch eine ökologisch weitreichende, mutige Zukunftsperspektive zu ermöglichen. So könnte sich eine nahöstliche Achse von Staaten formen, die mit Europa und den USA eng kooperieren. Eine solche Dynamik könnte auch die Situation bedürftiger Staaten grundlegend verbessern, wie zum Beispiel die Ägyptens, das gelähmt ist durch Schulden in Höhe von zweihundert Milliarden Dollar und ein explodierendes Bevölkerungswachstum.

Auf der Weltkarte nur einen Fingerbreit von Gaza entfernt wird bereits an künstlichen Inseln gearbeitet. Auch am Traum von einer grünen Zukunftsstadt für neun Millionen Bewohner, an einer Stadt ohne Straßen, Autos und CO_2-Emissionen, die ausschließlich durch Sonnen- und Windenergie betrieben wird und eine neue Stufe der urbanen Zivilisation bedeutet. Einer Stadt, die sich als schmaler Streifen über 170 Kilometer erstreckt, vom Roten Meer bis tief in die Wüste, nur zweihundert Meter breit, aber mit fünfhundert Meter hohen Gebäuden, mit gläsernen Wänden und dem Ausblick auf eine atemberaubende Landschaft, mit Wohnvierteln, in denen alles in fünf Minuten zu Fuß zu erreichen ist, mit vertikalen Parklandschaften und hoher Lebensqualität. In dieser futuristischen Stadt sollen sich Gemeinschaften bilden, die sich mit Biotechnologie und künstlicher Nahrungsmittelerzeugung befassen, mit Robotik, Digitaltechnik, Medizin, Energiegewinnung und Wasserwirtschaft.

Das Ganze ist Teil der saudischen NEOM-Vision für eine Wüstenmetropole von der Größe Belgiens, die Jordanien mit Ägypten verbinden soll und über eine Brücke über das Rote

Meer Asien mit Afrika – eine Investition von geschätzten siebenhundert Milliarden Dollar. Könnte eine solche vertikale, mehrschichtige Stadt die traditionell horizontalen, in die Fläche ausgerichteten Städte infrage stellen? Könnte sie ein vollkommen neues Lebensmodell entwickeln, das Naturschutz und bessere Lebensqualität miteinander kombiniert? Oder ist die Idee am Ende zu utopisch, um realisiert werden zu können? Wie auch immer, worauf es ankommt, ist, dass bereits die besten Architekten und Ingenieure weltweit für das Projekt gewonnen wurden und schon mehrere tausend Menschen aus über neunzig Staaten daran arbeiten, etwas zu schaffen, das die Welt noch niemals versucht hat – eine Welt indes, die unbedingt auf Veränderung angewiesen ist. Und dies veranschaulicht ein Ziel, das strahlend und faszinierend genug ist, um über die fanatische Ausrichtung auf die Vergangenheit zu siegen. Dergestalt katapultiert sich Saudi-Arabien in eine gigantische Modernisierung, die das Land bereit machen soll für das Ende des Erdölzeitalters. Auch Israel und die Palästinenser benötigen, wie viele andere, ein ähnlich visionäres Projekt, das die Energien auf eine Zukunftserwartung lenkt, die sich in praktisches Handeln umsetzt.

Einfacher gesagt: Ein Frieden muss den Palästinensern Wohlstand und persönliches Wohlergehen bringen, dazu einen unabhängigen palästinensischen Staat, Nationalstolz und Reisefreiheit. Sowohl ein Flug- wie ein Seehafen sind nötig, ebenso Brücken zwischen dem Westjordanland und dem Gazastreifen, exterritoriale Straßen, welche ein zusammenhängendes Staatsgebiet ermöglichen. Der östliche Teil Jerusalems mit seinen muslimisch-arabischen Stadtvierteln sollte zur Hauptstadt Palästinas gemacht werden, die parallel zur Hauptstadt Israels existiert, in einem urbanen

Großraum, der sich auch in Richtung Ramallah weiter ausdehnen kann. In der Altstadt von Jerusalem sollten das muslimische und das christliche Viertel unter palästinensischer, das jüdische Viertel und die Klagemauer unter israelischer Souveränität stehen. Der Tempelberg selbst könnte entweder von jeglicher staatlichen Souveränität losgelöst sein und in gemeinsamer internationaler und arabischer Teilhaberschaft verwaltet werden oder auch unter palästinensischer Leitung stehen, mit klar festgelegten Rechten für jüdische Betende und Regelungen zur Verhinderung von Konflikten.

Damit all dies geschehen kann, muss allerdings die grundlegendste und zugleich komplizierteste Bedingung gewährleistet sein, nämlich eine unumstößliche Garantie für die Existenz Israels – und seine Sicherheit. Da sogar viele prominente Vertreter der säkularen palästinensischen Führung, etwa der Fatah, seit Jahren unverhohlen immer wieder verlauten lassen, ein wie auch immer geartetes Abkommen wäre nur eine Zwischenstation auf dem Weg zur Beseitigung Israels, verlangen die Ängste und die berechtigten Befürchtungen der Israelis nach einer dauerhaften Antwort.

Der Islam kennt verschiedene Grade von Aussöhnung. Zum einen die *Hudna*, eine Waffenruhe auf Zeit, wie sie die Palästinenser schon in der Vergangenheit bereitwillig akzeptiert haben, maximal für eine Dauer von zehn Jahren. Diese bedeutet jedoch keinesfalls ein Ende des Konflikts, Ziel der *Hudna* ist vielmehr, sich für den weiteren Kampf neu zu organisieren, und erlaubt ist, diese zu brechen, wenn der Feind Anzeichen von Schwäche zeigt – so wie seinerzeit der Prophet Mohammed die mit dem über Mekka herrschenden Stamm der Quraisch ausgehandelte Waffenruhe gebrochen hat. Die Aussöhnung jedoch, derer es für die Errichtung eines Staates Palästina bedarf, muss noch tiefer greifen als ein Friedensvertrag: Vonnöten ist eine *Sulha*, ein Waffenstillstand, bei dem beide Seiten einen auf ewig gültigen Vertrag verkünden, der allein auf die Zukunft ausgerichtet ist und in dem die Vergangenheit ganz und gar dem Vergessen anheimfällt. Denn solange beide Völker «Frieden» lediglich als «Abwesenheit von Krieg» verstehen, werden sie von Gedanken über die Aufteilung des Gebiets und einem Gefühl des Verlusts und Verzichts getrieben sein. Stattdessen müssen sie den Frieden als ein harmonisches Verhältnis der Koexistenz und einer gerechten sozialen Ordnung deuten.

Die Palästinenser aber werden gezwungen sein, einen Verzicht zu akzeptieren, zu dem sie bisher nicht bereit sind: einen entmilitarisierten Staat ohne Armee und ohne Guerillastrukturen, wozu eine externe Kontrolle der See- und Flughäfen sowie der Grenzen vonnöten sein wird. Es wird zahlreiche Anreize dafür geben müssen, denn der nationale Ehrverlust, der mit dem Verzicht auf eigene Streitkräfte einhergeht, muss irgendwie annehmbar gemacht werden. Eine panarabische Phalanx – namentlich das «Regionalquartett», bestehend aus Ägypten, Jordanien, den Vereinigten Arabischen Emiraten und Saudi-Arabien – und eine internationale Koalition werden den Prozess des Staatsaufbaus Palästinas über Jahrzehnte begleiten müssen.

Die USA und Deutschland und hoffentlich auch die Nato, im Wissen um den Wert eines Friedens in der Region und den der globalen Stabilität, aber auch einer ethisch-moralischen Mission folgend, werden sich einbringen müssen. Weitere Staaten wie etwa Marokko sollten ebenfalls Partner dieser Friedensmächte sein. Ein solches Bündnis würde als Bürge für Frieden und Sicherheit sorgen, würde beratend den Aufbau der palästinensischen Wirtschaft und staatlichen Organe begleiten, um das neue Palästina vor dem Schicksal zu bewahren, das schon so viele Staaten in Afrika und Asien ereilt hat, die mit dem Ende einer Besatzung oder langwährender Konflikte entstanden waren. Denn in dieser kritischen, labilen Konstituierungsphase stehen junge Staaten vor der Gefahr von Bürgerkriegen und Armut, Massenarbeitslosigkeit und Inflation, grassierender Kriminalität, Korruption und Genoziden an ganzen Bevölkerungsgruppen oder Stammesverbänden.

Es besteht noch eine weitere Gefahr: Sollte es zu einer umfassenden und sofortigen Demokratisierung kommen, nicht nur für die Palästinenser, sondern zum Beispiel auch in Ägypten oder Jordanien, dann würden radikale Kräfte wie etwa die Muslimbrüder die anfängliche Schwäche der jungen Demokratien sogleich ausnutzen, um totalitäre Regierungen an die Macht zu bringen, welche die demokratische Ordnung und ihre Freiheiten alsbald aufheben würden, was einem Rückfall in finsterste Zeiten gleichkäme. Entsprechend müssten die neu geschaffenen demokratischen Verfassungen tiefgreifende Schutzmechanismen gegen einen Einzug fundamentalistischer Kräfte in die Politik enthalten. Genau wie die Israelis müssten auch die Palästinenser in ihrem Bewusstsein verankern, dass Demokratie mitnichten meint, dass «die Mehrheit bestimmt und tut, was sie will», sondern dass Mehrheitsentscheidungen ein zentrales demokratisches Instrument darstellen, um freiheitliche Werte zu wahren. In einem stufenweisen Prozess würden die Palästinenser in den ersten Jahren einem Verwaltungsmodell zustimmen müssen, an dessen Spitze eine Regierung aus Experten steht: palästinensische Persönlichkeiten und Fachleute aus der arabischen Welt, vielleicht gemeinsam mit Palästinensern, die israelische Staatsbürger sind und den Demokratisierungsprozess unterstützend begleiten können.

Die USA sind zwar nach der zweiten Amtszeit Obamas und ihrem Scheitern im Nahen Osten zunehmend auf Distanz zu diesem Teil der Welt gegangen, doch eine von ihren Verbündeten dort geführte Allianz, so diese denn vereint agiert, und ein ernsthafter Fortschritt aufseiten der Palästinenser würde die Vereinigten Staaten hoffentlich wieder zurückholen. Eine erweiterte Rolle Europas bei einer Lösung der Konflikte im Nahen Osten ergibt sich nicht nur aus der europäischen Verantwortung für die Folgeschäden des Kolonialismus, sondern auch aus kulturellen Verbindungen und geografischer Nähe. Für Israel zum Beispiel ist die Europäische Union der wichtigste Handelspartner, nicht weniger als siebenundsiebzig Prozent seiner landwirtschaftlichen Exporte gehen dorthin; auch die Hälfte aller Touristen, die nach Israel kommen, stammt aus der EU.

Meine Freundin Rawa und ich haben über den Konflikt immer in eher romantischen Begriffen nachgedacht – zwei Seiten auf der Suche nach dem Einenden. Wir haben uns gefragt, wie man lernt, einander entgegen aller Aussichten zu lieben. Wir waren fasziniert von der Idee der südafrikanischen «Wahrheits- und Versöhnungskommission» und von anderen Modellen einer einenden, heilenden Gerechtigkeit. Doch nach dem 7. Oktober sind wir übereingekommen, dass romantische Ideen nicht fruchten. Jetzt darf nur noch praktisch gedacht werden. Wir sind in den Siebziger- und Achtzigerjahren mit dem direkten, täglichen Kontakt und Austausch zwischen der jüdischen und der palästinensischen Bevölkerung aufgewachsen, auch in den nach 1967 besetzten Gebieten. Die Handelskontakte waren vielfältiger, die Reise- und Bewegungsfreiheit war umfassender. Doch die Generationen nach uns kennen dies schon nicht mehr, sie haben keinen Kontakt mehr zur jeweils anderen Seite, was einer Dehumanisierung in der gegenseitigen Wahrnehmung Vorschub leistet. Der Konflikt wurde zunehmend von einer Debatte über uralte Rechte bestimmt, über die Erinnerung und die eigene Opferrolle.

Modelle wie das einer Föderation oder von Kantonen innerhalb eines Staates, dessen Bevölkerung jeweils zur Hälfte jüdisch und muslimisch wäre, sind hingegen zum Scheitern verurteilt, sowohl aufgrund der religiösen Konflikte als auch durch die Kluft zwischen den Regierungsmodellen, die jedes der beiden Völker sich wünscht. Für die Zukunft Israels selbst könnten Kantone jedoch eine Lösung darstellen, da sie geeignet sind, im Streit liegende Bevölkerungsgruppen zu separieren. Doch die Notwendigkeit eines palästinensischen Staates neben einem jüdischen ist für beide Seiten viel akuter. Noch ist das Lager der politischen Mitte in Israel, das nach Frieden strebt und zu einer Zweistaatenlösung bereit ist, stark genug; es macht womöglich sogar die Mehrheit aus. Doch die andauernde Gewalt könnte rasch zu einer messianischen, rassistischen Theokratie führen, und eine Rückkehr aus solchen Trümmern der Demokratie und eines tief beschädigten Erziehungssystems wäre dann nur noch sehr schwer zu realisieren. Das Gleiche gilt für die Palästinenser: Eine alternative Vision könnte sie noch immer aus den Fängen des Iran befreien, der sämtliche Lebensbereiche zu kontrollieren droht. Geschichtlich betrachtet, waren die Palästinenser immer weit säkularer als viele ihrer Nachbarn.

Angenommen, es käme zur Einigung über ein Ende des Konflikts – die gegenseitigen Forderungen werden beigelegt, die Grundlage für eine friedliche, sichere Existenz wird implementiert und für Deradikalisierung gesorgt –, dann sollten die endgültigen Grenzen nach den Demarkationslinien vom 4. Juni 1967 festgelegt werden, also entsprechend der Grenze zwischen Israel und dem jordanischen Königreich am Vorabend des Sechstagekrieges, nach einer vorherigen Einigung über Gebietsaustausch auf demografischer Basis.

Die Forderung nach einem Rückkehrrecht für die Flüchtlinge des Kriegs von 1948 ist augenscheinlich das komplizierteste Problem. Israel verdrängt – in einer Art Schutzmechanismus – den Verlust, den die Palästinenser damals erlitten haben; besser sollte Israel ihrem Leid mit Empathie und Verständnis begegnen und den Verlust anerkennen. Die internationale Staatengemeinschaft tut ihrerseits seit eh und je das genaue Gegenteil davon, den Nachkommen der Flüchtlinge zu helfen, sich erfolgreich in die westlichen wie arabischen Staaten zu integrieren, in denen sie nun schon in dritter Generation leben, ohne wirklich dazuzugehören. Die Palästinenser wiederum perpetuieren das Leid der Flucht und konservieren ihren Status, während die internationale Gemeinschaft jedes Jahr mit über einer Milliarde Dollar eine UN-Agentur alimentiert, die den Palästinensern die Vererbbarkeit des Flüchtlingsstatus gewährt. Dies zementiert den Traum von einer Rückkehr, während die Beihilfe unter dem humanitären Deckmantel gleichzeitig unter anderem dazu genutzt wird, palästinensische Kinder zu einer Glorifizierung des Märtyrertodes im Dschihad zu erziehen.

Und doch sind bereits palästinensische Führer in Erscheinung getreten, die im Rückkehrrecht eher eine Trumpfkarte sehen, die man sich aufhebt, um in einem allerletzten Schritt jedoch darauf zu verzichten. Als Lösung würden sie womöglich einer Rückkehr von Flüchtlingen hauptsächlich auf das Gebiet des künftigen Staates Palästina zustimmen, verbunden mit der begrenzten, symbolischen Rückkehr von Flüchtlingen nach Israel, in der Größenordnung von vielleicht einhunderttausend Menschen; einer finanziellen Entschädigung für den 1948 in Israel zurückgelassenen Besitz und mit umfangreichen internationalen Hilfen bei der Integration palästinensischer Flüchtlinge in den Staaten, in denen sie schon in Folgegeneration leben.

Die Wut und Frustration angesichts der Katastrophe von 1948 würden nicht verschwinden, ebenso wenig wie der Hass auf Juden aus religiösen und rassistischen Motiven – doch die Flammen würden gezügelt und der Konflikt wieder lösbar. Eine internationale Schutzmacht unter Ägide der USA und der Nato würde sich mit einer Zerschlagung der Terrorinfrastruktur befassen müssen, mit der Verhinderung weiteren Waffenschmuggels auf das Gebiet eines entmilitarisierten palästinensischen Staates und mit der Errichtung einer Zivilverwaltung.

Parallel dazu sollten drei wirtschaftliche Referenzrahmen errichtet werden. Die Europäische Union müsste eine bereits auf dem Tisch liegende Initiative für eine Mittelmeerpartnerschaft der zwölf südlichen «Ringstaaten» umsetzen – Marokko, Algerien, Tunesien, Ägypten, Libanon, Syrien, Jordanien, Israel, Palästina, Türkei, Malta und Zypern. Parallel dazu müssten die gemäßigten arabischen Staaten eine ökonomische Vision vorantreiben, zu der auch China und Indien eingeladen werden könnten. Das Streben nach Prosperität und guter Nachbarschaft ist, wie bereits erwähnt, auf eine Reihe von konkreten Projekten angewiesen, die manchem vielleicht größenwahnsinnig erscheinen – die aber nötig sind, um die für alle notwendige Hoffnung und

Euphorie zu wecken. Künstliche Inseln etwa könnten territoriale Erweiterungen ermöglichen. Die Wasserressourcen zwischen Jordan und Mittelmeer müssten beiden Seiten unterstehen, kontrolliert durch eine gemeinsame Kommission. Die Verteilung sollte prozentual zur Bevölkerung erfolgen; und parallel dazu könnten in Kooperation beider Staaten weitere Wasserquellen erschlossen werden, etwa durch Entsalzungsanlagen in großem Stil.

In meinen Augen wäre für alle Seiten zudem ein immenser Mehrwert erzielt, würde Israel in die Europäische Union und in das Nato-Verteidigungsbündnis aufgenommen. Das wäre gewiss kein einfach zu realisierender Vorgang, weder in Israel noch bei den bisherigen Mitgliedsstaaten. Doch er könnte zu einem entscheidenden Hebel für die globale Stabilität werden.

«Posttraumatisches Wachstum»

In ihrer bahnbrechenden Studie haben die Psychologieprofessoren Richard Tedeschi und Lawrence Calhoun den Begriff des «Posttraumatischen Wachstums» geprägt. Tedeschi und Calhoun zeigen, dass zwischen fünfzig und sechzig Prozent aller Menschen, die in ihrem Leben eine Katastrophe erfahren haben, danach von positiven Veränderungen berichten, einem «Wachstum», das sich in so gut wie allen Bereichen äußert. Ein solches Wachstum ist heute nötiger denn je. Eine «Politik der Hoffnung», das Versprechen, dass sich die Dinge bessern können, hat in Israel lange funktioniert. Netanjahu und der Terror der zweiten Intifada haben sie zerstört, haben die Politik der Verängstigung zur maßgeblichen gemacht. Aber ließe sich eine Politik des positiven, hoffnungsvollen Blicks in die Zukunft nicht wiederbeleben?

In der Woche, in der Itai hingerichtet wurde, fand in Davos das Weltwirtschaftsforum statt, auf dem traditionell der jährliche Risikobericht veröffentlicht wird, der auf einer Umfrage unter tausendvierhundert Experten und Entscheidungsträgern basiert. Wer diese Zusammenkunft in den letzten dreiundfünfzig Jahren verfolgt hat, muss erkennen: Noch nie war der Pessimismus auf der Welt so tiefgreifend. Es herrscht allgemein das Gefühl vor, die globale Ordnung, die über drei Generationen hinweg Prosperität und Wachstum ermöglicht hat, sei an einem Endpunkt angelangt. Grund dafür ist neben Kriegen und Konflikten, der Klimakrise und den rapide ansteigenden Lebenshaltungskosten eine neue Gefahr: Der *Global Risks Report 2024* sieht erstmals Fehl- und Desinformation als das kurzfristig größte Risiko für die Weltgemeinschaft. Im Cyberspace und in der Schattenwelt der Geheimdienste ist längst ein neuer Weltkrieg im Gange, und auch in der Wirtschaft, was sich unter anderem an der brachialen Vorgehensweise erkennen lässt, mit der China und Russland sich der Ressourcen Afrikas bemächtigen. Vor allem jedoch zeigt er sich im gigantischen technologischen Wettlauf um die Kontrolle künstlicher Intelligenz und genetischer Manipulationen.

Diktaturen und autoritäre Regime sind durch Fake News und das in den sozialen Medien verbreitete Gift kaum zu treffen, denn viele Staaten sperren heute einfach durch Knopfdruck Seiten wie Google und Wikipedia, Youtube oder die sozialen Netzwerke. Internationale Ächtung wird dadurch geschwächt. Russland etwa fordert unverhohlen von verschiedenen Staaten die Auslieferung geflüchteter Künstler, die sich kritisch über den Krieg in der Ukraine geäußert haben. Die Arroganz mancher Länder droht immer wieder, in militärische Konflikte abzugleiten. Parallel dazu könnten die zunehmende Polarisierung und Bewusstseinsmanipulationen zum Zusammenbruch demokratischer Systeme führen, sobald Wahlentscheidungen nicht länger auf der Grundlage von Wissen, Fakten und Wahrheit beruhen. Eine weltweite Aktionsfront gegen zunehmende Radikalisierung und eine globale Mobilmachung, um dem Tod der Wahrheit mit einer aktiven, präventiven Regulierung zu begegnen, sind das Gebot der Stunde, da Demokratien weltweit gefährdet sind.

Die meisten von uns scheinen indes nicht entschlossen und sich der freiheitlich-demokratischen Ideen nicht sicher genug, um in diesem Krieg, der uns erwartet, standhalten zu können. Bei der an sich berechtigten Klage über Mängel in der sozialen Ordnung von Demokratien fehlt allzu oft das Bewusstsein, dass das Kollabieren des demokratischen Modells die Zukunft der Menschheit extrem verfinstern würde. Es ist wie beim Ausbruch einer bösartigen Krankheit, die der Körper bereits in sich trägt, die die verschiedenen Organe angreift und deren Funktion außer Kraft setzt. Der Tod tritt dann am Ende durch die Schwächung des Organismus insgesamt ein, etwa durch eine Infektion. Wir müssen Rückgrat zeigen, müssen kämpfen.

Als Schriftsteller bin ich mit den Übersetzungen meiner Bücher auch in totalitäre Staaten gereist, in der Hoffnung, Ideen vermitteln zu können. Als Tourist habe ich mich dagegen immer gefragt, ob der Staat, den ich bereisen will, insgesamt nach einer Verbesserung der Menschenrechtssituation strebt oder eher das Gegenteil fördert. Würde China zum Beispiel das Modell der westlichen Demokratien übernehmen, würde es aller Voraussicht nach unter allgemeinem Chaos in vielleicht zweihundert Kleinstaaten zerfallen. Ein solches Modell erscheint aktuell nicht realistisch für die Volksrepublik. Doch zu der Zeit, als China an einem ideellen Fortschritt arbeitete und an einer verstärkten Öffnung zur Welt, habe ich es als ein Land des Dialogs erlebt, das ich sehr schätzte. In den letzten Jahren ist die Liste der Länder, die ich unter dieser Vorgabe als Tourist bereisen kann, zusehends kürzer geworden, und auch von mir einst geliebte Länder in Europa und Südamerika kommen nicht mehr infrage.

Eine Generation von Demokratiezerstörern ist am Werk, die alle nach demselben Muster verfahren. Sie geben sich omnipotent und verleihen sich gleichzeitig das Image des am meisten verfolgten Opfers. Sie sind Meister darin, Angst zu verbreiten, präsentieren sich selbst aber immerzu als bedroht. Und in dem Moment, in dem sie die Macht übernehmen, kleben sie an einer einzigen, schlichten Botschaft: «Man verfolgt mich und will mich vernichten. Ich gebe nichts darauf, weil ich stark bin, aber falls ich abtrete, droht der Nation eine Katastrophe. Denn wenn die Opposition auf mich zielt, meint sie in Wahrheit euch alle. Ich schütze euch alle mit meinem Leib. Ihr schwebt in existenzieller Gefahr.»

Das ist eine toxische Mischung aus Narzissmus und Verlogenheit. Die Demokratiezerstörer säen Angst vor Minderheiten und Mitbürgern, und das Dämonische klingt aus ihrem Mund wie authentische Unverblümtheit, mutige Aufrichtigkeit – eine perfide Indoktrinierung, die geradezu archaische Triebe wachruft. Und sie greift nicht nur in einem Land, dem angekündigt wird, es mit hundertfünfzigtausend Raketen zu vernichten, sondern auch in friedlicheren Regionen der Welt. Schaut auf mein Heimatland, und ihr seht darin eure eigene Zukunft. Unser Unglück sind nicht nur die radikalen, fanatischen Ränder, es ist vor allem auch die schweigende Mehrheit, die sich nicht aufrafft, gegen diese in den Kampf zu ziehen.

Die spezifische Form, in der der Sieg der Hamas zustande kam, ist entscheidend und wird Folgen für Europa und andere Kontinente haben. Die Hamas hat dem spektakulären Überraschungsangriff – auf Zivilisten – eine neue Bedeutung verliehen. Die Instrumente, derer sich die Terrororganisation dabei so erfolgreich bediente, werden über Jahre als Inspiration für den «Widerstand mit allen Mitteln» dienen, ganz gleich, welche Ziele der jeweilige Kampf verfolgt. Seinerzeit scheiterte der IS mit dem Versuch, mithilfe von Smartphones das Grauen bildlich zu verstärken. Die Welt war alarmiert und sperrte sich gegen eine Verbreitung der Horrorszenen. Die Hamas aber vollzog den entscheidenden Schritt, indem sie Technologie und Bewusstseinsmanipulation kombinierte. Zum Sieg der Hamas gehört das Bild eines kleinen Mädchens, dem der Kopf abgeschlagen wurde, eines Vaters, der mit Verlängerungskabeln gefesselt dabei zusehen musste, wie seine Töchter missbraucht und ihre Gliedmaßen abgetrennt wurden, während die Mutter der Mädchen angeschossen daneben verblutete. Die allgegenwärtigen Smartphones müssten den Gräueln und Verbrechen eigentlich entgegenwirken, indem sie sie ans Licht holen. Doch sie erzielen das genaue Gegenteil: Die für die Kamera bestimmten Taten stacheln die Barbarisierung und Bestialisierung nur noch weiter an. Auch die Logik, mit der der Sieg erlangt wurde, ist von Bedeutung: Wenn ein Terrorist in dem Augenblick, in dem er die sechs Jahre alten Zwillingsschwestern Arbel und Shachar Kedem und ihren vier Jahre alten Bruder Omer ermordet, laut schreit, die Getöteten seien «künftige Soldaten», dann setzt er damit einen neuen Standard der Hemmungslosigkeit, durch den die Ideen von Scheich al-Qaradawi widerhallen. Dieser hatte behauptet, die ganze israelische Gesellschaft sei militarisiert und Frauen ebenso wie Kinder seien deshalb nicht schützenswert. Auf diese Art wurde der Sieg errungen – der politische, militärische und bewusstseinsformende. Mindestens die Hälfte der Welt lehnt es heute ab, die Ereignisse als «Terror» zu bezeichnen oder als barbarische Taten.

Die gemäßigten Muslime sind meine Brüder, ich bin ihnen näher und ähnlicher als jedem anderen Volk auf der Welt. Die Fanatiker meines eigenen Volkes hingegen sind meine Feinde. Wird die Politik weiterhin von religiösen Zielen geleitet, befinden wir uns auf einem mörderischen und fatalen Pfad. Ganz egal, welche Lösung priorisiert wird, um die Besatzung im Westjordanland zu beenden und den Konflikt beizulegen – Erfolge von Akteuren wie den Muslimbrüdern oder der Hamas verstärken nur die Sprengkraft der Auseinandersetzung, die die Welt erwartet. Die religiöse Pflicht zum Krieg gegen Ungläubige wurde nicht mit Israel und dem Judentum geboren, und sie wird auch nicht mit ihnen enden.

Nach Ansicht der Islamisten hat Gott Feinde und ist auf die Hilfe seiner Gläubigen angewiesen, um diese zu vernichten. Sie lehnen die westliche Zivilisation als Ganzes ab, so wie etwa der Iran sämtliche Demokratien auf der Welt zu «Feinden Gottes» erklärt hat. Indoktrinierung ist ihnen ein Leichtes, da die Botschaft, mit der sie sich an leidende oder mittellose Menschen wenden, besagt, dass andere schuld seien an ihren Sorgen und Nöten, und jenen gelte die Rache. Der Aufruf zur Rückkehr zu den «glorreichen Tagen der

Altvorderen und ihren Bräuchen», sprich: zum islamischen Kalifat, wird weiter dazu beitragen, unzählige Verzweifelte auf allen Kontinenten für den Terror zu rekrutieren. Doch im Unterschied zum Terror etwa der Siebzigerjahre wird das Ziel des zukünftigen nicht darin bestehen, irgendein Thema auf die Tagesordnung zu bringen. «Frieden ist ein Wort des weißen Mannes», war auf Schildern bei Demonstrationen in London zu lesen. Und: «Wir fordern Befreiung!» Doch was sich hinter dem Begriff «Befreiung» verbirgt, ist Auslegungssache. Aktuell verbindet sich darin auf paradoxe Weise die hehre und berechtigte Forderung nach sozialer Gerechtigkeit und Gleichheit aller mit der Umsetzung eines göttlichen Gebots, einer revolutionären, auf Rache ausgerichteten Weltordnung, in der die Religion zugleich Lösung und Waffe ist, dazu bestimmt, alle den Fundamentalisten ähnlich zu machen.

Eine Stimme hallt seit Monaten in meinem Kopf wider, die Stimme von Romy, einem sechs Jahre alten Mädchen, das herzzerreißend schreit: «Helft uns!» Sie hört nicht auf, panisch zu schreien und zu flehen, als sie sich zusammen mit ihrer kleinen Schwester Lia, nur wenige Monate alt, unter einer Decke versteckt hält, auf der Rückbank des Familienvans, nachdem beide Eltern auf den Vordersitzen ermordet wurden. Ganz normale Zivilisten wie wir alle.

Derweil sitze ich in Boston und schaue auf Israel, fühle mich wie jemand, der die Kollision zweier Züge oder einen Selbstmord in Zeitlupe verfolgt, und ich weiß, meine Heimat steuert in diesen schicksalhaften Tagen auf die Prüfung ihres Lebens zu. Sie droht, zu einer deutlich rassistischeren Gesellschaft zu werden, geprägt von institutionalisierter, behördlicher Diskriminierung von Minderheiten, kontrolliert von bewaffneten Milizen, mit Herrschaftselementen, die aus Putins Russland entlehnt scheinen, und einer gleichgeschalteten Medienlandschaft. Wenn die fundamentalistisch-jüdische Welle weiter erstarkt und das Bündnis zwischen Charedim und Nationalreligiösen seine Macht ausweiten sollte, werden Israelis in den kommenden Jahren das Land in Scharen verlassen, unter ihnen die Wissenschafts-, Technologie- und Wirtschaftselite und natürlich große Teile der liberalen Geisteswelt. Dennoch könnte die Gewalt der Erschütterung auch ein Weckruf sein, eine letzte Chance für Israel, sich neu zu erfinden, mit der meiner Heimat eigenen Kreativität und Vorstellungskraft. Dazu ist seine vernünftige und lebensbejahende Bevölkerung zu den Fahnen gerufen. Denn die Mehrheit aller Israelis will Demokratie, will eine soziale, empathische Gesellschaft, in der Solidarität mit all denen herrscht, die weniger oder nichts haben. Sollte diese Mehrheit nicht siegen, wird es Israel schlicht und einfach bald nicht mehr geben.

Es war Albert Camus, der im Untergrund, während der Besetzung Frankreichs durch die Nazis, seine fiktiven «Briefe an einen deutschen Freund» verfasste, eine Verteidigungsschrift der Demokratie, die sich wie ein Menetekel für die gegenwärtige Situation in meiner Heimat liest:

«Sie sagten: ‹Die Größe meines Landes kann nicht zu teuer bezahlt werden. Alles, was ihrer Verwirklichung dient, ist gut. Und ihr müssen in der Welt, in der nichts mehr Sinn hat, die Menschen, die wie wir jungen Deutschen das Glück haben, im Schicksal ihres Volkes einen Sinn zu finden, alles zum Opfer bringen.› (…)

‹Nein›, entgegnete ich, ‹ich kann nicht glauben, dass man alles einem bestimmten Ziel unterordnen darf. Es gibt Mittel, die nichts heiligt. Und ich möchte mein Land lieben können, ohne aufzuhören, die Gerechtigkeit zu lieben. Ich kann nicht zu jeder Größe ja sagen, schon gar nicht zu einer, die in Blut und Lüge gründet. Indem ich die Gerechtigkeit am Leben erhalte, möchte ich mein Land am Leben erhalten.›

Und Sie haben geantwortet: ‹Ach was, Sie lieben Ihr Land nicht!›»

Nachbemerkung

Die Recherche für dieses Buch erlaubte es mir, mich über mehrere Monate unter jenen zu bewegen, denen nun eine zentrale Aufgabe zukommt – den Reportern, Investigativjournalisten und besonders den Korrespondenten, die Heimat und Familie verlassen und auf fremdem Boden ihr Leben riskieren. Viele von ihnen ließen mich großzügig Einsicht in ihre Recherchen und Quellen nehmen. Sie tragen entscheidend dazu bei, durch den Ozean von Manipulationen und Falschinformationen zu navigieren.

Unterdessen setzte mein Rechercheteam, allen voran Adi Samaria, die Ereignisse des 7. Oktober Minute für Minute zusammen. Aus Zehntausenden von Videos und Tausenden von Zeugenaussagen, die wir gegeneinander abwogen, entschieden wir uns für eine repräsentative Auswahl. Auf etliche noch grausamere Beschreibungen der Gräuel haben wir verzichtet. Lange Gespräche mit Geheimdienstoffizieren, darunter auch amerikanische und ägyptische Experten, sowie zahllose Dokumente und Aufnahmen fügten sich zu einem Gesamtbild aus Vorsatz, Blindheit und Arroganz, das durch die Situation vor Ort bestätigt wurde.

Meine palästinensischen Freunde trugen nach Kräften ihren Teil bei und öffneten ihr Herz. Dennoch war mir bewusst, dass dieses Buch nicht in der Lage sein würde, ein vollständiges Bild der Tragödie zu zeichnen, die die Einwohner von Gaza in den folgenden Monaten erlebten; ich kann es nur andeuten. Dieses Buch konzentriert sich auf die israelische Gesellschaft.

Zu meiner Überraschung führte mich die Arbeit durch alle Stationen meines Lebens – zurück in die Zeit, als ich als Geheimdienstoffizier an Friedensverhandlungen beteiligt war, dann, als ich als Journalist aus Kriegsgebieten berichtete, und schließlich bis zu jenen historischen Situationen, von denen ich in meinen Filmen, Serien und Büchern erzähle. Sie führte mich noch weiter zurück, zur Geschichte meiner eigenen Familie, hundertfünfzig Jahre voller Träume und Verluste. Alles, was sie durchgemacht hat, scheint in das komplexe Bild einzufließen. In Büchern fand ich zu jedem historischen Faktum einander widersprechende Interpretationen, und ich habe versucht, allen wichtigen hier Raum zu geben.